本著作是国家自然科学基金项目"东西部地区产业升级及其机制比较研究"【项目批准号（70963017）】的研究成果

本书受到云南省哲学社会科学学术著作出版资助专项经费资助出版

区域产业升级及其机制

——中国东西部地区产业升级及其机制比较研究

张正华 著

云南大学出版社

图书在版编目（CIP）数据

区域产业升级及其机制：中国东西部地区产业升级及其机制比较研究/张正华著. —昆明：云南大学出版社，2011

ISBN 978-7-5482-0520-3

Ⅰ.①区… Ⅱ.①张… Ⅲ.①区域经济—产业经济学—研究—中国 Ⅳ.①F127

中国版本图书馆 CIP 数据核字（2011）第 138744 号

区域产业升级及其机制
——中国东西部地区产业升级及其机制比较研究

张正华 著

策划编辑：	张丽华
责任编辑：	张丽华 谢 程
封面设计：	丁群亚
出版发行：	云南大学出版社
印　　装：	云南大学出版社印刷厂
开　　本：	850mm×1168mm　1/32
印　　张：	7.875
字　　数：	230 千
版　　次：	2011 年 8 月第 1 版
印　　次：	2011 年 8 月第 1 次印刷
书　　号：	ISBN 978-7-5482-0520-3
定　　价：	30.00 元

地　　址：云南省昆明市翠湖北路 2 号云南大学英华园（邮编：650091）
发行电话：0871-5031071　5033244
网　　址：http://www.ynup.com
E-mail：market@ynup.com

序

随着改革开放的深入和全球背景下产业发展的推进，中国产业升级质量问题越发突出。除产品结构不适应市场需求结构变化外，普遍存在附加值偏低，创新能力不足，综合竞争力不高，特别是在人民币升值背景下，中国长期以来以"数量"取胜的产业竞争模式在国际市场上普遍受到了挑战。另外，中国东西部地区发展差异根源于区域产业升级差距。那么，区域产业升级机理如何；怎样从产业升级机制角度，寻找东西部地区产业升级差距的根源；怎样衡量区域产业升级；东西部地区产业升级机制有何差异；这些差异的政策含义是什么；这些问题是本书作者力图要解决的。

从问题入手，作者在深入研究国内外关于区域产业升级及其机制理论和文献基础上，建立了区域产业升级及其机制的理论研究框架，将区域产业升级的外延和内涵进一步拓展为区域产业结构的合理化、高级化以及区域产业竞争力提升，通过产业参与人"决策及其行为"与"因素显著变化"两个研究路径，围绕区域产业升级机理、东西部地区产业升级水平衡量、东西部地区产业参与人主观决策倾向的匹配性、东西部地区产业升级机制差异等几个方面进行了研究。这种处理和所建立的研究框架无疑有别于该领域的现有研究。

作者的研究结果表明，东西部地区产业升级水平存在较大差距。1987年，东部地区较西部地区在工业产业升级上就已经存在明显的差距，此时，东西部地区的产业升级指数分别为0.659和-0.541；随后东部地区进入相对快速的产业升级期，而西部地区的产业升级指数却缓慢上升，但从1999年起，西部地区的产业升级有明显加快的趋势，到2005年，东西部地区产业升级指数分别为0.309和-0.2134，（东西部地区递增化产业升级指数分别为2.025和1.5026），东西部地区在产业升级上的差距依然比较明显。

作者证实了产业升级机制差异是形成东西部地区产业升级水平差距的重要原因。总体上，东部地区产业升级受"准市场机制"支配，而西部地区产业升级受"行政市场型机制"支配；在产业升级资本形成机制上，东部地区体现为以"效率优先"为基础的市场主导型资本形成机制，而西部地区则为"兼顾公平"为基础的政府主导型资本形成机制；东部地区产业升级技术创新的动力机制是"内生性"的，而西部地区则为"外生性"的；在技术创新从技术源向技术受体的转移机制上，东部地区表现为技术创新供需之间相对紧密关系，而西部地区则表现为两者的脱节；在人力资本积累激励机制方面，东部地区是"能力偏好型"机制，而西部地区则为"经验偏好型"机制。这些差异通过区域产业参与人的"决策及其行为"和"因素显著变化"两个渠道对区域产业升级产生持续影响，以不同的路径形成了这两个地区在产业结构合理化、高级化及区域产业竞争力提升即产业升级上的差异。

研究结果表明，较东部地区，西部地区存在更多的产业参与人与产业升级的"异向"因素。一是西部地区投资者面临不利的产业升级环境；二是配置资源的机制除市场外，政府作用依然强大，使市场机制与政府制度安排在决定投资规则上存在碰撞或摩擦；三是较东部地区，西部地区国有企业会产生更显著的"投资决策规则变异"，从而强化了产业参与人"决策及其行为"与西部区域产业升级的"异向"。

研究结果表明，环境约束及较低的产业参与人决策倾向匹配度削弱了政策对西部地区产业升级的驱动效应。例如在吸收 FDI 上，如果以广东、上海和江苏三省（市）的产值加权为 100% 匹配"地区"，2004 年西部地区与在华跨国公司在产业投资战略上仅有 7.60% 匹配，较低的产业参与人投资倾向匹配度继而导致西部地区在吸收 FDI 份额上处于劣势。

总之，不利的产业升级条件与升级机制缺陷使西部地区产业升级动力明显不足。

为此，西部地区应加快推进市场化进程，持续推进产业升级良性实现机制的塑造，国家和西部地区在政策制定时，要充分顾及产业参与主体的决策倾向，以增强产业升级的政策驱动效应，此外，国家要将西部大开发政策的支持重点扩大到战略性产业层面。

张正华

2011 年 5 月

目 录

第一章 导 论 (1)

第一节 研究背景及问题的提出 (1)
  一、研究背景 (1)
  二、问题的提出 (2)
  三、基本概念及命题 (2)

第二节 研究目标和意义 (3)
  一、研究目标 (3)
  二、研究意义 (4)

第三节 研究内容、思路与方法 (4)
  一、区域产业升级及其机制的理论研究框架 (5)
  二、区域产业升级机理分析 (5)
  三、东西部地区产业升级水平测算 (6)
  四、东西部地区产业升级机制比较 (7)
  五、研究结构 (7)

第二章 产业升级相关理论与研究述评 (9)

第一节 区域产业升级理论 (9)
  一、区域产业结构演化理论 (9)
  二、区域产业结构优化理论 (16)

三、区域产业竞争力理论 …………………………… (20)
　第二节　区域产业升级特征理论 ………………………… (22)
　　一、产业结构的合理化 ……………………………… (22)
　　二、产业结构的高度化 ……………………………… (24)
　　三、产业结构的高级化 ……………………………… (25)
　　四、产业结构的高效化 ……………………………… (26)
　　五、合理化、高度化、高级化、高效化的关系 …… (26)
　第三节　国内学者相关研究述评 ………………………… (27)
　　一、关于产业演进与结构优化方面 ………………… (27)
　　二、关于产业竞争力方面 …………………………… (28)
　　三、关于区域产业升级机制方面 …………………… (29)
　　四、关于区域产业升级水平测算方面 ……………… (33)
　第四节　小　结 …………………………………………… (34)

第三章　区域产业升级及其机制的理论研究框架 …… (35)

　第一节　区域产业升级外延与内涵的拓展 ……………… (35)
　　一、区域产业升级认识上的偏差 …………………… (35)
　　二、区域产业升级的外延：产业结构合理化与
　　　　高级化、产业整体竞争力提升 ………………… (38)
　　三、区域产业升级的基本内涵 ……………………… (39)
　第二节　区域产业升级及其机制研究框架 ……………… (40)
　　一、区域产业升级机制研究的两个基点：影响
　　　　因素与影响机理 ………………………………… (41)
　　二、区域产业升级机制的两个研究路径 …………… (41)
　　三、区域产业升级的外部表现：区域产业升级
　　　　指数测定的黑箱原理 …………………………… (44)

四、分析路径与结构 …………………………………… (45)
　第三节　小　结 …………………………………………… (46)

第四章　区域产业升级机理分析 ……………………………… (48)
　第一节　投资决策的决定机理 …………………………… (48)
　　一、制度安排决定投资规则 …………………………… (49)
　　二、区域基本环境形成投资者决策背景 ……………… (53)
　　三、需求及其变化形成投资者决策内容 ……………… (53)
　　四、现有投资者供给能力形成投资者决策的
　　　　条件 …………………………………………………… (54)
　　五、收益最大化是投资者决策的动力与依据 ………… (54)
　第二节　产业参与人"决策及其行为"与区域产业
　　　　　升级的方向性机理 …………………………………… (56)
　　一、共向与异向 ………………………………………… (56)
　　二、方向性参数 a 所蕴涵的机理 ……………………… (57)
　第三节　投资流向决定区域产业升级的机理 ………… (61)
　　一、投资流向决定区域产业结构的关联机理 ………… (61)
　　二、固定资产存量、增量与产业结构调整的
　　　　机理 …………………………………………………… (63)
　　三、投资流向与区域产业结构高级化机理 …………… (66)
　第四节　技术创新对区域产业升级的影响机理 ……… (70)
　　一、技术创新与需求关系的理论 ……………………… (71)
　　二、技术创新对区域产业升级的影响机理 …………… (74)
　第五节　对外开放对区域产业升级的影响机理 ……… (78)
　第六节　小　结 …………………………………………… (81)

第五章　东西部地区产业升级指数 ………………………… (84)

第一节 区域产业升级指标体系 …………………… (84)
　一、设计思想 ………………………………………… (84)
　二、设计原则 ………………………………………… (86)
　三、区域产业升级评价指标体系 …………………… (88)
第二节 东西部地区产业升级数据库及相关说明 …… (92)
　一、东西部地区产业升级数据库 …………………… (92)
　二、原始数据来源及相关处理说明 ………………… (94)
第三节 主成分分析法原理 ……………………………… (96)
　一、使用主成分分析法的依据 ……………………… (96)
　二、主成分获得及权重确定的步骤 ………………… (97)
第四节 中国东中西部地区工业产业升级指数 ……… (100)
　一、区域工业产业升级指数函数的确定 …………… (100)
　二、区域产业升级指数"递增化"处理 …………… (105)
　三、中国各省（直辖市、自治区）工业产业
　　　升级指数 …………………………………………… (106)
　四、东中西部地区工业产业升级指数 ……………… (106)
第五节 小　结 …………………………………………… (110)

第六章　FDI的产业供给效应与东西部地区产业参与人决策倾向匹配性分析 …………………………… (112)

第一节 FDI对受资区域产业供给能力影响分析 …… (113)
　一、基本假设 ………………………………………… (114)
　二、A状态 …………………………………………… (116)
　三、M状态 …………………………………………… (117)
　四、NEX状态 ………………………………………… (120)
　五、EX状态 ………………………………………… (123)

第二节 东西部地区产业发展战略与跨国公司投资
        战略的匹配性分析 ………………………… (128)
  一、研究路径 …………………………………………… (128)
  二、跨国公司在华产业投资战略特征与趋势 …… (132)
  三、西部地区产业投资战略重点分析 …………… (137)
  四、西部地区未来产业投资战略重点分析 ……… (141)
  五、西部地区与在华跨国公司产业投资战略
      匹配度的测算与分析 …………………………… (143)
  六、西部地区产业发展重点与国家外资产业
      政策的匹配性分析 ……………………………… (146)
第三节 小 结 …………………………………………… (149)

第七章 东西部地区产业升级机制比较 ………………… (152)

第一节 东西部地区产业升级市场机制比较 ………… (153)
  一、东西部地区市场机制差异表现 ……………… (153)
  二、市场机制差异对东西部地区产业升级的
      影响 ……………………………………………… (156)
第二节 东西部地区产业升级政策背景及其效应
        比较 ……………………………………………… (158)
  一、"东部大开放"与"西部大开发"政策及
      产业升级效应比较 ……………………………… (159)
  二、"西部大开发"与"东部大开放"产业
      升级政策实施背景差异 ……………………… (161)

第三节 东西部地区产业升级资本形成机制差异
        比较 ……………………………………………… (164)

一、东西部地区资本形成差异表现 …………… (165)
　　二、东西部地区资本形成机制差异比较 ………… (168)
　第四节　东西部地区产业升级技术创新机制比较 …… (170)
　　一、"外生性"与"内生性" ……………………… (171)
　　二、供需"脱节型"与"紧密型" ………………… (171)
　第五节　东西部地区产业升级人力资本积累机制
　　　　　比较 ……………………………………… (173)
　　一、区域人力资本积累机制 ……………………… (173)
　　二、东西部地区人力资本存量差异 ……………… (174)
　　三、劳动者边际报酬水平差异 …………………… (175)
　　四、"经验偏好型"与"能力偏好型"人力
　　　　资本激励机制差异 ………………………… (177)
　第六节　东西部地区经济开放度比较 ……………… (179)
　第七节　小　结 …………………………………… (183)

第八章　主要研究结论及政策含义 ………………… (185)
　第一节　主要结论 ………………………………… (185)
　　一、东西部地区产业升级水平存在较大差距 …… (185)
　　二、产业升级机制差异是形成东西部地区产业
　　　　升级水平差距的重要原因 ………………… (185)
　　三、较东部地区，西部地区存在更多的产业
　　　　参与人与产业升级的"异向"因素 ………… (186)
　　四、环境约束及较低的产业参与人决策倾向
　　　　匹配度削弱了政策对西部地区产业
　　　　升级的驱动效应 …………………………… (187)
　　五、不利的产业升级条件与升级机制缺陷使西部

地区产业升级动力明显不足 …………………… （188）
　第二节　政策含义 ……………………………………… （188）
　　一、加快推进西部地区市场化进程 …………………… （188）
　　二、持续推进西部地区产业升级良性机制的
　　　　塑造 …………………………………………………… （188）
　　三、政策制定要充分顾及产业参与主体的决策
　　　　倾向，增强产业升级的政策驱动效应 …………… （189）
　　四、"西部大开发"政策支持重点要扩大到
　　　　战略性产业层面 ……………………………………… （190）
　第三节　有待进一步研究的问题 ……………………… （191）
附表1　1987年和2005年分省（市、区）及东中西部
　　　　地区工业产业升级原始数据表 …………………… （192）
附表2　1987~2005年中国分省（市、区）及东中西部
　　　　地区工业产业升级基础数据表 …………………… （198）
附表3　1987~2005年经正态标准化处理后的
　　　　数据表 ……………………………………………… （217）
附表4　相关系数矩阵R（Correlation Matrix） ………… （219）
附表5　中国分省（市、区）工业产业升级指数
　　　　（未作递增化处理）………………………………… （220）
参考文献 ………………………………………………………… （222）
后　　记 ………………………………………………………… （234）

第一章 导 论

第一节 研究背景及问题的提出

一、研究背景

首先,"产业升级质量"已成为目前中国产业发展最急迫需要解决的问题。中国产业发展过去更多强调以"产业结构调整"思路开展研究并对实践进行政策指导,这是很有必要也是恰当的。但是随着改革开放的深入和全球背景下产业发展的不断推进,中国产业升级质量问题越发突出,除了产品结构不适应市场需求结构的变化外,还普遍存在着诸如产品的附加值偏低,产业的技术创新能力不足,产业综合竞争力不高等问题。近年,在国际市场上,中国长期以来以"数量"取胜的产业竞争模式还受到了人民币升值背景所带来的越来越重的压力的影响。

其次,区域产业升级质量已经成为体现区域产业竞争力的重要方面。西部地区社会经济发展滞后于东部地区根源于其产业竞争力与东部的差距,而产业竞争力的差异体现为其在产业升级质量上的差距。

最后,东部与西部地区的产业升级机制已经越发显著。改革开放初期,东部与西部地区的产业升级机制差异较小,但由于区位差异及改革开放后中国实施"不平衡"区域发展战略,不仅形成了中国东西部地区社会经济发展各个方面的区域差异,同时由于这两个地区的市场化进程与产业发展环境差异不断强化,同属中国的东部与西部地区实际上由两种有所差异的产业升级机制维系着各自产业的升级。至少表现为这两个地区的产业在"能力、动力、制度安排、环境、市场需求、产业投资主体及其行为"等方面在程度和协调关系上的差异。

上述几个背景形成了作者试图从机制角度，探寻中国东西部地区产业升级差异形成原因的研究动机。

二、问题的提出

东部与西部地区均有促进产业升级最终增强各自产业竞争力的重任。那么，一是区域产业升级的理论分析框架如何？二是区域产业升级的机理如何？如何从产业升级机制角度，寻找东西部地区产业升级差距的根源？三是这两个地区的产业升级水平怎样衡量？具体差异表现如何？四是东西部地区产业升级机制差异如何？五是从国家和西部地区层面应该如何作为才能缩小东西部地区产业升级差异？

以上问题对中国、对西部地区产业长期又好又快发展都是至关重要的。作者正是基于上述背景和问题进行内容设计的。

三、基本概念及命题

产业升级。"产业升级"是指一国（或地区）产业结构逻辑序列顺向提升的过程，即产业由低技术水平和低附加值状态向高技术水平和高附加值状态转变的过程，它是资源在产业间流动的结果。从部门特征看，表现为一次产业不断向二、三次产业过渡；从要素特征看，表现为从劳动密集型向资本密集型、技术密集型产业过渡；从价值构成看，表现为从低附加值向高附加值产业过渡；从劳动生产率看，表现为从低劳动生产率向高劳动生产率产业过渡。[①]

---

① 杨先明，伏润民．国际直接投资与我国产业升级问题的思考 [J]．云南大学学报，2002 (1)．

产业升级机制。按照《辞海》的解释,"机制"原指机器的构造和运作原理,借指事物的内在工作方式,包括有关组成部分的相互关系以及各种变化的相互联系。机制分为外在机制和内在机制两个方面。内在机制实际上就是机理,外在机制则为制度安排。而我们通常说的机制实际就是机理和制度安排的结合。

东西部地区。对东西部地区的使用主要有两个方面:

一是按统计口径,东部地区包括中国的北京、天津、河北、辽宁、上海、江苏、浙江、福建、山东、广东和海南共11个省(直辖市、区)级行政区;中部地区包括山西、吉林、黑龙江、安徽、江西、河南、湖北、湖南共8个省级行政区;西部地区包括四川、重庆、贵州、云南、西藏、陕西、甘肃、青海、宁夏、新疆、广西、内蒙古共12个省(直辖市、区)级行政区。

二是中国东部地区指中国社会经济发展相对发达的地区,西部地区指中国社会经济发展相对落后的地区。

比较研究。主要包括:(1)中国东部和西部地区产业升级水平的比较与分析;(2)中国东部与西部地区产业升级机制的比较与分析。

基本命题。所暗含的命题是东西部地区的产业升级水平存在差异,而且差异的原因是由这两个地区的产业升级机制形成的。

第二节 研究目标和意义

一、研究目标

作者试图达到以下几个主要目标:

一是对区域产业升级理论,特别是与区域产业升级及其机制相关的国内外研究现状进行综合述评;

二是建立区域产业升级及其机制研究的理论框架;

三是探寻产业升级机制因素对区域产业升级的作用机理；

四是提出反映区域产业升级质量的衡量体系与方法，并对中国东西部地区的产业升级水平进行测算；

五是对东西部地区的产业升级机制进行比较；

六是就比较结论分析其政策含义。

二、研究意义

研究意义表现为以下几个方面：

一是所进行的区域产业升级及其机制的一般理论、区域产业升级水平的衡量方法等研究无疑将深化区域产业升级理论；

二是"产业升级质量"已成为目前中国产业发展最急迫需要解决的问题，因此针对产业升级水平及其机制差异较为显著的中国东部与西部地区进行产业升级的定性与定量比较研究，这无疑对国家制定更具区域针对性的产业政策、建立适应我国区域特点和发展阶段的产业升级机制、促进中国产业升级进程、缩小东西部地区发展差异等方面具有重要的决策参考价值。

第三节　研究内容、思路与方法

总体上，通过对目前已有文献的梳理，分析总结区域产业升级及其机制的一般理论、通过构建区域产业升级指标体系和测算模型，测算中国东部、西部地区的产业升级质量指数，并对东西部地区的产业升级机制进行比较，对得到的结论给出政策含义。为此，本书的核心内容包括四个方面：第一是"区域产业升级及其机制的理论研究框架"、第二是"区域产业升级机理分析"、第三是"中国东西部地区产业升级水平的测算"、第四是"中国东西部地区产业升级机制比较"。这几个部分的具体研究内容、思路和方法分别是：

第一章 导 论

一、区域产业升级及其机制的理论研究框架

研究内容。该部分的研究内容是建立区域产业升级与机制的概念架构、建立区域产业升级及其机制的理论研究框架,以确立研究的理论基础。

研究思路。本部分是在对国内外区域产业升级理论与研究进展进行综述的基础上,考察区域产业升级及其机制的概念发展过程与理论发展的现实基础,建立概念架构、研究基点和研究路径,形成区域产业升级及其机制的逻辑结构,以确立研究的理论基础。

研究方法。主要通过文献综述,运用定性分析以揭示各相关理论彼此间的内在联系与差异。本部分实际上是为其他部分提供分析框架、研究思路、研究路径和研究方法。

二、区域产业升级机理分析

研究内容。该部分的研究内容是揭示区域产业升级的关联性机理、决定性机理和方向性机理。具体包括投资决策的决定机理、产业参与人"决策及其行为"与区域产业升级的方向性机理、投资流向决定区域产业升级的机理、技术创新对区域产业升级的影响机理、对外开放对区域产业升级的影响机理几个方面。

研究思路。产业升级机制是指在即定环境条件下,区域所有产业参与人在追逐各自目标或利益过程中,所形成的维持和改善所在地区产业升级的各种经济关系的总和。因此,首先,从微观角度就生产者或投资者的投资决策决定机理进行分析,寻找到决定投资者决策的决定因素;其次,区域产业升级本质上是产业参与人塑造的,那么产业参与人的行为是否一定就会促进区域产业升级?什么时候会产生产业参与人行为与区域产业升级在方向上相悖?再次,投资流向决定区域产业升级的过程机理是什么?存

量调整与增量流向是如何影响区域产业结构合理化、高级化以及区域产业竞争力？大量相关研究表明，对外开放、技术创新对区域产业升级具有积极作用，那么它们之间蕴涵着什么机理？通过产业参与人"决策及其行为"和"因素显著性变化"的分析便能揭示相关机理。

研究方法。灵活运用主流经济学分析方法，以国家、地方政府、产业投资者等产业参与人的目标或利益最大化为基本出发点，从微观角度就产业升级的影响因素的关联机理、决定机理和方向性机理进行分析。

三、东西部地区产业升级水平测算

研究内容。该部分的研究内容是构建区域产业升级指标体系和评价模型，并对中国东西部地区工业产业升级水平进行测算。

研究思路。评价模型的构建思路主要来自于区域产业升级的定义。产业升级从要素特征看，表现为产业从劳动密集型向资本密集、技术密集型过渡，从价值构成看，表现为产业从低附加值向高附加值过渡，从劳动生产率看，表现为产业从低劳动生产率向高劳动生产率过渡，因此，将区域产业系统视为"黑箱"，从"产业的资本密集度"、"产业的技术密集度"、"产业的劳动生产率"、"产业的附加价值水平"以及"区域经济增长质量"、"产业的规模与结构"几个方面便可形成区域产业升级指标体系，构建区域产业升级水平评价模型。

研究方法。主要从产业升级内涵和产业升级机制的内在联系出发，利用系统黑箱原理，从影响因素的结果去构建区域产业升级评价指标体系，采用主成分分析法进行主成分的辨析和主成分的权重系数的确定。

四、东西部地区产业升级机制比较

研究内容。该部分的研究内容是对东西部地区产业升级市场机制、政策实施及其效应机制、人力资本积累机制、资本形成机制、技术创新机制、经济开放度、产业参与人的决策倾向匹配度等方面进行比较与分析。

研究思路。区域产业升级机制差异主要包括产业参与人行为机制和产业发展要素配置机制的差异。为此,以区域产业升级机理和东西部地区产业发展现实为基础,就东西部地区产业参与人行为约束和要素配置过程进行分析,便可得到东西部地区产业升级的机制差异。而就东西部地区在吸收FDI上的差异,作者采用博弈分析方法进行分析,因为参与人决策倾向匹配度高的地区更能吸收到FDI;而在FDI对受资区域产业供给能力的影响上,则通过分析跨国公司进入前后产业参与人在利益最大化的驱使下所形成的均衡产量和均衡利润的对比,获得跨国公司进入对受资区域产业供给能力的影响机理。

研究方法。采用大量的实证分析手段,对比法、指标构造法和博弈分析法。

五、研究结构

第一章 导论。主要介绍研究背景和问题的提出、研究目标和意义、研究内容、思路和方法等。

第二章 相关理论与研究述评。主要对国内外学者的区域产业结构演进理论、产业结构优化理论、产业竞争力理论、产业升级特征理论、区域产业升级机制等方面的理论和研究进行评述,为研究奠定理论基础。

第三章 区域产业升级及其机制的理论研究框架。主要对区域产业升级的外延与内涵进行拓展,确定研究基点、研究路径和确定区域产业升级指数测算的思路。

第四章 区域产业升级机理分析。主要揭示影响区域产业升级的影响因素、影响因素与区域产业升级的关联机理、决定机理和方向性机理。

第五章 东西部地区产业升级指数。提出一套具有可操作性的区域产业升级指数测算方法。包括提出区域产业升级指标体系、基于主成分分析的东西部地区工业产业升级水平的评价模型。

第六章 FDI的产业供给效应与东西部地区产业参与人决策倾向匹配性分析。主要建立了基于博弈的FDI对受资区域产业供给能力影响模型，同时对东西部地区产业发展战略与在华跨国公司投资战略匹配性进行分析，以解析西部地区在吸收FDI上处于劣势的原因。

第七章 东西部地区产业升级机制比较。主要对东西部地区产业升级市场机制、政策实施背景与政策效应、资本形成机制、技术创新机制、人力资本积累机制、经济的开放度等进行比较与实证分析。

第八章 主要研究结论及政策含义。主要总结研究结论和政策含义，也指出了进一步研究的问题。

本书结构及逻辑联系见图3-2所示。

第二章 产业升级相关理论与研究述评

本章主要对区域产业升级相关理论与研究进展进行综述，旨在对区域产业升级及其机制的理论和前沿有更深入、全面的把握。产业升级是一个内容比较宽泛的研究主题，但与本书的研究主题——区域产业升级及其机制相关的领域主要有四个方面：一是产业结构优化升级理论；二是产业竞争力理论；三是区域产业升级机制的研究；四是区域产业升级水平测算的研究。国内外学者围绕这四个方面开展了多角度的研究。

第一节 区域产业升级理论

产业升级理论主要研究伴随经济发展而出现的产业升级规律，通过对产业升级的历史、现状和未来的研究，寻找产业升级的最佳途径，以进一步促进区域的产业升级。区域产业升级理论最初是围绕区域产业的结构升级进行的，主要包括区域产业的结构演化理论和结构优化理论，随着经济的全球化，区域产业竞争力特别是产业国际竞争力理论取得进展又进一步丰富了区域产业升级理论。

一、区域产业结构演化理论

区域产业升级首先表现为在结构上的升级，因此，产业结构的演化理论构成了区域产业升级理论的重要组成部分。产业结构的演化理论旨在揭示区域产业结构的演进规律。

最早研究产业结构问题的是魁奈（F. Quesney）。魁奈在《经济表》（1857）中首次把收入和资本的交换、生产和消费统一起来，并将农业和工业部门之间的流通视为再生产过程的基本环节进行研究，其研究已经涉及了产业结构分析。瓦尔拉斯（Leon Walras）的一般均衡理论也是研究产业结构问题的早期理论之一。瓦尔拉斯初步考察了一国经济中各个生产部门的关系和每个部门内生产要素的竞争性需求，以分析商品和要素的总供给和总需求之间的关系，这些研究为后来产业结构的调整问题的研究奠定了基础。

马克思在此方面最主要的贡献是建立了两大部类的理论。在《资本论》中，他将社会生产部门按实物形态的最终用途划分为两大部类，即制造生产资料的部类和制造消费资料的部类，并对社会的简单再生产和扩大再生产持续进行的条件进行分析，这实际上是从产业维持和扩大再生产的角度对产业升级问题进行了研究。

费雪（A. G. Fisher）在《物质进步的经济含义》（1935）一文中，首次提出了"三次产业"的概念，并在随后的《初级、第二、第三产业的生产》一文中初步分析了三大产业的结构变化规律。伴随着对经济增长的研究，产业升级的结构问题一直受到人们的关注，相继也出现了许多与产业升级相关的理论，但比较有影响的主要有配第—克拉克定理、恩格尔定理、霍夫曼定理、库兹涅茨理论以及钱纳里的"标准结构"理论。

配第—克拉克定理指出了劳动力的产业结构分布的演变规律，即随着人均国民收入水平的提高，劳动力首先会由第一产业向第二产业转移，然后向第三产业转移，该理论指出，劳动力的转移是由于各产业在经济发展中所产生的收入相对差异造成的。这一定理是由英国经济学家科林·克拉克（C. G. Clark）在配第研究成果的基础上进一步得出的。英国古典经济学的创始人威廉·配第（William Petty）在其《政治算术》中指出，"制造业的收益比农业多得多，而商业的收益又比制造业多得多"，① 同时还指出，不同产业之间相对收入的差异会使劳动力向能获得更高收入的部门转移。克拉克在《经济进步的条件》（1940）一文中，根据多国的历史统计资料，也证实了人均收入水平的提高导致了各产业发展的差异，继而进一步引起劳动力在各产业间的流动。配第—克拉克定理实际已经从机制角度揭示了人均收入水平的变化对产业升级的重要影响。

19世纪，德国经济学家恩格尔（Engel）发现，一个家庭的收入水平越低，其耗费在食品上的支出比例就越大，反之亦然，这就是所谓的"恩格尔定理"。后来经济学家们进一步发现，必需品（如日用品）、高档商品（如高档家用电器）以及低劣商品呈现出不同的恩格尔曲线。当家庭收入水平提高时，对高档商品的需求量的增加幅度明显快于收入水平的提高，对低劣商品的需求相应减少。"恩格尔定理"从微观角度揭示了收入水平的变化对居民家庭需求结构的影响，继而会导致区域产业在需求和供给结构上发生相应的影响。

可见，配第—克拉克定理和恩格尔定理实际上已经分别从宏观和微观角度，不仅总结了产业升级的初步特征，还对产业升级路径问题初步提出了解释：收入水平变化—需求变化—产业升级。

在《工业化的阶段和类型》（1931）中，德国经济学家霍夫曼收集了近20个国家经济发展的时间序列数据，在对工业化进程中的产业结构演进问题进行了深入定量分析的基础上，提出了

---

① ［英］威廉·配第. 政治算术［M］. 上海：商务印书馆，1960，P.19.

著名的霍夫曼定理,即在工业化进程中,产业结构的演化表现出霍夫曼比例(消费资料工业的净产值和资本资料工业的净产值之比)的不断下降。

霍夫曼比例的变化趋势揭示了消费品和资本品工业生产的发展规律。表2-1是部分国家霍夫曼比例估值的变化趋势,该表进一步证实了霍夫曼定理特别符合工业化前期消费品和资本品工业生产的结构变化情况。

表2-1 部分国家霍夫曼比例变化趋势

美国	年份	1869	1879	1889	1899	1904	1909	1914	1919	1929	1937	1947	1954
	霍夫曼比例	2.8	3.6	2.8	2.8	2.7	2.7	3.0	3.1	2.2	2.4	2.3	2.0
日本	年份	1909	1914	1919	1921	1923	1925	1927	1929	1931	1933	1935	1937
	霍夫曼比例	11.4	9.6	7.2	7.9	7.8	7.4	6.5	6.3	5.6	4.8	4.7	4.6
瑞典	年份	1864	1873	1882	1889	1897	1906	1913	1926	1938	1948		
	霍夫曼比例	2.9	2.6	2.4	2.5	2.4	2.6	2.3	2.7	2.0	1.8		
丹麦	年份	1930	1935	1939	1947	1949	1953	1958					
	霍夫曼比例	2.5	2.9	2.9	2.9	2.7	2.3	2.5					

资料来源:原毅军,董昆.产业结构的变动与优化.大连:大连理工大学出版社,2008(47).

霍夫曼进一步指出,可通过霍夫曼比例把工业化划分成四个发展阶段。在工业化的第一阶段,消费品工业的生产在制造业中占主导地位；在第二阶段，资本品工业的增长快于消费品工业的增长，但消费品工业的生产规模仍然要比资本品工业的生产规模大得多；在第三阶段，资本品工业的生产继续增长，规模迅速扩大，与消费品工业的生产处于平衡状态；在第四阶段，资本品工业的生产占主导地位，其规模大于消费品生产规模，此时经济基本实现了工业化。表2-2是工业化各阶段所对应的霍夫曼比率临界值。

表2-2 霍夫曼工业化阶段指数

工业化阶段	霍夫曼比率
第一阶段	4.0~6.0
第二阶段	1.5~3.5
第三阶段	0.5~1.5
第四阶段	1.0以下

资料来源：原毅军，董昆. 产业结构的变动与优化. 大连：大连理工大学出版社，2008（47）．

由于轻工业和重工业与消费品工业和资本品工业并非完全对应，霍夫曼定理也未涉及产业结构演进中的服务化趋势，甚至该理论还会产生"优先发展重工业"的偏颇思想，因此，日本经济学家盐野谷裕一对霍夫曼定理进行了重新修订，认为重工业应包括钢铁、机械、化学三大部门，同时重工业的发展会出现一个饱和点，达到该饱和点后，产业结构将会出现服务业、信息技术、知识密集型产业等产业发展加快的特征。

从产业升级的角度，我们可以看到，霍夫曼定理不仅提出了产业演进的方向，同时，霍夫曼比率本身就是衡量产业升级的一个重要指标。

真正对产业结构作全面经验研究和系统计量分析的是美国经

济学家——库兹涅茨（Simom Kuznets），他在克拉克和霍夫曼研究成果的基础上，对西方资本主义国家经济长期变化趋势进行详细考察，得出许多有价值的观点。第一，农业部门无论在 GDP 中所占的份额还是在总劳动力中所占的份额都趋于下降，而工业部门和服务部门所占的份额却趋于上升；第二，由于在农业技术水平相对停滞的条件下，人口对土地压力的增加，以及在工业和服务业中的各种现代成分的增长，导致工业部门和服务部门按工人平均产值的某些上升；[①] 第三，产业结构的变化主要是由于需求结构的变化以及对外贸易和技术革新的高速度及其扩散引致的。[②] 虽然库兹涅茨的理论分析重点在于经济增长与产业结构的关系，但他的理论更为完整地描述和论证了三次产业结构的演变规律，从产业结构上提供了一个判断一国或地区生产力发展的基本标准。

爱德华·F. 丹尼森把库兹涅茨的理论从资源配置和产业结构的关系角度进行了解释。他在《1929～1969 年美国经济增长的核算》（1974）、《日本经济为什么增长得这样快?》（1976）中，采用经济统计方法，用知识进步、规模经济、资源配置解释了总要素生产率，更重要的是他将资源配置的改善归结为产业结构的变动，认为劳动力从农业和手工业向大工业转移是资源配置效率提高的最重要的因素，还计量了这部分对经济增长的作用。

可见，库兹涅茨和丹尼森的理论不仅进一步揭示出区域产业演进升级的基本特征，还在一定程度上从机制角度初步解释了这些特征。

---

① [美] 西蒙·库兹涅茨. 各国经济增长 [M]. 北京：商务印书馆，北京经济学院出版社，1989，P. 1.
② [美] 西蒙·库兹涅茨. 各国经济增长 [M]. 北京：商务印书馆，北京经济学院出版社，1989，P. 347.

在产业发展形态理论方面,日本学者赤松要提出了产业雁行发展形态说。该理论用雁行模式来比喻日本国内产业成长的过程,认为这一过程包括国内市场的产生、进口、国内生产(即进口替代)、出口(即出口替代)几个阶段。这一理论后来经过小岛清的发展,成为20世纪70年代日本向亚洲NIES(亚洲新兴工业国和地区)和ASEAN(东南亚国家联盟)进行产业转移,推进本国产业发展的主要理论依据。

雁行发展形态论中提出的产业成长各阶段其实质就是产业升级从低级到高级演进的几个阶段。

为了对产业结构变化的规律性进行精确的定量分析,钱纳里(H. B. Chenery)和塞尔奎因(M. Syguin)在《发展的模式:1950~1970》(1975)一书中,设置了30多个变量,对101个国家(地区)20年的2万多个统计数据进行分析,总结出这些国家在经济增长中共同经历的经济结构的变化格局(即标准结构)。同时得出结论,第一,产业结构转变同经济增长之间具有密切的相关关系,表现为不同收入水平上,产业结构的状况不同;第二,在产业结构转变的过程中,同资本积累和比较优势这样的供给因素变化相比较,需求因素变化所产生的作用更为重要;第三,概括了大样本发展中国家的发展经验(发展的共性),总结出不同收入水平所对应的产业结构的标准形式,同时也指出了各国发展经验同标准发展形式之间的区别。

钱纳里及其合作者鲁滨逊(S. Robinson)和塞尔奎因在《工业化和经济增长的比较研究》(1986)一书指出,经济结构不仅受制于内部因素,也受制于外部因素,如收入水平、资源禀赋、人口规模、政府的政策和发展目标,以及国际资本、国际先进技术和国际贸易环境等;其次,对经济结构的外延作出进一步的补充,指出经济结构的变化不仅包括生产、需求、贸易、资源作用和人口等方面的结构变化,而且包括城市化和收入分配等过程的变动。

钱纳里及其合作者的这些理论，不仅将前人关于产业结构演进的理论进一步深化，同时其研究已经涉及区域产业升级的决定因素问题。

通过以上综述，我们可以看出，西方经济学家对区域产业升级问题的研究总体上是伴随区域经济增长研究过程的。在研究区域（不论是发达国家还是发展中国家）经济增长过程中，实际已经就产业及其结构怎样变动（变动形态）、为什么会发生变动（变动原因）、变动的结果是什么（其中最重要的就是影响经济增长）等这些产业升级的基本问题进行了研究。这些理论构成了产业升级理论的重要组成部分。

二、区域产业结构优化理论

实际上将产业升级理论划分为产业结构演进理论和产业结构优化理论是比较困难的，因为学者的理论往往是出于对区域产业结构优化或加快区域经济增长的目的，而需要首先对区域产业结构演进规律进行认识和研究的。

产业结构优化是通过实施各种有效措施，推动产业结构合理化和高级化的过程。在产业结构优化理论中尤以主导产业理论最有价值。主导产业是国民经济产业部门中起带头的先导性产业部门。

在此方面，比较有影响的主要有筱原准则、罗斯托主导产业理论和赫希曼产业关联理论等。

日本经济学家筱原三代平不满足于克拉克定理和霍夫曼定理关于产业动态的描述，认为无论是三次产业的划分，还是轻重工业的划分，对于确认战略产业都未免失之笼统，他认为主导产业部门的演变反映了产业结构升级的趋势，并在1957年提出了区域产业结构的优化的基本思路，即被人们称之为"筱原二基准"

的选择战略产业的准则:"收入弹性基准"、"生产率上升基准"。

所谓收入弹性是指对某一产业产品的需求随着国民收入的增加而增加的相互关系。在市场经济条件下,社会需求是推动产业发展最直接的也是最大的原动力,需求结构的变化是产业结构变化和发展的原动力。需求收入弹性大的产业,由于其产品的增加能带来更大的收入,从而能创造更大的需求,因此这类产品能够从社会中获得更大的发展动力,占有更大的市场份额。

这里所说的生产率是指全要素生产率,即产出对全部投入之比。在社会生产中,生产率增长较快的产业,其技术进步的速度也比较快,产品的生产费用也比较低。这样,就能吸引到各种资源向该产业流动,使该产业在技术和资源的供给上比其他产业有更多的保证,从而该产业比其他产业发展更快,并逐渐成为区域经济增长的支柱和主动力。

"筱原二基准"提出后,对规划产业结构产生了很大的影响。这两个基准实际上是产业政策的精髓所在。

美国经济学家罗斯托在《经济增长的阶段》一书中指出,在任何特定时期,国民经济不同产业部门的增长率都存在着广泛的差异,区域经济增长往往是由数个主导产业部门的快速发展带动起来的,整个经济的增长实际上是某些关键部门的迅速增长所产生的直接或间接的效果。罗斯托认为,在发展中国家和地区经济成长过程中,资本积累率在10%以上是实现经济起飞和经济持续增长的第一个基本条件,选择和扶持好主导产业则是第二个基本条件。产业结构优化就是要选择好主导产业,通过主导产业的快速发展来带动区域经济的增长。

罗斯托所称的主导产业是指那些具有较高的需求收入价格弹性,能够较多地吸收先进技术,并对其他产业的发展具有较强的带动作用的新兴产业部门。其主要特点为:一是必须有较为旺盛的市场需求和潜力;二是具有高创新率,即能迅速地引入技术创新或制度创新；三是具有较高的增长速度或者其潜在的增长速度较高；四是有很强的带动其他产业部门发展的能力，即具有很高的"扩散效应"。

罗斯托同时认为，各国的主导产业更迭与演进存在技术的、经济的内在逻辑，呈现有序的方向性，纺织工业是"起飞"阶段的古典式主导产业部门，钢铁、电力、煤炭、通用机械、化肥工业是成熟阶段的主导产业部门，汽车制造业是高额消费阶段的主导产业，生活质量部门则是追求生活质量阶段的主导产业部门。这种主导产业部门序列不是任意改变的。

赫希曼理论则指出，产业关联在本质上是不同部门之间的技术结构及产品的需求结构。产业的关联度是产业之间这种技术结构和产品的需求结构的扩散程度和相互依存、相互推动的强度。产业关联度高的产业对其他产业会产生较强的后向关联、前向关联和波及效应，产业结构优化就是要加强这些产业的发展。该理论的实质是通过选择并支持那些能带动其他产业发展的产业来实现产业结构的优化。在经济发展中，一个产业部门的前后向关联效应越大，引致其他产业部门发展的伸展能力就越强，发展的条件就越充分，机遇就越多，对经济增长率的贡献就越大，就越能促进区域的产业升级。

刘易斯（W. A. Lewis）对发展中国家的经济结构变动进行了开拓性的研究。他指出，发展中国家存在着二元经济，即传统部门和现代部门，因此要实现产业结构高级化，必须实现传统部门向现代部门的转变，这种转变主要是通过现代部门资本积累的增加来实现。实现的具体方式主要有两种，一是保证利润的再投资，二是增加货币供给量，这样就可以在传统部门存在大量剩余劳动力的条件下，实现就业量的增加，继而实现经济增长。

费景汉和古斯塔夫·拉尼斯对刘易斯的二元结构模式作了进一步的补充和发展。他们指出，发展中国家有两种不同的工业化实现方式：一种是资本深化①的方式，另一种是资本浅化②的方式。将二元经济的发展划分为若干个阶段，通过现代工业部门从资本浅化到深化阶段的发展，使二元经济结构逐渐消失。

可见，刘易斯、费景汉和古斯塔夫·拉尼斯的理论在分析产业演变的基础上，指出了产业升级的实现途径。

英国经济学家坎特威尔（Cantwell）和托兰惕诺（Tolentino）在对发展中国家外国直接投资问题进行了深入研究后，提出了发展中国家通过外国直接投资实现技术创新产业升级的理论。该理论认为，发展中国家的技术积累与它们的外国直接投资的增长是相关的，发展中国家由于资金和技术开发能力的限制，不能像发达国家那样有大量的 R&D 投入来促进技术升级，吸收外国直接投资是推动产业升级的有效途径。

日本经济学家小泽辉智对利用外资促进产业结构升级有许多重要的论述。他在分析日本经济发展历程之后指出，日本经济在结构升级、动态比较优势与国际直接投资之间存在着紧密的联系，而且都是沿着物质—人力资本要素禀赋及技术进步的途径推动的，日本经济结构的快速转换与日本成功利用了直接投资在内的流动性国际要素有着密切的关联。

此外，从本质上看，一个国家（或地区）的经济发展过程本身就是产业升级过程。要素投入增加，经济制度变迁等共同作用推动着一国经济的增长，早期对区域产业升级的研究是与经济增长的研究联系在一起的，因此古典增长模型、新古典增长模型、新增长理论模型等都是与产业升级有关的经济增长模型。其

---

① 其特征是工业经济增长方式主要依赖资本存量的增长、技术创新的劳动力使用偏向很小，从而使资本与劳动的比例较高。

② 其特征是在工业经济增长率足够高的前提下，技术创新的劳动力使用偏向较强，从而使资本与劳动的比例较低。

次,以维农"产品生命周期理论"、邓宁"国际生产折中理论"、"国际直接投资理论"等为代表的国际投资和国际贸易理论尽管未以产业转移和产业升级为直接切入点,但这些理论已经涉及了由于资本在国际流动所形成的对投资国与东道国产业转移和产业升级效应问题的研究。

三、区域产业竞争力理论

各国、各地区经济发展、贸易条件、产业结构所表现的种种差异与其各自的产业竞争力密不可分,① 产业竞争力的强弱已经成为衡量区域经济发展水平高低的重要指标。但区域产业竞争力由于使用的环境不同,具有不同的含义。

从国际贸易理论背景出发,产业竞争力指产业的出口和进口替代的能力;从微观经济背景出发,产业竞争力指特定产业范围内所有企业的综合竞争力;从宏观经济背景出发,产业竞争力指由各种宏观经济因素所决定的产业在市场上的地位。② 产业竞争力不仅表现为市场竞争中现实的产业实力,而且还表现为可预见未来的发展潜力,这是由产业的生产特征所决定的。

结合上述产业竞争力的含义差异,作者认为,区域产业竞争力是指区域某一产业或区域产业系统通过对各种资源的有效配置,稳定持续地生产出比竞争区域更多财富的能力。区域产业竞争力反映了区域产业竞争主体在市场竞争中的比较关系,具体则表现为产业产品在价格、成本、质量、服务、品牌和差异化等方面比竞争对手所具有的差异化能力。

近20年来,国内外各种研究机构、专家学者对产业竞争力

---

① 余传奇,叶静.西方产业竞争理论来源研究与启示[J].华东经济管理,2004(3).

② 郭京福.产业竞争力研究[J].经济论坛,2004(14).

的研究颇为关注。围绕什么是产业竞争力,产业竞争力的决定因素是什么,如何测算区域产业竞争力等方面形成了各种理论。①

传统或古典经济学认为,产业竞争力的强弱取决于一个国家的生产要素,即劳动力、资金与自然禀赋等方面所具有的相对优势。经济历史学家则从较为长期的制度演进的角度,强调经济体制在产业竞争力中的作用,认为有利的制度形式是推动国家经济的动力,从而也必然促进其产业竞争力的提高。现代增长学认为,与自然资源相比,人力资本更能决定一国的竞争力。在产业竞争力中,竞争力来源于效率和技术创新,提高效率和技术创新的关键是改进技术和发展教育。IMF认为,产业竞争力取决于五种不同因素的组合,这五种因素是变革因素、变革过程、环境、企业自信心和工业序位结构。

20世纪80年代以来,世界经济论坛(WEF)和瑞士国际管理开发研究院(IMDO)在区域的国际竞争力评价研究方面影响最大,其就国际竞争力的评价原则、方法和指标体系等已经得到了广泛的关注,其公布的《世界竞争力报告》在国际社会产生了巨大影响。

美国哈佛大学教授迈克尔·波特(Michhael E. Porter)在1980~1990年间,连续发表了《竞争战略——分析产业和竞争者的技术》、《竞争优势——创造和维持优良绩效》、《全球产业中的竞争》、《国家竞争优势》等四部著作,试图归纳在产业竞争研究中的各派观点,从而对产业竞争力的优势提出一个比较完整的解释。波特(1990)在对美国、日本、韩国、新加坡等国

---

① 赵洪斌.论产业竞争力——一个理论综述[J].当代财经,2004(12).

家的产业竞争力的研究后指出,以下因素影响各国的产业竞争力,[①] 即(1)生产要素状况;(2)市场需求状况;(3)辅助产业的发展水平;(4)企业的战略、结构及竞争对手;(5)机遇与政府因素。并在此基础上,构建了产业国际竞争力的基本分析框架——"国家钻石"模型,开创了影响深远的产业国际竞争力分析范式。

波特还提出,一国产业参与国际竞争的过程大致可分为四个阶段:(1)要素驱动阶段;(2)投资驱动阶段;(3)创新驱动阶段;(4)财富驱动阶段。

第二节 区域产业升级特征理论

区域产业升级特征理论探讨什么样的产业升级是合理的,总结产业结构优化的目标和合理区域产业升级的特征。尽管人们对这一问题的认识尚有各种差异,但在产业经济理论和产业管理实践中,产业结构的合理化和高级化作为产业升级的基本特征总体上已经形成了共识。

一、产业结构的合理化

产业结构合理化理论主要探讨产业结构合理化的定义、产业结构合理化的标准、产业结构合理化的分析方法等几个方面。

合理化理论的核心是强调区域各产业之间必须保持按比例协调发展的关系。马克思提出的两大部类理论,里昂惕夫的投入产出理论等都对产业结构合理化的思想作了深刻的阐述。

目前,学术界存在着产业结构合理化的各种不同定义,不同

---

① [美]迈克尔·波特.国家竞争优势[M].北京:华夏出版社,2002,P.67.

定义的差别体现了不同学者对产业结构合理化的不同见解。归纳起来，产业结构合理化的内涵大致有结构协调论、结构功能论、结构动态均衡论和资源配置论四种。

结构协调论把产业间协调置于产业结构合理化的中心位置，强调协调即合理，合理即协调的思想，把区域产业结构合理化解释为通过产业结构调整，使各产业实现协调发展，并满足社会不断增长的需求的过程。

结构功能论强调产业结构的功能作用，并以结构功能的强弱为出发点考察产业结构合理化，把产业结构合理化定义为各产业间存在着较高的聚合质量，把产业结构合理化的过程看做是不断改善结构效益的产业结构优化过程。

结构动态均衡论重视产业素质与结构的均衡性，并从动态的角度考察产业结构合理化，认为产业结构合理化是产业与产业之间协调能力的加强和关联水平的提高。产业结构合理化就是要促进产业结构的动态均衡和产业素质提高的过程。

资源配置论把产业系统视为某种资源的"转换器"，并从资源在产业间的配置结构及利用角度来考察产业结构的合理化，把产业结构合理化解释为在一定经济发展的阶段上，根据消费需求和资源条件，理顺结构，实现资源在产业间的合理配置和有效利用。

关于合理化的标准。产业之间相互作用的关系越协调，产业经济系统的整体能力就越高，与之相应的产业结构也就越合理。因此，判断区域产业结构是否合理，总体标准是产业经济系统作为一个有机的整体所产生的整体能力是否大于各产业能力之和。

目前理论界讨论的焦点主要集中在三个标准上：资源的合理配置标准、产业供需结构适应标准、产业间协调标准。

资源的合理配置标准。该标准强调，区域产业结构是否合理化应该主要考察产业经济系统是否最大限度地实现了对资源的有效利用。而对资源的有效利用，主要有两层含义，一是提高资源的使用效率，技术进步是关键；二是各产业之间的资源使用效率不存在显著差异，即要求市场机制能够有效发挥资源配置的作用，把产业之间在资源使用效率上的差异减到最低限度。

产业供需结构适应标准。产业生产活动的根本目的是为了满足市场的需求，而市场的需求总是在不断变化的，如果在需求正常变动的情况下，产业经济系统具有较强的适应性和应变能力，通过自身的结构调整适应新的需求变动，促使产业的供给结构与需求结构相适应，这就表明产业系统得到了升级，同时产业结构也是合理的。反之则是不合理的。

产业间协调标准。该标准要求相关产业间在价值创造能力、产业增长速度、技术进步速度和劳动生产率等方面不存在显著的不平衡，并形成相互依赖、相互促进的关系。如果存在着强烈反差，产业之间就会产生较大的摩擦，从而导致产业发展的无序和宏观经济的波动。

综合以上的标准，产业升级中产业结构合理化就是要解决如何促进产业内部和产业之间的协调，促进产业的动态平衡和产业发展质量的提高，以使产业的供给结构和需求结构相适应，不断使社会资源得以最有效的利用。

二、产业结构的高度化

区域产业结构高度化指区域产业发展重心不断由第一产业向第二产业和第三产业占优势状态演进；劳动密集型占优势逐步向资本密集型、技术密集型产业占优势演进；制造初级产品的产业占优势向制造中间产品、高附加值最终产品的产业占优势演进。产业系统在结构上的高度具体通过各产业所吸引的投资、就业人员以及对国民产出增长的贡献变动上表现出来。

区域产业结构高度化往往表现为与经济发展阶段相适应的支

柱产业和主导产业群的形成上。如果扶持发展的主导产业超越区域经济发展阶段的条件和水平，就会导致产业结构的不协调，必然会降低资源的使用效率。

三、产业结构的高级化

产业结构高级化的基本含义，一是指产业的高技术化，即在产业中普遍应用高新技术，增加产品的附加值；二是产业高集约化，即产业组织合理化，有较高的规模经济效益；三是产业高加工化，即加工深度化。从其外在表现看，产业结构高级化体现为"四化"：第一是重化工业化。这是产业结构高级化在工业化阶段的表现，在经济发展和工业化进程中，重化工业在轻重工业中的比重有不断提高的趋势。第二是高加工化。这是指伴随重化工业化的出现，产业链不断延长，加工组装业的发展大大快于原材料工业发展速度的趋势。高加工化不仅使有限的资源得到更有效的利用，还可以降低产业发展对能源、原材料的依赖度，促进区域产业结构向资源节约化发展。第三是产业结构的"软化"。这是指在产业结构的演变过程中，第三产业的比重不断提高而出现"产业服务化"的趋势。第四是产业结构的高信息化。其内涵一是指信息技术和信息产业不仅是国民经济的一个产业支柱，而且是一个"发动机"，可以推动其他产业的更新换代和现代化；二是指利用信息技术改造其他产业，提升这些产业的竞争能力不断增强；三是指利用信息技术提高信息采集、传播和利用，提高区域整体国际竞争力的能力不断提高。

产业结构高级化的实质内容是结构规模由小变大、结构水平由低变高、结构联系由松变紧。所谓结构规模由小到大是指区域产业系统的产业部门数量增加，产业关联复杂化，体现为产业之间的中间产品交易规模不断扩大的趋向。这种规模深化过程主要是由两方面的因素引起的，一是随着部门的增加和部门之间联系的密切，交易环节不断增多，中间产品的产业交易规模不断扩大；二是制成品投放对初级品投入的替代。工业化的历史过程表明，初级产品的中间使用量逐步下降，制成品的中间使用量迅速上升，是现代工业发展的结果。结构联系由松变紧是指区域产业之间关联耦合更加紧密、聚合程度提高，最终体现为产业间的聚合质量提高的趋向。

四、产业结构的高效化

产业结构高效化指资源在各产业间的配置不断趋于优化，产业系统总体经济效益不断提高，表现为低效产业比重不断降低和高效产业比重不断增大的趋向。高效化是一个动态过程，既没有起点也没有终点，因为产业之间效率差别总是存在的，当原有低效率产业缩小甚至消失后，还会出现新的低效率产业，又需要通过产业的高效化过程，使社会资源由低效率产业向高效率产业转移。

五、合理化、高度化、高级化、高效化的关系

实际上，要把区域产业结构的合理化以及高度化、高级化、高效化等概念的内涵完全区分出来是很困难的，因为这几个概念间存在着很强的互促关系。它们之间的区别主要表现为所强调的问题不同。合理化强调的是区域产业之间的协调性与比例关系，考察点主要放在产业之间的相互支撑问题；高度化强调的是区域产业结构沿着区域产业演进方向不断提升演进高度的过程；高级化强调的是区域产业的结构规模由小变大、结构水平由低变高、结构联系由弱到强的过程；高效化所强调的则是通过区域资源在各产业间的配置，区域总体产业系统的经济效益不断提高的过程。

区域产业结构优化或区域产业升级的出发点和落脚点都是产业系统经济效益水平的提高，因此，高效化是区域产业升级的本质要求，这就需要以区域产业的合理化、高度化和高级化为基础。合理化要求区域产业在一定的产业高度下，实现均衡发展，而高度化要求打破产业结构在低水平上的均衡，通过主导产业和支柱产业的不断交替更换，并通过相关产业及整个产业的高级化，实现区域产业系统的高效化。

如果对高度化、高级化不进行严格的区分，而将它们统称为区域产业结构的高级化，那么区域产业结构的合理化、高级化、高效化就共同构成了区域产业结构优化或区域产业升级的核心内容（见图3-1）。合理化是前提和基础，反映的是产业结构在量上的客观要求，是产业结构的静态优化；高级化是实现区域升级或优化的途径，体现为产业系统沿着产业结构演进方向，其资本和技术密集程度、加工程度不断提高、服务业和信息业的地位和作用不断增强；而高效化则反映区域产业结构在质上的客观要求，要求区域产业系统的效率水平不断提高。

第三节 国内学者相关研究述评

一、关于产业演进与结构优化方面

许多国内学者以中国产业结构演变的原始数据为样本，研究产业结构演进的一般规律和趋势，揭示了中国产业结构演进的特点，并提出中国近、中期产业结构政策（孙尚清等，1988）；从经济发展史的角度，研究工业化过程中产业结构特征及其演进规律，并联系中国的产业结构演进特点加以分析（刘伟，1995）；从消费结构与产业结构的关联角度，联系中国的状况进行定量化、模型化、实证化的分析（林白鹏，1993）；把技术进步这一重要因素与产业结构演进的关系进行全面系统的分析（李京文，1989）。

在产业结构高级化和高度化研究领域，国内不少学者通过计算产业结构相似性系数进行国家（或地区）间产业结构的比较。如刘伟（1995）以日本为参照系，对中国产业结构的高度化进行了估计，认为中国产业结构中的就业结构与日本1930年的结构高度相似，而产值结构与日本1925年的水平基本一致；洪银兴、刘志彪（2003）计算了沪苏浙6市的工业产业结构相似系数，并探讨了这6市的产业结构高度和产业结构同构问题；许达明（1996）和陈家玮（2004）分别用产业结构相似性系数法比较了深圳与香港、浙江与韩国的产业结构演进水平；邓茂、龙志和（2005）分别运用产业结构类比法和相似判别法，对广东省工业产业结构的合理化和高级化程度进行测度。

有的学者则尝试建立产业结构高级化程度的指标体系以对产业系统的高级化水平进行更全面的评价。在程如轩（2001）、马涛（2004）的指标体系中，霍夫曼系数、产业高加工度系数、智力密集型产业产值比重等指标被选入到产业高级化指标体系中；有的学者在指标体系中还考虑到了生态环保产业的发展水平等指标，从而将产业发展的可持续性这一动态因素纳入到产业结构高级化测评范畴；伦蕊（2005）从产业间结构高度、产业链结构高度与产业结构升级转换能力三个方面构建了产业结构高级化水平测评指标体系。

二、关于产业竞争力方面

中国学术界从20世纪90年代初开始关注区域竞争力问题。金碚等（1997，1998）从工业品国际竞争力角度探讨中国工业国际竞争力的理论、方法，特别是产业国际竞争力研究的经济分析范式；范晓屏（1997）提出了测度企业竞争力的三个方面，即企业竞争行为能力、企业竞争潜在能力和企业战略与管理能力；刘小铁、欧阳康（2003）认为，对外开放对产业竞争力具有重要影响，因此波特的"钻石体系"中应加上一个"对外开放"因素,从而提出了发展的波特"钻石模型"。① 裴长洪(2000)在借鉴产业组织理论和西方学者研究成果的基础上,建立了行业分析、市场类型(结构)和价值链三种方法相结合的产业国际竞争力的经济分析框架。樊增强(2003)提出通过产业组织优化,发展高技术产业群、加快知识资本积累、实施开放型产业政策等来培育产业国际竞争力。② 周飞跃(2003)就产业竞争力提升战略,并就东部地区与西部地区的产业竞争力进行了多角度的比较研究。

在测算产业竞争力方面,《中国国际竞争力发展报告》(1997)运用 IMD 和 WEF 的评价方法和指标体系,对中国国际竞争力问题进行了专题研究;周星、付英(2000)在世界经济论坛和洛桑国际管理开发学院对国际竞争力研究的基础上,认为产业国际竞争力从理论上应等于产业竞争力资产乘产业竞争力过程,其中资产指产业现状、拥有的资源条件,过程指产业素质及产业结构变动,据此采取资产和过程相结合的原则建立评价指标体系。宋明佳、张康霖(2003)对产业国际竞争力的内涵进行了明确的界定,通过国内外学术界对国际竞争力评价指标研究的综合分析,建立了产业国际竞争力的评价指标体系。

三、关于区域产业升级机制方面

与机制相联系的概念主要有机理、体制与制度。由于这几个概念容易混淆,在使用时,人们往往忽略了它们之间的区别。下面分别从"内涵和外延"、"形成与确立"、"完善方式"三个方

---

① 刘小铁,欧阳康.产业竞争力研究综述[J].当代财经,2003(11).

② 樊增强.论我国产业国际竞争力培育[J].当代财经研究,2003(6).

面对它们的区别进行辨析。

从内涵和外延看。"机制"一词源于希腊文,原指机器的构造和运作原理,借指事物的内在工作方式,包括有关组成部分的相互关系以及各种变化的相互联系。在英文中,"机制"(mechanism)是指机械系统中各个部件之间结构组合方式及其相互关联、相互作用的机理。在"机制"概念进一步扩展到经济社会等领域后,泛指系统的组成、系统要素之间相互作用和要素功能发挥的方式。

构成某一系统机制的要素一般包括机制的理念、主体、规则、目标。而制度、体制只是机制内部构成要素的组成部分,属于规则的范畴。因此,从这种意义上说,机制与制度、体制间是包含关系,机制包括制度、体制。经济社会系统中的"制度",既可以指要求社会系统中的各个主体共同遵守的办事规程和行为准则,也可以指在一定历史条件下形成的经济、政治、文化等方面的制度体系。"体制"是制度体系中的一个方面或层面,是关于国家或社会某一系统中组织结构、权力配置和利益分配格局的制度,它规定系统中各个运行主体的地位、权利和责任、权力和作用,决定各个主体之间的相互关系。而"机理"则是机制中的各种要素的相互关系,所有机理的集合就是机制。在本书中,使用到的区域产业升级机理有影响机理、关联机理、决定性机理和方向性机理等。

从形成和确立的角度看。体制的形成具有即时性的特点;而机制、制度的形成则更具有过程性的特点。例如,构成市场经济运行机制的要素包括:有关市场经济运行的理念(主体独立、公平竞争、等价交换等)、市场经济运行的主体(市场活动主体、市场管理者等)、市场经济运行的规则(有关产权、生产、交换、分配等内容的法律法规、制度规范)、市场经济运行的目标(资源有效配置、效益最大化)。市场经济机制就是市场经济运行主体在市场经济理念指导下,按照市场经济规则,趋向市场经济运行目标所进行的实践活动的方式，以及这种方式体现的整体功能。市场经济规则即有关市场经济运行的制度体系，包括所有关于市场经济运行的法律法规、制度规范。而市场经济的体制，则是关于产权关系以及由此决定的分配关系的制度。十四届三中全会通过《中共中央关于建立社会主义市场经济体制若干问题的决定》标志着我国的市场经济体制的确立。但是市场经济制度体系的建立和完善则需要一个较长的过程，而完善的市场经济机制的形成和良性稳定运行，则更有待于市场经济制度体系的完善和市场主体素质向适应市场经济理念和目标转变的基本完成。在我国，理论界和实际工作中往往把经济运行机制直接称为经济体制，从另外一个侧面说明了经济"体制"在经济"制度"中的核心地位和在经济运行"机制"形成中的主导作用。①

从完善方式看，"制度"的完善必须通过制度体系的协调和制度内容的调整，增加科学的制度，改革不合理的制度，创造有效的新制度来实现；"体制"的完善必须通过改革和创新来实现；而"机制"的完善则需要机制的所有要素的优化和协调耦合来实现，其中既包括主体素质的提高，也包括规则性要素的完善。在规则性要素的完善中，首要的是体制的完善，体制是否合理与完善对机制运行具有主导性作用。

在产业升级的决定机制上，杨治（1985）借鉴西方产业结构与产业组织理论认为，一定的产业结构状况是同一定的经济发展阶段联系在一起的，不同的经济总量有不同的产业结构，经济总量增长依赖于结构变动，特别依赖于增长速度高于平均增长率的新兴产业；高佩义（1986）认为，产业结构状况及其变化与经济发展的阶段和水平、要素禀赋、政府干预等是相互联系的。

---

① 高兰，李娟．"机制"与"制度"、"体制"辨析．http://www.chinaelections.org，2008.3.

王述英(1999)指出对产业结构变动起决定作用的有三个主要因素：收入需求结构变动、技术进步与劳动生产率变化、国际贸易。周振华(1992)指出以新技术的发明与应用为基础，以需求模式的变化、相对成本的降低及国际贸易的发展为表现形式的创新能力会影响产业结构的高级化，而合理配置资源的协调能力会影响产业结构的合理化。

在FDI和国际贸易推动产业升级的机制研究上，国内学者探讨的一个焦点是FDI和国际贸易对中国产业升级的效应是正向还是负向。江小娟等人指出，在中国生产能力和资金过剩的情况下，内资之所以不能替代外资的原因就在于FDI对中国经济能起到改善资产质量、带动配套产业、促进技术进步、推动产业升级的效应；陈明森、卢华、林红(2001)提出加大吸收跨国公司投资的力度，可以加大产业升级的外向推动力，从而加快产业结构的优化升级；[①] 而王美今、沈绿珠(2001)则通过严密的统计分析指出，外商直接投资在不同程度上对区域产业结构高级化起到直接的促进作用。[②] 裴长宏(2006)就"十一五"时期中国利用外资促进产业结构升级的政策目标开展了研究、吉儒(2006)、吴进红(2007)等人就开放条件下FDI、对外贸易对中国产业升级的促进作用机理进行了研究。

在分析决定产业结构优化影响机制方面，刘思峰、党耀国等[③](1994, 2004)提出"最优强度轨道"就是能够使经济系统快速增长

---

① 陈明森，卢华，林红. 福建省产业升级新思路：外向推动与外资结构调整[J]. 发展研究，2001(3).

② 王美今，沈绿珠. 外商直接投资与区域产业结构变动的关联效应[J]. 统计研究，2001(2).

③ 刘思峰，党耀国，等. 我国产业结构的有序度研究[J]. 经济学动态，2004(5).

的产业结构。张二震（2004）[①]从贸易投资一体化的宏观背景出发，考察了贸易和投资对一国经济增长和产业结构升级的影响。

在产业集群推动产业升级机制方面，张辉（2006）、张明倩（2006）就全球价值链下地方产业集群转型和升级进行研究。周振华（1995）研究了产业结构状态及其变动对经济增长的效应得以实现的机制性条件；沈玉良（1998）探讨了制度变迁与产业结构关联问题；在具体产业的升级方面，黄寰等人（2006）就自主创新与农业、工业、服务业等行业的升级关系，吉儒（2006）对汽车行业的产业升级路径，李江帆（2003）对中国第三产业内部结构的升级趋势开展了研究；在产品升级方面，毛蕴诗等（2006）开展了基于产品升级的自主创新路径的研究。

四、关于区域产业升级水平测算方面

如果能比较准确地对区域产业系统的高级化和合理化进行测量，并建立长效监测机制，就可以根据检测结果和形势变化适时修正政策引导方向，为产业升级过程中的一系列制度变革和政策调整提供依据。因此，产业升级的测度问题显得格外重要。

然而，目前就区域产业升级的定量研究文献相对较少，已有研究使用最多的有三类，一类是通过直接构筑指标反映区域的产业升级指数，如霍夫曼比例等；第二类是通过建立指标体系，再构建区域产业升级指数，如区域产业竞争力指数；第三类是建立投入产出模型，如郭菊娥（2001）曾通过建立线性多部门静态投入产出模型分析中国产业结构，并求解理想产业结构向量；胡庆文（2003）等通过建立动态投入产出模型，并基于时变广义系统的产业结构预测和控制模型，求出了理论上的最优解。

[①] 张二震，等.贸易投资一体化与中国的战略［M］.北京：人民出版社，2004.

虽然构筑指标方式具有实施的简易性，但由于产业升级的复杂性和多目标性，实际单一指标难以胜任；运用指标体系构筑产业升级指数的方式，虽然已经顾及了产业升级的复杂性和多目标性，但指标的赋权是一个难题；动态投入产出模型在理论上虽然具有一定的先进性，但由于广义系统理论尚未完善，导致动态模型的实际操作受到极大限制；而利用静态投入产出模型测度产业结构优化升级基本上存在缺乏理论基础和数据处理欠妥等问题。

第四节 小 结

产业升级是一个内容比较宽泛的研究主题，国内外学者围绕产业结构演进、产业结构优化和产业竞争力领域进行了多角度的研究，这些研究为我们奠定了很好的研究基础。同时这些研究也具有以下特点：

一是从概念架构上，没有重视广义产业升级与狭义产业升级的区别，导致用区域产业结构调整代替区域产业升级、或用区域产业结构升级代替区域产业升级、或者用区域产业竞争力代替区域产业升级的现象；同时，各种产业升级方面分散的研究是在产业结构优化和产业竞争力这两大理论体系和结构框架下独自开展理论和实证研究，因而很难将区域产业升级问题的研究引向深入。

二是在理论上还没有形成比较完整的区域产业升级及其机制的理论体系。

三是在区域产业升级研究方法上定性研究得多，定量研究得少，原因之一就是欠缺完整、可操作的区域产业升级水平衡量体系与方法。

四是对中国东部和西部地区产业升级及其机制没有完整、系统的比较研究。

第三章　区域产业升级及其机制的理论研究框架

本章先对目前理论界就区域产业升级及其机制研究中出现的偏差进行分析,针对这些偏差,对区域产业升级的外延和内涵进行拓展,明确区域产业升级及其机制的研究要点,提出区域产业升级及其机制的研究路径,确立区域产业升级测算的思路,展示研究整体架构。

第一节　区域产业升级外延与内涵的拓展

一、区域产业升级认识上的偏差

产业升级作为产业经济学的基本概念已经得到了广泛的认可,但理论界对区域产业升级的认识还存在偏差。

1. 产业结构调整与产业结构优化的混同化倾向

产业结构调整与产业结构优化的运动形态极为相近,因此,当二者混合运行乃至于合二为一时,人们便往往局限于概念的区分而把关于对象的实际分析混同化。

学术界一般是从它们的联系和区别入手的。普遍的观点认为,区域产业结构调整与结构升级既有联系也有区别。联系在于结构调整往往伴随着结构升级,而结构升级也常常包含着结构调整;区别在于结构调整是从产业结构的现状出发,通过产业政策和宏观调控措施来抑制长线产业和产品,促进短线产业和产品的发展;而结构升级则不是依据现状,而是更多地参照发达国家的经验或从产业演进方向角度,区域产业在结构上高级化的过程。显然,它们的联系表明结构调整与结构升级是经济运行中的两个极为相近的过程性事物,而它们的区别则道出了两者的概念性差异。

依照这两个概念之区别,对于重大的投资建设项目,产业政策理应明确划定哪些项目属于结构调整,哪些项目属于结构升级;但它们之间的联系却给产业政策划定实际的投资建设项目究竟属于结构调整还是属于结构升级带来了困难。于是,概念划分让位于实际困难,结构调整与结构升级被视为等同。

中国自改革开放以来,区域产业结构升级和结构调整一直就是产业政策和理论研究的重点。从改革开放初期到20世纪80年代中后期,理论分析的侧重点在于区域产业的结构升级问题,研究的重点是制定和实施什么样的产业政策和投资政策,选择哪些产业作为主导性或支柱性产业,以实现区域产业结构的升级换代。进入20世纪90年代以后,我国产业结构一度出现严重失调,理论界遂将研究重点转入到对结构失调问题的研究,大量文献分析了产业结构失调的现状、成因机制,并在此基础上提出了政策性建议;而在之后的理论研究中,结构升级问题又出现在有关结构调整研究中一并讨论,两者成了不需解释的同义概念。

一是从我国近三十年的产业政策和投资政策的实际运作过程来看,在大量已颁布的政策性文件中,产业政策导向和投资政策的实施都没有对结构升级和结构调整作明确的划分,更没有明确界定哪些政策是针对结构升级,哪些政策是针对结构调整的。

二是在经济运行过程中结构调整与结构升级经常是混同在一起的。现实的情况是,很多产业投资项目既可以看成是结构调整也可以看成是结构升级,并且实际操作中的确存在着划分和管理的困难。于是,人们对它们的界限便难以作出明确的区分和界定。

三是经济理论界无论是对产业政策还是投资政策选择的分

析，都很少把结构升级与结构调整置于同一框架内进行专门分析。如果使用行业或产品是属于朝阳行业还是属于夕阳行业、在社会经济中所占的比例、产品的供求结构等的划分标准，那么以计算机软硬件、生物工程和互联网为标志的新兴高科技产业就属于朝阳行业，而纺织、机械等传统产业则属于夕阳行业。但是这样的划分是从总体趋势和方向讲的，至于某一时期朝阳行业中的产品出现供过于求或夕阳行业中的产品出现供不应求的情况，则可以根据实际情况来变动划分的细则。当产业政策向属于朝阳行业且占社会经济比例较小甚至尚处空白的新兴行业和产品倾斜，以促动和发展与之相关的产业群时，就属于结构升级，此时进入这些行业的投资流向就是用于结构升级的投资；而当产业政策对那些在性质上虽属于夕阳行业但占社会经济比例不是很大、产品供给不足需要适当发展的短线产业进行扶植时，则属于结构调整，此时进入这些产业的投资流向便是用于结构调整的投资。

四是划分结构调整与结构升级的另一困难来源于统计数据的搜集、整理和分类的难度。在现已出版的各种统计年鉴中，还不曾有涉及结构调整与结构升级的有关投资和产品的统计分类数据。这种状况一方面说明了量化结构调整与结构升级的统计技术问题还没有得到解决，另一方面表明现有的统计数据体系尚不支持对结构调整与结构升级进行实证分析。

上述四个方面造成了理论界将区域产业结构优化与区域产业结构调整混同化倾向。但是，对区域产业结构调整和区域产业结构优化问题进行区分，有利于正确反映区域产业升级的内涵，更有利于对区域产业升级机制问题的进一步研究。

2. 区域产业竞争力与区域产业结构优化研究的脱节倾向

区域产业升级过程既是区域产业在结构演进及结构优化的过程，同时还是区域整体产业获取比竞争区域更加突出的竞争优势的过程。

另一方面，区域产业竞争力与区域产业结构优化问题虽然都得到了理论界的高度关注，但目前已有的研究尚没有将二者置于同一框架内来考察区域产业升级问题。出现的情况是：要么将区域产业升级与结构优化脱离开来进行研究，视区域产业升级为区域产业竞争力提升，仅强调区域产业在要素结构、技术结构和附加价值水平上的积极变化；另一种极端是直接将区域产业升级仅限于区域产业结构的优化升级范畴。

因此，目前理论界就区域产业研究过程中不同程度地出现了用区域产业结构调整代替区域产业升级，或者用区域产业结构优化代替区域产业升级，或者用区域产业竞争力的提升代替区域产业升级的现象。

二、区域产业升级的外延：产业结构合理化与高级化、产业整体竞争力提升

由于我们的研究主题是"中国东西部地区产业升级及其机制比较研究"，因此实际涉及的是区域产业升级的问题。区域不可能只由一个产业组成，因此，对区域产业升级及其考察就必然包含有一个"结构"的问题。

产业升级在结构上首先要求区域各产业之间具有结构上的合理化。其次区域产业升级后在结构上沿着产业结构演进方向，结构高度得到提升。因此，考察相关的制度和政策安排是怎样通过产业结构调整以推进区域产业结构的合理化、并沿着区域产业结构演变方向不断推进区域产业结构的高级化。目前，理论界研究区域产业在结构上的升级问题主要是产业结构优化理论。另一方面，区域产业升级同时还体现为区域整体产业的附加价值水平、技术水平、要素结构、市场份额以及对环境变化的适应能力等各方面较以往有所提升，或者较之于竞争区域在区域整体产业竞争能力上的提升。目前研究区域整体产业竞争力的主要是区域产业竞争力理论。

结构上的合理化、高级化与区域整体产业的竞争力间的不一致性至少表现为：如果从结构上看区域产业结构较过去在合理化程度上得到了提升，从演变进程看产业结构的高级化程度也得到了推进，但如果该区域的整体产业竞争力提升速度低于竞争区域，此时该区域的产业升级水平实际上反而下降了。因此，从提升速度角度可以用以下的函数式表达三者对区域产业升级水平之间的关系：

区域产业升级总体水平＝f（产业系统初始值，合理化提升速度，结构演变速度，产业竞争力提升速度）

因此，区域产业升级中的"升级"实际上包含有三个层面的比较，一是较之本区域产业系统的过去而言，产业结构合理化了；二是在产业结构演进方向上，较之本区域过去的产业结构而言，产业结构高级化了；三是较之于竞争区域而言，该区域的产业整体竞争力提升了。三个方面的升级从不同的角度体现区域产业升级的内容。仅用其中的一个方面代替区域产业升级都是不全面的。

归纳起来，区域产业升级理论中，最基本概念应该是区域产业结构合理化、区域产业结构高级化、[①] 区域产业竞争力提升。这三个基本概念间虽然具有互促关系，但它们之间又有各自不能替代的内容，三者的结合构成了区域产业升级的外延。

三、区域产业升级的基本内涵

作者认为：区域产业升级是指"区域产业在演进过程中，产业结构不断合理化和高级化，同时区域产业由低技术水平向高技术水平、由低附加值状态向高附加值状态、由劳动密集型向资本、技术密集型、由低劳动生产率向高劳动生产率过渡的过程"。这样的表述不仅反映出区域产业升级在产业结构上的合理

---

① 如第二章分析，区域产业结构高度化与高级化具有不同的含义，但二者在区域产业升级上往往具有一致性，因此，对二者不作严格的区分。

化、高级化以及高效化方面的积极变化,也反映了区域产业在要素结构、技术结构和附加价值水平的积极变化。

区域产业结构优化理论和区域产业竞争力理论二者共同形成了区域产业升级理论的基础。之所以十分重视这样的划分,其主要目的不仅要更加准确地反映区域产业升级的基本内涵,更重要的还在于,区域产业结构合理化、区域产业结构高级化、区域产业竞争力提升的机制差异是存在的。

合理化、高级化以及以高效化为核心的产业竞争力提升,不仅是区域产业升级的基本内涵,同时是区域产业升级的基本标志。区域产业升级机制的研究就是要考察区域是如何推进区域产业系统的合理化、高级化与高效化。区域产业升级的基本内容及目标见图3-1表示。

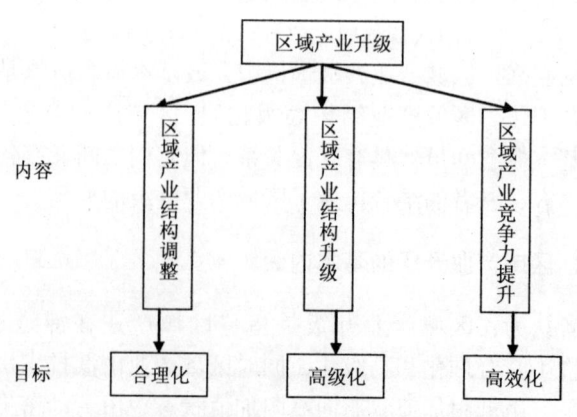

图3-1 区域产业升级的内容体系

第二节 区域产业升级及其机制研究框架

在明确了区域产业升级的外延和内涵后,还需要明确要怎样进行区域产业升级及其机制的研究。

一、区域产业升级机制研究的两个基点：影响因素与影响机理

按照机制设计理论解释，机制设计理论研究的是在自由选择、自愿交换、信息不完全及决策分散化的条件下，如何设计一套机制（规则或制度）来达到既定目标。

类似地，区域产业升级机制就是区域产业的参与主体（中央政府、地方政府、产业投资者、消费者等产业关系人），在一定的约束（资源约束和制度约束）和在自由选择，自愿交换、信息不完全及决策分散化条件下，追逐自身目标或利益最大化过程中所形成的维系区域产业升级的各种关系的总和。

相应地，区域产业升级机制理论的研究内容就包含以下方面：一是探讨哪些主要因素影响区域产业系统的合理化、高级化和高效化？这些影响因素与区域产业升级的关联性机理是什么？二是这些影响因素是以什么方式和路径决定区域产业升级的，即区域产业升级的决定性机理是什么？三是在一定的资源约束和制度约束下，区域产业各主要参与人在追逐各自目标或利益最大化的同时，他们的"决策及其行为"是否就一定驱动区域产业升级，即区域产业升级的方向性机理是什么？

因此，影响因素及其对区域产业升级的影响机理构成了区域产业升级机制研究的两个最主要的考察点。

二、区域产业升级机制的两个研究路径

1. 生产者或投资者"决策与行为"产业升级机制研究路径

总体上，除了国家和地方政府外，① 其他区域产业参与人并

---

① 国家产业升级目标的地位通常是次于资源配置效率、经济发展等目标，而较之于产业升级目标，地方政府更强调社会经济发展目标。

没有将产业升级视为其追逐的目标,区域产业升级因而是产业参与人实施其目标或利益最大化行为的伴生性结果。为此,区域产业升级机制研究的最基本路径是从产业参与人的决策目标、决策过程和行为入手,分析这些行为对区域产业升级的影响机理。正是各类产业参与主体在一定的资源和制度约束下,追逐目标或利益最大化的行为,引致各种要素资源在区域间、产业间流动,其行为又进一步引致区域产业在技术结构、要素结构和附加价值水平上发生变动,从而导致区域产业升级的。

这一研究路径包括两个基本内容:一是要研究不同产业参与主体的决策目标、决策影响因素、决策过程和实施行为;二是要研究产业参与主体实施行为对区域产业升级的影响机理和结果。重点在于揭示什么影响因素是如何影响产业参与人的行为,最终影响区域产业升级的过程。

尽管区域产业参与人的"决策及其行为"的外部表现可能各种各样,但就产品和服务的提供者而言,其"决策与行为"实质是一种投资行为,而对制度安排和政策制定者的政府而言,其"决策与行为"的实质是一种调控行为。不论是投资行为还是调控行为,总是在一定的基本环境背景下进行的,基本环境因素成为产业参与人决策什么,如何决策,怎样实施所要考虑的首要因素。① 任何投资行为和调控行为如果脱离了区域社会经济形成的基本环境,实施者的决策目标或利益最大化就很难实现。这类基本环境因素包括:区域市场化程度、决策规则、政府原有政策及管理能力、产业评价与激励机制、产业参与人的结构、区域经济发展水平(或发展阶段)、科技发展水平、人力资本供应、

---

① 这些制度和环境因素影响产业参与人的决策及行为的方式是多样的,有些是以约定俗成方式被内化为产业参与人的基本知识,而有些则是被产业参与人以更为慎重的方式加以认真考虑的。

产业支撑、自然资源禀赋状况等。

政府参与人的根本目标是追求社会资源的最佳配置和经济、社会的可持续发展。推动区域产业升级是其决策目标中的一个子项，其基本手段是通过制度设计、政策制定诱导其他产业参与人向有利于产业升级的方向决策和实施行为，而其他所有产业参与人都将在制度安排下进行决策和实施行为。

消费者（包括中间产品需求者）这一类产业参与人的决策目标是在一定的收入约束下，追求总效用的最大化，其手段是对购买支出结构的确定。由于生产是为满足消费而进行的生产，因此，消费者对产品和服务的需求及其变化是区域产业升级的最根本动力。这样，影响消费者需求变化的因素如人均收入及其变化、消费观念及其变化趋势等都是区域产业升级最直接的影响因素，我们将这类因素称之为影响区域产业升级的需求及其变化因素。

最后，提供产品和服务的生产者或投资者，以及由同类生产者的生产所形成的现有产业供给能力结构及水平是影响区域产业升级的最直接的因素。这些因素包括生产者的投资能力、技术水平、要素结构、市场销售能力等，这些因素实际是现有区域产业升级水平的体现，它们构成未来区域产业升级的基础。

生产者或投资者的决策内容即投资决策，包括投资什么产业，投资该产业的什么产品，以什么手段或方式进行投资才能实现投资效益的最大化。其基本手段是确定和调整其投资决策。生产者正是在一定的基本环境、制度和政策、消费需求及其变化、现有供给能力等因素的约束下安排其投资活动，长期里便推动了区域产业的演进和升级。在生产者参与人中，政府（投资）和国有企业是两类比较特殊的投资主体，其行为对区域产业升级将产生特殊的影响。

2. "因素显著变化"产业升级机制研究路径

对区域产业升级机制研究的另一个路径是在其他因素不变的

情况下,研究某一变化相对显著的因素对区域产业升级的影响机制。① 如根据影响因素的相对显著性,将区域产业升级的根本原因归结为由投资引起的"投资驱动型产业升级"、由政策推动的"政策驱动型产业升级"、由市场需求带动引起的"需求驱动型产业升级"、由生产者技术创新引致的"技术驱动型产业升级"、由信息交换与传递等变革引致的"信息化驱动型产业升级"、由人力资本数量和质量提高引致的"人力资本驱动型产业升级"等等。我们把凸显某种显著性影响因素,探讨其变化对区域产业升级影响的研究方式称为"因素显著变化"产业升级机制研究路径。

这种产业升级机制研究路径并不把产业参与人的"决策与行为"作为区域产业升级机制研究的主线和起点,而是将产业参与人的决策实施结果视为区域产业升级机制研究的起点,并将研究重点放在揭示"显著性变化因素"的变化对区域产业升级的影响过程和影响效果上。

第一种研究路径并不多见,而第二种研究路径较为常见。本书将在第四章、第七章广泛使用这两种研究路径对区域产业升级机制问题进行研究。

三、区域产业升级的外部表现:区域产业升级指数测定的黑箱原理

从理论上讲,反映区域产业升级水平可以从区域产业升级的影响因素角度进行,先获得区域产业升级的影响函数(或模型),如式(3-1),再根据区域产业升级的主要影响因素(作为自变量),使用式(3-1)测定区域产业升级。

$$y_{it} = f(X_{i1t}, X_{i2t}, \cdots, X_{int}) \tag{3-1}$$

---

① 这实际上是经济学研究中经常使用的局部均衡方法。

y_{it}（$i=1, 2, \cdots, m$）为第 i 区域在 t 时的产业升级水平，而 X_{ijt}（$i=1, 2, \cdots, m, j=1, 2, \cdots, n$）表示第 i 区域在 t 时的第 j 个影响变量的值，f 为影响函数关系式。

但如前所述，影响区域产业升级的因素很多，区域的资源禀赋、区域产业的发展历史及其产业基础、区域产业的资金、技术、人力资源等要素的结构及其水平、产业组织能力、产业政策及其各种产业环境等对区域产业升级都会产生重要影响，这些影响因素几乎纳括了社会经济发展的各个方面。因此，如果要从影响因素角度去反映区域产业升级水平，必须要对影响因素 X_{ijt}（$i=1, 2, \cdots, m, j=1, 2, \cdots, n$）有很好的量化基础，并能有影响因素较为准确的观测值；其二是 f 要具有确定的形式。而这两点都存在难度。虽然通过对区域产业升级机理进行分析，可以获得一些影响因素与区域产业升级之间的关联机理、决定机理和方向性机理规律，但离获得影响因素与区域产业升级之间的确定性关系尚有差距。

既然已经明确了区域产业升级的具体表现，如区域产业系统的合理化、高级化和高效化，因此，作者认为，在测定区域产业升级水平时，就可以视区域产业系统为一个"黑箱"，抛开区域产业升级的影响因素，而主要利用"黑箱"的产出变量或者说从影响因素的结果角度去反映区域产业升级水平，再继而运用所获得的区域产业升级水平去反向研究区域产业升级的主要影响因素。

四、分析路径与结构

为此，分析路径与结构如图 3－2 所示。

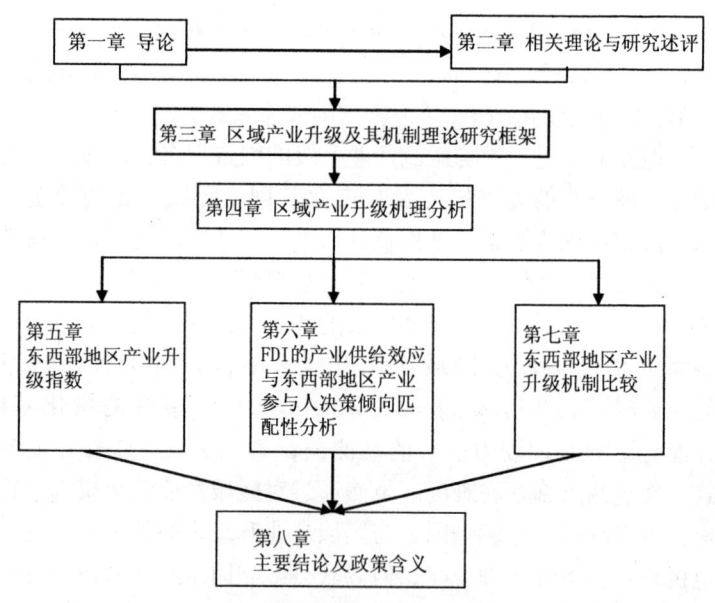

图 3-2 区域产业升级的内容体系

第三节 小　结

本章提出了区域产业升级及其机制的理论分析框架，主要内容概括如下。

第一，对区域产业升级的外延与内涵进行了拓展。作者认为，从外延看，区域产业升级包括三个方面，一是区域产业结构的合理化、二是区域产业结构的高级化、三是区域产业整体竞争力的提升，三者既有联系，又有区别。从内涵看，区域产业升级是指"区域产业在演进过程中，产业结构不断合理化和高级化，同时区域产业由低技术水平向高技术水平、由低附加值状态向高附加值状态、由劳动密集型向资本、技术密集型、由低劳动生产率向高劳动生产率过渡的过程"。

第二，指出了区域产业升级机制研究的两个基点：影响因素与影响机理。作者认为，机制＝机理＋制度，区域产业升级机制是区域产业的参与主体在一定的约束和在自由选择，自愿交换、信息不完全及决策分散化条件下，追逐自身目标或利益最大化过程中，所形成的维系区域产业升级的各种关系的总和。影响因素及其对区域产业升级的影响机理构成了区域产业升级机制研究的两个最基点。

第三，提出了两种区域产业升级机制的研究路径。一是生产者或投资者"决策及其行为"产业升级机制研究路径。该路径以"区域产业升级实质上是一种产业参与人实施其目标或利益最大化行为的伴生性结果"为基础，从产业参与人的决策目标、决策过程和行为后果入手，分析这些行为对区域产业升级的影响机理。二是"因素显著变化"产业升级机制研究路径。该路径是在其他因素不变的情况下，探讨某一相对显著变化的因素对区域产业升级的影响，并不把产业参与人的决策过程和行为实施作为区域产业升级机制研究的主线和起点，而是将产业参与人决策的实施结果视为区域产业升级机制研究的起点，以重点揭示主要影响因素显著性变化对区域产业升级的驱动过程和驱动效果。

第四，作者认为区域产业升级指数的测定，可以通过视区域产业系统为"黑箱"，通过区域产业升级的外部表现或影响因素的结果，对区域产业升级的水平进行测定，这样处理的好处是可以避开影响因素与区域产业升级确定性关系难以确定的难题。

第四章 区域产业升级机理分析

本章以第三章所确立的区域产业升级及其机制分析框架为指导,对蕴涵于区域产业升级过程中的决定机理、影响机理和方向性机理进行考察。

第一节 投资决策的决定机理

区域产业升级归根到底是由区域所有生产者或投资者长期投资形成的结果,是区域产业参与者行为的伴生现象,或者说区域产业升级在微观上是生产者或投资者长期投资的函数。而其他区域产业参与者主体、行为是通过影响生产者或投资者的决策及其行为的方式对区域产业升级产生影响的。

对区域产业升级机理的考察,首先面临两个问题。第一个问题:是什么决定了生产者或投资者将其有限的资源投向了某一产业,而不是其他产业?这一问题之所以重要是因为这一决策过程决定了投资的产业流向,而投资流向是决定区域产业结构(包括区域产业结构的合理化和产业结构高度)的基础变量。第二个问题:又是什么决定了生产者采用这种投资组织方式而不是其他?这一问题之所以重要是因为这一决策过程决定了投资结构形成后的产业组织形式和内容,这关系到区域产业竞争力。

政府是比较重要的产业参与主体,政府作为产业的制度安排和宏观调控的制定者,对区域产业系统施加影响,政府对产业发展的制度安排和调控是以诱导生产者或投资者的行为进行的。[①]而对政府投资而言,政府则直接以生产者或投资者的身份参与区域产业升级的塑造。

因此,下面以生产者"决策及其行为"的决定机理为切入点,将生产者或投资者"决策及其行为"与区域产业布局、产业结构高级化、产业竞争力等产业升级问题结合起来,逐一揭示从投资决策到区域产业升级这一过程所蕴涵的各种机理。

一、制度安排决定投资规则

生产者或投资者在进行投资决策之前,首先要了解投资的"游戏规则"。生产者所开展的任何活动都将被置于一定的制度安排下,其投资行为如果偏离制度安排以及所确定的规则,投资项目不仅很难实施,而且通常会损及生产者或投资者利益最大化目标。因此,生产者或投资者"决策与行为"首先要受到制度安排的制约,从这个意义上讲,区域产业升级机制是既定投资制度安排与产业参与人主体行为的有序组合。

在市场经济体制下,制度安排主要通过投资决策规则对生产者行为产生影响,如图4-1所示。

图4-1不仅反映了制度安排决定投资决策规则的内容和方向,同时也反映了这一过程中所蕴涵的三个基本机理。

1. 随着市场机制作用的加强,政府政策对投资者决策规则的影响力度将趋于递减

政府是政策及调控手段的制定者,同时,市场投资决定机制也是政府选择的结果。全体投资者依据各自预期,结合自身的条

---

① 由于研究主题是区域产业升级,因此,如不特别说明,后面的叙述中对投资者与生产者不进行严格区分。

件进行投资选择,从投资选择到实际资金投入的整个过程本质上是市场投资决定机制、政策和投资主体行为的同构过程。制度安排分两翼共同决定了包括投资程序、融资方式、收益分享、风险承担等为主要内容的投资规则。

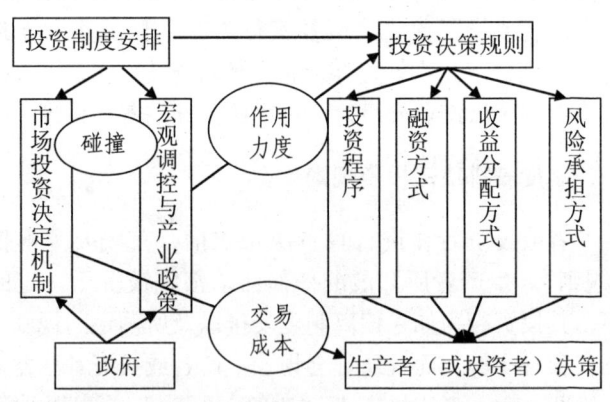

图4-1 制度安排对投资者决策规则的决定机理

在市场体制下,制度安排决定投资决策规则所蕴涵的第一个机理在于市场决定机制较之于政府政策发挥着更为广泛和关键的作用。市场投资决定机制规定着投资者的投资程序和融资方式,规定着投资者的收益分享和风险承担的形式,而政府政策只是起补充或辅助性的作用,性质上属于间接诱导型的调节,不仅如此,政府政策最终要通过市场决定机制对投资者施加政策影响。在计划体制下,政府政策对投资者投资决策的影响是全方位的;在双轨体制下,政府对投资者投资决策的调节仍占很大的比例;而在市场经济体制下,政府对投资者决策的调节则只占很小的空间。

在市场经济体制下,政府一般通过财政政策、货币政策、产业政策对投资进行诱导，并通过补充和调节投资决策规则来影响投资者的决策。具体是通过变动税种、税率、利率或公开市场活动、调节银根等经济或非经济间接手段来影响市场供求和价格，并通过市场信号来引导投资者进行有利于政府决策目标的投资选择。至于投资者的硬性投资选择，政府是不能强行干预的。所以政府政策具有间接性和诱导性。对比三种体制，或者同一体制的不同阶段，这一机理特征也可理解成，随着市场作用的加强，政府政策对投资者决策规则的影响力度将趋于递减。在第七章中，我们将看到这一机理特征在形成中国东西部地区产业升级市场机制上的显著区别。

2. 随着市场机制作用的加强，投资者所支付的交易成本在增加

投资者的投资过程是一个充满着纷争、讨价还价，并不断为获取利益而承担风险的过程，都离不开签订具有法律效力的契约。从契约的签订、实施到生效，投资者不仅要花费各种交易成本，同时还要冒因签约疏忽或法律漏洞而产生的道德风险，这是市场投资决定机制运行过程中的必然现象。相比之下，计划体制下的投资者（此时的投资主体是政府）就不存在这方面的成本支出；而在双轨体制下，也只有真正意义上的市场投资者才存在这项成本支出。因此，制度安排决定投资者决策规则过程所蕴涵的第二个机理在于，随着市场机制作用的加强，投资者所支付的与市场机制相伴生的交易成本在不断增加。

3. 在双轨制下，制度安排的两翼存在碰撞或摩擦

在双轨制下，制度安排就决定出双重的投资决策规则，势必规定着双重的投资程序、融资方式、收益分享和风险承担形式。因此，市场投资决定机制与政府政策在决定投资者决策时必然就存在着碰撞或摩擦，继而导致两种不同的投资者行为。这样，制度安排决定投资者决策规则过程中的第三个机理就在于制度安排

中的两翼在决定投资规则上的碰撞或摩擦。

这三个机理特征的含义分别是：

"碰撞"机理显然是双轨体制下才具有的，这一机理表明，在双轨制下，市场决定机制与政府政策在决定区域产业投资流向，继而决定区域产业升级上可能存在碰撞现象。"作用力度"机理表明随着制度安排中市场决定机制作用的加强，政府对投资者投资决策规则以及投资流向的影响力度在递减；"交易成本"机理则表明，随着制度安排中市场决定机制作用的加强，生产者（或投资者）所支付的交易成本在递增。我们将这三个机理的内容表示在图4-2中。

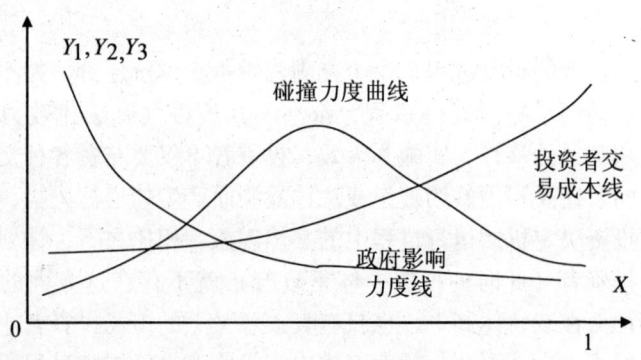

图4-2 制度安排对投资者决策规则的决定机理

在图4-2中，X表示区域市场化程度，以衡量制度安排中市场决定机制的作用强度，并将X限定为$0 \leq X \leq 1$，这样，$X=1$表示纯市场体制，而$X=0$为纯计划体制；用Y_1表示碰撞力度，其含义是市场决定机制与政府政策决定投资者决策行为上的碰撞程度，显然在纯计划体制或纯市场体制下，碰撞力度均最小；用Y_2表示投资者支付的交易成本；用Y_3表示政府对投资者决策规则继而对产业投资流向的影响力度。

投资决策规则赋予投资者决策及其行为所应遵循的基本程序、基本参数以及约束要求，真实的决策过程还要涉及决策背景、决策内容、决策条件、决策方案及决策评价等诸多内容。

二、区域基本环境形成投资者决策背景

除了投资规则外，投资者现实的决策及其行为离不开所处的环境。不同的投资者面临的环境不同，但对所有投资者决策及其行为起全面性、持续性影响的是基本环境因素，包括区域发展阶段与发展水平、资金、技术、人力资本、资源禀赋等要素结构与质量、由产业结构合理化、产业结构高级化和产业竞争力体现的现有产业升级水平、竞争者结构等。基本环境连同决策规则共同形成投资者的决策基础平台。显然，基本环境因素对于区域内所有投资者都是一样的，区别在于投资者对它们的认识不同。

三、需求及其变化形成投资者决策内容

生产和提供服务是生产者获取利益的基本途径，生产是为满足需求而进行的生产，不论是对投资品还是消费品的生产，需求对投资者决策与行为具有决定性作用。满足需求及其变化并同时使自己利益最大化是生产者进行决策的基本出发点和最根本的动力。由于来自于消费者或中间产品需求者的有效需求总是有限的，消费者或中间产品商依据总效用最大化原则安排其支出结构，支出结构继而决定其对投资品和消费品的需求结构。所有消费者和中间产品商的需求结构一旦确定，区域的有效需求便形成。由此对区域产业的需求及其变化决定了生产者应该生产什么，生产多少等决策内容。

四、现有投资者供给能力形成投资者决策的条件

与消费者和中间产品商一样,生产者或投资者的资源也是有限的,生产者对投资对象和投资组织的决策无不以其现有供给能力为条件。投资者现有供给能力因素包括生产者的投资能力(含融资能力)、技术水平、要素及其结构、市场销售能力及其他组织管理能力等。

五、收益最大化是投资者决策的动力与依据

获取最大收益是投资者参与投资的根本目的。市场体制下,投资者不论是对投资方案、投资产业、投资区域的选择,还是投资的组织方式选择无不以收益最大化作为其决策标准。因此,获取最大收益是投资者投资的根本动力,收益最大化是投资决策评价的依据。当然政府参与人的投资目的可能是出于兼顾公平或公众利益等其他目的,此时决策依据也有所不同。

通过以上分析,我们将生产者或投资者投资决策的影响因素和决定过程归纳在图4-3中。

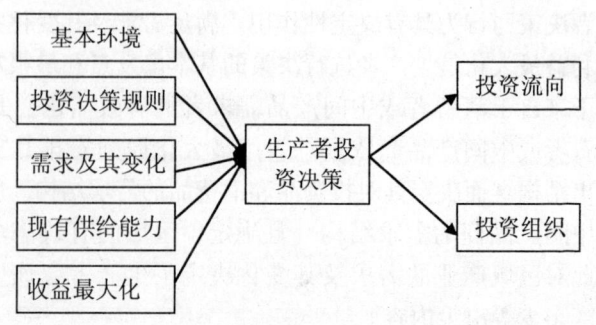

图4-3 投资决策决定机理

在市场体制下,上述五个因素在决定投资者决策过程中所蕴涵的机理是:

第一,生产者或投资者所处的基本环境与投资决策规则具有类似的作用,共同形成投资者决策的基础和背景,决定区域内所有投资者的决策方式和投资组织行为。投资者对基本环境的选择实际就是投资者对投资区域的选择。

第二,价格信号是生产者或投资者认识需求及其变化的指示器,这是由市场决定机制的全局性影响所决定的;同时,需求及其变化的不确定性和复杂性以及生产者或投资者的投资组织过程的时期性,加大了生产者决策的复杂性。

第三,生产者或投资者现有供给能力限定了投资者的选择空间。尽管投资者针对环境变化可以通过自适应功能对最初决策结果进行调整,部分地适应环境、需求及其变化,但总体上,通过决策,生产者或投资者的投资流向和投资组织方式大体便确定下来,一旦所有生产者或投资者的投资流向和投资组织方式都被确定,区域的产业投资流向和产业组织方式便已成型。

生产者或投资者的决策过程,可以用下面的函数式表达。如果进一步把市场体制下投资制度安排因素划分为市场型因素与非市场型因素,并以 A 表示一组决定或影响投资制度安排的市场型变量,以 B 表示一组决定或影响投资制度安排的非市场型变量,以 S 表示投资制度安排,那么,投资制度安排的决定函数就可以表示为:

$$S = f(A,B) \qquad (4-1)$$

以 I_i 表示投资者的投资流向和投资组织选择结果,C 表示一组除制度安排外的区域基本环境变量,D 表示区域产业的市场需求向量,E 表示一组反映投资者供给能力的向量,则投资者的投资流向和投资组织选择结果 I_i 的函数关系就为:

$$I_i = g(S,C,D,E) \qquad (4-2)$$

于是，I 的复合函数为：
$$I_i = g\{f(A,B), C, D, E\} = \gamma(A, B, C, D, E) \qquad (4-3)$$
所有投资者决定的区域产业投资流向和投资组织选择结果就为：
$$I = \sum_i I_i \qquad (4-4)$$
（4-4）式称为市场经济体制下生产者或投资者投资活动的决定函数。为分析方便，择取上述函数式中的主要变量进行分析的，如以市场投资决定机制代表所有决定或影响制度安排的市场型变量，而以政府政策代表所有非市场型变量。

第二节 产业参与人"决策及其行为"与区域产业升级的方向性机理

区域产业升级是产业参与人实施行为的结果，在目标最大化的驱使下，产业参与人的"决策及其行为"与区域产业升级之间的一致性如何？

一、共向与异向

如果我们用一轮投资后所重塑的区域产业升级的状态作为产业参与人"决策及其行为"合理与否的标准，那么，促使区域产业由低升级水平向高升级水平转变的行为就是合理的；反之，则是不合理的。沿此思路，这一过程的动态方向性便可能出现两种状况。我们称促使区域产业升级水平提升的为产业参与人"决策及其行为"与区域产业升级"共向"，而把两者运动方向的偏离，称之为产业参与人"决策及其行为"与区域产业升级"异向"。

若以 Y 表示区域产业升级水平变量（或区域产业结构合理性水平变量，或区域产业结构高度变量，或区域产业竞争力水平变量),以 X 表示区域产业参与人的行为变量,如生产者或投资者的决策结果变量——投资流向。则产业参与人行为与区域产业升级的函数关系式可简单表示为:

$$Y = aX + b \qquad (4-5)$$

当参数 $a>0$ 时,产业参与人行为与区域产业升级呈"共向",当参数 $a<0$ 时,产业参与人行为与区域产业升级呈"异向";而参数 b 是一个反映区域产业升级状态水平的一个初始值,不过要与 Y 在含义上具有一致性。这样 a 便是一个决定区域产业参与人行为与区域产业升级共异向关系的方向性参数。

图4-4表示产业参与人行为与区域产业升级的共向,反映了区域产业升级水平随参与人的行为在不断趋向好转。而图4-5则表示产业参与人行为与区域产业升级异向,反映了区域产业升级水平由于参与人的行为在不断趋坏。

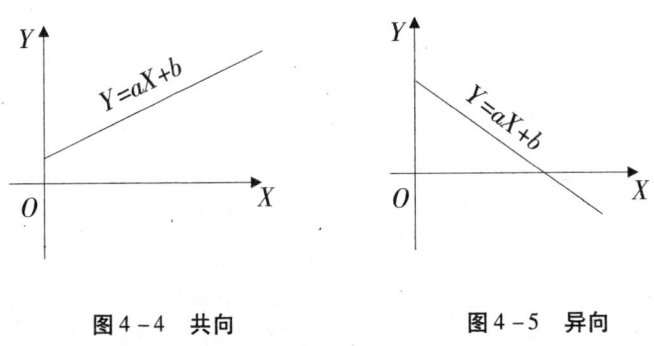

图4-4 共向　　　　　图4-5 异向

二、方向性参数 a 所蕴涵的机理

区域产业升级机理是区域产业参与人在一定的约束下追求决策目标过程中所形成的一维系区域产业升级的稳定关系。因此,

产业参与人行为与区域产业升级关系的方向参数 a 实际是由参与人的"决策目标及其行为"和约束条件共同决定的,即:

$$a = f(P,Q) \tag{4-6}$$

这里,P 为一组反映参与人决策目标及其行为的向量;而 Q 为一组反映参与人所面临的约束向量。f 是体现参与人目标最大化的方向性决定函数。这样,在市场体制下,区域产业参与人的决策目标及其行为 P 与参与人所面临的约束 Q,在 a 上的决定机理为:

1. $\frac{\partial a}{\partial P} \geq 0$,即 P 与 a 表现为共向

作为最重要的一类产业参与人,政府的决策通常是多目标性质的,但显然制定政策和实施调控手段并推动产业升级是其追求的目标之一,政府的决策目标与产业升级在方向上是一致的。

这一点对生产者或投资者也一样。在区域产业结构合理化上,合理的产业结构调整首先表现为区域产业的供给结构与市场需求结构的适应。在市场体制下,按市场价格信号(价格、成本、利润、工资等)从而按需求安排生产或投资是每个生产者或投资者决策行为的基本出发点。生产者决策目标是利益最大化,这就要求生产者按照尽最大努力满足市场需求的原则进行投资决策和安排投资组织。这样,生产者或投资者的决策目标及其行为与区域产业结构合理化在方向上是一致的。

其次,在市场体制下,生产者或者投资者"盯住"需求及其变化的另一个结果是使区域产业供给结构的高级化。按照马斯洛所揭示的需求具有层次以及需求不断高级化的倾向,需求的高级化必然导致生产者供给结构的高级化,最终的结果是使区域产业沿着产业演进方向不断提升区域产业结构的高度。因此,生产者或投资者的决策目标及其行为总是能动地促使区域产业结构的高级化。

最后,在区域产业竞争力提升上,单个生产者与区域总体也

具有"天然"的一致性。作为市场体制下完全独立的决策主体，利益最大化总是促使生产者能动地不断降低成本、提高产品质量和附加价值水平，并在要素组织能力、技术创新能力、产品差异化等方面构筑比对手更突出的竞争优势，才能实现其决策目标。因此，生产者或投资者的决策目标及其行为与区域产业竞争力提升之间具有互促的关系。

那么现实中为什么会出现区域产业升级与产业参与人行为的异向呢，异向的存在是导致有的区域产业升级缓慢而有的区域升级相对较快的重要原因。

2. $\frac{\partial a}{\partial Q} \leq 0$ 即 Q 与 a 表现为异向

现实中，生产者或投资者是不能毫无约束地按照利益最大化原则并完全由市场给出的价格信号安排自己的生产或投资行为，其决策要受到来自多方面的限制和制约，这些约束因素可能会产生产业参与人"决策及其行为"与区域产业升级的异向。

第一，诸如产业间的配套程度，区域人均收入水平等类型的基本环境因素是生产者或投资者无法改变的，即使不利投资者也得接受，基本环境作为生产者或投资者投资决策的决定因素意味着这类因素压缩了生产者或投资者的决策空间。因此，基本环境因素在性质上属于"异向"因素；投资规则其性质与基本环境因素具有同样的性质，也是生产者或投资者无法改变的，即使是不利的规则，生产者或投资者也须接受。其含义是，较之于基本环境差的区域，基本环境因素好的区域的生产者或投资者在"决策及其行为"与区域产业升级间具有更高的共向成分或较低的异向成分。

第二，环境的易变性、需求的不确定性加之生产组织过程的周期性等这些约束性因素构成投资的风险因素，这些因素的存在总是促使生产者倾向于以现有的方式维持现有产品的生产。因为按照需求或符合产业演进方向安排生产或投资必然存在着风险，这一行为的结果是导致区域产业结构合理化进程缓慢,甚至使区域产业结构越来越不平衡,区域产业的结构高级化进程缓慢,区域产业竞争力提升缓慢。因此,这类风险性因素在性质上属于异向性因素。

第三,投资者或生产者在资金、技术、组织管理能力等方面的约束因素也是异向性因素。选择符合产业演进方向或政府准入产品的生产往往需要生产者或投资者具有一定的资金、技术和组织管理能力,部分生产者由于这方面准入条件的限制不得不舍弃。

第四,由于资产具有专用性,生产者难以对已"沉没"的资产进行调整,使生产或投资符合需求。

由以上分析可知,在市场机制下,生产者或投资者"决策目标及其行为"与区域产业升级在方向上具有共向机理,但生产者或投资者的约束性因素与区域产业升级在方向上具有异向机理,这些约束性因素压缩了生产者的决策空间。图 4-6 是一个简单的生产者或投资者实际决策空间的示意图。

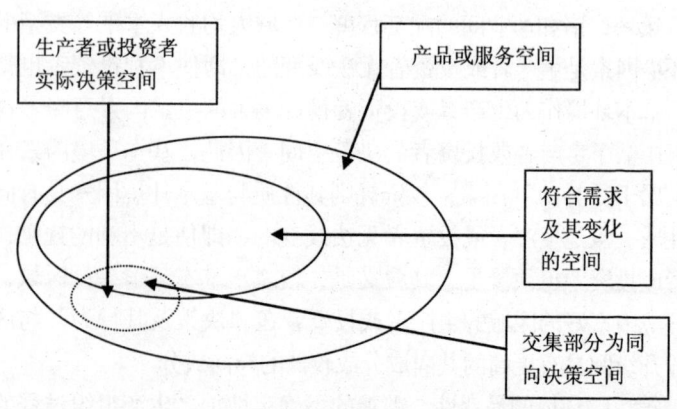

图 4-6 生产者或投资者的实际决策空间示意图

不论何种体制,约束性因素总会造成区域产业参与人"决策及其行为"与区域产业升级的异向,"异向"程度随约束程度同方向变动,约束性因素通过改变生产者或投资者的决策空间使区域产业参与人"决策及其行为"与区域产业升级异向。随着体制中市场作用的加强,区域产业参与人"决策及其行为"与区域产业升级的"共向"程度在不断加强,二者也同方向变动。

第三节 投资流向决定区域产业升级的机理

一、投资流向决定区域产业结构的关联机理

某一时期,区域所有投资者的投资流向一经形成,[①] 所有投资者投资流向的总和便促成该时期区域投资结构的形成,而投资结构的确定则意味着在原有产业结构基础上,区域已经进入到新的区域产业结构重塑阶段,产品的供给结构也就出现了新的组合,这一过程见图4-7所示。

图4-7 投资者投资流向决定区域投资结构

图4-8反映了从生产者或投资者决策结果到区域产业升级的全过程,图中还列出了"总需求与总供给差异"、"区域产业升级水平与政府预期差异"决定下一轮政府政策与调控目标,继而决定下一轮制度安排与调控政策的过程。

---

① 这里,我们假设所有投资者整齐划一地集中、统一完成投资决策只是为了分析的方便。

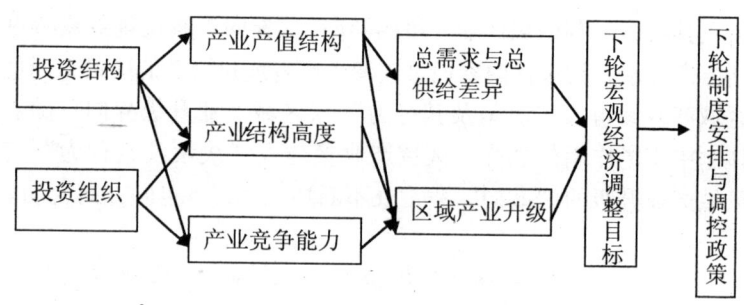

图 4-8 投资者"决策及其行为"决定区域产业升级的关联机理

这一过程蕴涵有两个机理：

1. 从投资流向到投资结构与从投资结构到区域产业结构形成的时间不同

从投资者投资流向形成到区域产业结构形成，可以再进一步细分为从投资流向到投资结构以及从投资结构到区域产业结构形成两个阶段，前一阶段要比后一阶段经历的时间要短得多。

在市场机制下，一旦某时期所有投资者作出投资决策、继而区域的投资流向形成，该时期区域的投资结构便会随之形成；但从区域投资结构到区域产业结构的形成却要经历较长时期，而且这一过程还要受到诸如金融政策、投资品结构、工程建设周期长短、技术变革等因素的制约。正因为这样，从投资流向到区域产业结构的形成时间实际取决于从区域投资结构形成到区域产业结构定型这一阶段所需的时间。

区域产业升级实际是通过一轮又一轮区域产业投资活动长期推动的，因此，这一机理的含义即政府加速产业升级就是要缩短从投资结构到区域产业结构这一过程所经历的时间。在区域固定资产投资量一定的情况下，区域在某一时期经济增长速度以及区域产业升级的快慢，主要取决于由区域投资结构到区域产业结构形成的期限长度，这一周转性因素实际构成了区域产业整体竞争力的组成部分。其延伸含义就是在市场体制下，政府虽然不能完全依靠政策及其调控手段改变由投资流向所决定的投资结构，但却可以在组织和调整投资品供应、资金投放等方面缩短或延长从投资结构到产业结构形成所需的时间。作为政策性制度安排的具体化，政府可以通过财政、金融、物资供应、外贸外汇等的政策实施对这一阶段的间接调控。

2. 形成的产出结构和产业结构具有验证功能

这里的第二个机理在于由投资者的投资产出所形成的现实供给与市场需求的差异具有验证投资者投资决策是否合理的功能；同时，所有投资者所形成的区域产业结构提供的社会总供给与社会现实的总需求的差异具有验证前期政府政策及其调控手段是否合理的功能。不仅如此，差异程度是下一轮投资者决策或下一轮政府政策制定的依据。

二、固定资产存量、增量与产业结构调整的机理

投资流向是固定资产增量流向与存量调整的统一。如果我们把增量流向、存量调整与产业结构调整趋势的动态过程结合起来，便可以揭示出投资流向与产业结构调整的方向性机理。

何大安[①]对固定资产存量、增量与产业结构调整的关系进行了深入的探讨。区域产业升级是一种资源在不同产业之间的配置过程，产业间的资源配置包括初始配置和再配置两个方面。资源的再配置是指继初始配置之后，各种资源在部门之间、地区之间和企业之间的流动和重组，或称资产的存量调整。因此，整体上看，区域产业升级是由区域固定资产存量调整和增量流向在长期

---

① 何大安. 投资运行机理分析引论 [M]. 上海：上海三联书店，上海人民出版社，2005，pp. 105 – 118.

里共同塑造的。存量调整是生产者在固定资产使用寿命期间内，转让和重组所占用的固定资产的行为；而增量流向则是指新增固定资产投资的流动方向及其流入区域。

及时促进存量调整的直接目的是消除资产闲置和加速技术更新，而合理引导增量流向的直接目的是形成合理的投资结构和产业结构，体现两者效率的共同点在于实现一定时期内区域生产能力的最大化。通过存量调整，挖掘企业内部的生产能力，消除资产闲置，使企业内部的存量资产得到最大限度的优化组合；通过合理的新增投资流向，使企业急需的固定资产设备能够得到按时按量的供给和补充。

1. 固定资产存量调整和增量流向的关联机理

以转让和重组为基本内容的存量调整，不仅可以消除资产闲置的弊端，而且更重要的是能在很大程度上杜绝后续期中新增投资的不合理性。资产存量在获得合理调整后，企业就能够以调整后的固定资产、设备为基础来进行补偿性和追加性投资，从而整个社会的新增投资流向就自然有了合理流动的资产存量基础。合理的增量流向会通过其终极效应（投资结构和产业结构的合理化）反馈于存量调整，使得存量调整步履轻盈。

但是，如果理应转让和重组的存量资产进入不了应该进入的区域，即在出现了固定资产存量僵化占用的情况下，会致使闲置的或利用不充分的资产设备很难转移到更需要它们的部门和企业，因而要满足这些部门和企业的需求，一般只能通过新造或进口与这些闲置固定资产类似的资产或设备，于是，便会出现重复投资现象。重复投资是新增投资流向不合理的一种表现形式。

固定资产存量在其使用寿命期内不能转让和重组，阻碍了生产要素的优化组合和技术更新，它的后果是整个区域产业结构的技术梯度提高缓慢，生产专业化水平及规模经济水平低下，产出量增长速度缓慢。

2. 固定资产存量调整、增量流向与区域产业结构调整的方向性机理

一般来说,存量调整会促进区域产业结构由不平衡向平衡状态转变,而增量流向则既有可能促使产业结构由不平衡向平衡状态转变,也有可能导致区域产业结构越发不平衡。"但即使是存量调整,若调整秩序混乱,则仍有引致产业结构非合理化的可能性"。[①] 因此,仍然要把固定资产存量调整同增量流向结合在一起,考虑它们与区域产业结构合理化之间的方向性问题。

存量调整、增量流向引起产业结构变动需要考虑两个变量,一是原有区域产业结构失衡程度;二是对失衡进行调整的力度变量,选择该期增量投资占当期社会总投资的比重反映增量调整的力度,用 a 表示,选择该期存量调整投资占原有固定资产的比重反映存量调整的力度,用 b 表示。这样固定资产存量调整、增量流向与区域产业结构调整的方向机理的四种情况为:

第一种是存量调整、增量流向均与产业结构合理化同向。这种情况可能有两种子情况:一是 y_0 虽然很大,但 a 和 b 至少有一个足够大,以至于足以填补前期结构失调,使得区域产业结构呈现明显的合理化;二是 a 和 b 虽然都不大。但由于 y_0 不很大,其结果仍然呈现出区域产业结构明显的合理化;这种组合必须以合理的投资制度安排、产业组织和市场条件为前提。

第二种是存量调整、增量流向与产业结构合理化异向,这是最劣的一种情况。此时,由于固定资产存量调整与增量流向的运动方向均偏离了产业结构合理化方向,因此不论大小,区域产业结构调整都只能是朝着更加不合理的境地转变。这种情况的出现表明,诱导或规范固定资产运动的投资制度安排和政策体系存在

---

① 何大安. 投资运行机理分析引论 [M]. 上海:上海三联书店,上海人民出版社,2005,P.111.

着问题。

第三种是存量调整与产业结构合理化同向,而增量流向却异向。通常,新增固定资产投资额大于存量调整额,即使两者数量相等,但增量投资所形成的生产能力一般要大于存量调整从原有固定资产中所"挖掘"的生产能力。因此,增量流向的异向决定了二者共同作用后整体上使区域产业结构越发不平衡。

第四种是存量调整与产业结构合理化异向,但增量流向却与产业结构合理化同向。此时,如果 y_0 很大,a 较高而 b 较低,那么区域产业结构仍会呈现出合理化趋向;相反 a 较低而 b 较高,则会导致区域产业结构越发不平衡;如果 y_0 很小,a 较高而 b 较低,无疑会出现区域产业结构的合理化;如 a 较低而 b 较高,则两种结果都可能会发生。

三、投资流向与区域产业结构高级化机理

区域产业结构的高级化本质上是需求结构高级化推动的,是需求结构高级化传递到产业供给结构高级化的结果。

但区域产业结构的高级化过程还可以从产业的生成与衰退角度理解。实际上产业生成与产业衰退过程的综合结果就是产业结构的高级化,因而也是投资流向的一种使然。亚瑟·伯恩斯将产业衰退定义为"产业的增长百分率随时间的增长而趋于不断下降",而波特将衰退产业定义为"在持续一段时间里产品销售量绝对下降的产业"。陆国庆(2002)认为,产业衰退就是需求增长率在较长的时期内持续下降的产业。[①] 产业衰退的类型可归纳为以下五种:

第一种,资源衰退型。由于生产者生产所需的资源枯竭,使

---

① 陆国庆.关于我国产业衰退的实证分析[J].广西经济管理干部学院学报,2002(2).

产业无法在原有空间里生产，这种类型大多是以不可再生的资源为生产资源的产业，如以煤、石油、天然气、矿藏等为基本原料来源的产业。

第二种，效率衰退型。由于产业的比较优势发生不利变化而引起的产业衰退。例如，最初在甲地具有比较优势的产业，可能因为乙地的地租、原料、劳动力等要素更低廉，生产效率更高而使甲地的相对比较优势丧失，使甲地的该产业趋于衰退。

第三种，收入低弹性衰退。消费者收入是影响产业产品需求的主要因素，当消费者收入提高时，消费者对生活质量的关注和要求也不断提高，对产业产品的需求也会发生相对变化。收入弹性低的产业可能就面临衰退，这反映了产业兴衰在社会经济发展与产品需求双重制约下的变化关系。

第四种，市场萎缩型衰退。由于替代品的出现或最终产品市场需求的大幅度下降会导致市场萎缩型衰退。按照市场萎缩的程度和性质，市场萎缩型衰退又可以进一步分为暂时的相对市场萎缩型和永久的绝对市场萎缩型。对于前者不存在退出原有市场的必然性，而对于后者，问题不在于如何进行传统产业的改造，而在于如何进行产业的有序撤退或转移。

第五种，聚集过度型衰退。当产业聚集达到一定程度后，就会走向反面而出现扩散。扩散的原因可能是由于过度聚集导致了当地生产要素价格持续上涨，聚集已经不再具有经济性。

陆国庆（2002）将产业衰退的原因归结为产业间技术进步的差异和技术创新的差异、需求的变化、产业比较优势和制度性因素。王德鲁、张米尔（2003）[1]则从判断一个区域是否发生产业衰退的标准角度分析了产业衰退的原因，见表4-1所示。

---

[1] 王德鲁，张米尔. 城市衰退产业转型的模式选择［J］. 大连理工大学学报，2003（3）.

表4-1 产业衰退的成因分析

类型	原因
类型一	受到不易获取资源的强约束,同时区域产业竞争力弱
类型二	受到不易获取资源的强约束,同时产业演进趋于弱势
类型三	区域产业竞争力弱,同时产业演进趋于弱势
类型四	产业演进趋于弱势、区域产业竞争力处于弱势、且受到不易获取资源的强约束

资料来源:王德鲁、张米尔.城市衰退产业转型的模式选择.大连理工大学学报,2003(3).

尽管导致产业衰退的具体原因各种各样,但都可以归结为需求变化和供给变化两个方面。需求的变化是产业衰退的主要原因,消费需求是社会总需求中份额最大的部分,是产业演进的主要推动力。马斯洛的需求层次论揭示了消费者的需求具有层次性和阶段性,低层次的需求得到满足后,随着收入水平的提高,需求结构将发生相应的变化。需求变化的另一个方面是消费者偏好的变化。供给方面的变化主要有两个方面:不可再生性资源的日益枯竭和区域比较优势的丧失。前者对应于资源型衰退,而后者对应于效率型衰退。采矿业和冶炼业衰退一般属于资源衰退型;而发达国家纺织业的衰退属于效率型衰退。

但在资产能顺利进行存量调整的情况下,某一产业的衰退会对需求旺盛产业的发展带来机会。假设某个以利润最大化为目标的生产者,其生产需要两种生产要素即资本 K 和劳动力 L,可生产两种产品,其数量分别为 X_1 和 X_2,在完全竞争市场下,该企业的生产可能性曲线如图4-9所示。

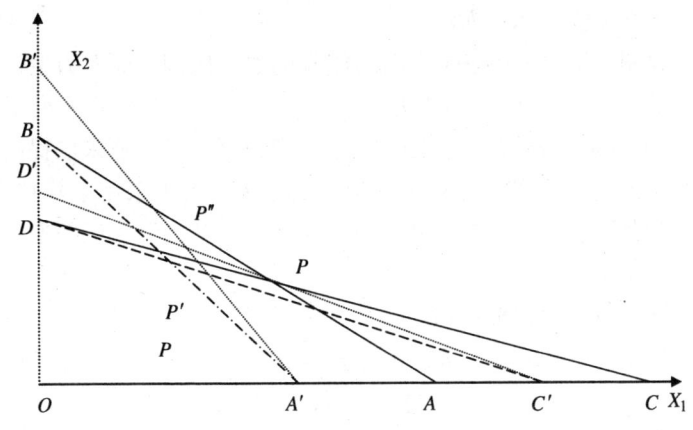

图 4-9　生产可能性曲线随衰退的调整机理

在图 4-9 中，AB 表示消耗一种生产要素 K 的生产可能性集，CD 表示消耗另一种生产要素 L 的生产可能性集，斜率表示转化率，即多生产一单位的 X_1 所需要减少生产 X_2 的数量。而 $APDO$ 表示使用两种生产要素 K 和 L 可以生产 X_1 和 X_2 的生产可能性集。当 X_1 代表的产业发生了衰退，考虑一种较严重的情况，生产数量的绝对减少，这时 AB 移向 $A'B$，CD 移向 $C'D$，生产可能性曲线为 $A'P'DO$，与 $APDO$ 相比，生产的可能性数量减少，该企业的生产资源没有得到充分的利用。

为充分利用资源 K 和 L，必须在减少 X_1 生产的同时，增加 X_2 的生产，即在图中将 $A'B$ 进一步移动到 $A'B'$，$C'D$ 进一步移动到 $C'D'$。可以看出，新的生产可能性曲线为 $A'P''D'O$，与 $A'P'DO$ 相比，生产集合增大，企业的资源得到了较好的利用。

技术或管理水平改进对市场型衰退的调整机理，也可以用一个简单的模型加以说明。考虑企业使用两种资源 K 和 L 只生产一种产品 X 的情况，同时假设技术是外生变量，企业的利润函数表示为：

$$\pi = PQ - aK - bL \qquad (4-7)$$

这里，a 为生产单位产品消耗 K 的数量比例，而 b 为生产单位产品所消耗的 L 的数量比例。该企业发生了市场萎缩型的衰退。即市场被替代品所侵蚀，为了争夺市场，该企业采取提高技术水平或管理水平，消耗了一定的成本 C。由于采用了新技术，单位产品消耗的生产要素数量降低了，使企业的利润函数发生了改变，成为：

$$\pi' = PQ - a'K - b'L - C \qquad (4-8)$$

其中，$a'<a$，$b'<b$，只要 $\pi'>\pi$，即 $a'K+b'L+C<aK+bL$，则在替代品产业同样的价格下，企业仍能重新获得市场。

第四节 技术创新对区域产业升级的影响机理

区域产业升级体现为产业在结构上形成相互支撑，首要的就是要求产业在技术结构上的相互支撑，产业技术的合理化是区域产业结构合理化的重要内容；其次，产业区别的本质实质是产业技术的区别，产业沿着产业结构演进方向不断提升就是要求产业技术的不断升级；再次，技术创新是区域产业竞争力提高的基本途径，是区域产业竞争力中最核心的部分。因此，技术创新和技术升级不仅是产业升级的重要内容，同时又是区域产业升级的原动力。[1]

最早提出技术创新理论体系的是美籍奥地利人熊彼特，[2] 在其1912年出版的《经济发展理论》一书中，熊彼特称"创新"

---

[1] 吴进红. 开放经济与产业结构升级 [M]. 北京：社会科学文献出版社，2007.

[2] 吕晓刚. 制度创新、路径依赖与区域经济增长 [J]. 复旦大学学报（社会科学版），2003（6）.

为"建立一种新的生产函数",是把一种从来没有过的关于生产要素和生产条件的"新组合"引入生产体系的过程。这种生产要素和生产条件的新组合包括引进新产品、引用新技术、开辟新的市场、控制原材料和新的供应来源、实现新组织。显然,熊彼特的创新概念是指各种可提高资源配置效率的新活动,这些活动不一定与技术相关。但是,与技术相关的创新(引进新产品和引用新技术)是熊彼特创新的主要内容。

后人在熊彼特创新概念的基础上,不断完善对技术创新的内涵。柳卸林(1993)认为,[①] 技术创新是指与新产品的制造、新工艺过程或设备的首次商业应用有关的技术的、设计的、制造及商业的活动。它至少包括产品创新、过程创新、扩散。其中,产品创新是指技术上有变化的产品的商业化,它可以是全新的产品,也可以是对现有产品的改进;过程(工艺)创新,是指一个产品的生产技术的变革,包括新工艺、新设备及新的管理和组织方法;扩散是指创新通过市场或非市场渠道的传播。

一、技术创新与需求关系的理论

经济学者对技术创新与需求的关系进行了探讨,形成了比较有代表性三种理论。熊彼特(Schumpeter)的"创新诱导需求"理论、施穆克勒(Schmookler)的"需求引致创新"理论、莫威里和罗森堡(Mowery, D. and Rosenberg)的"技术创新与需求互动"理论。

1. 创新诱导需求理论

熊彼特认为,技术来自于企业内部的创新部门,是企业为了获得垄断利润而进行的内生性活动,成功的技术创新使企业获得超额利润并具有暂时的垄断地位,改变了市场结构。熊彼特认

---

① 柳卸林. 技术创新经济学 [M]. 北京:中国经济出版社,1993.

为，由于生产中所用的技术不是单一发明或技术的简单运用，而是复杂技术的联合运用，因此，创新活动产生的产品功能比原先产品复杂、先进，甚至具有一些超级功能，而这些功能可能不一定被消费者接受；其次，由于消费者的有限理性使其消费行为具有常规化和程式化的特点，通过市场需求带动创新几乎是不可能的。在创新与需求的关系中，创新是主导的，是创新企业努力诱说消费者改变需求偏好的结果。

熊彼特创新诱导需求的过程可用图 4-10 表示。

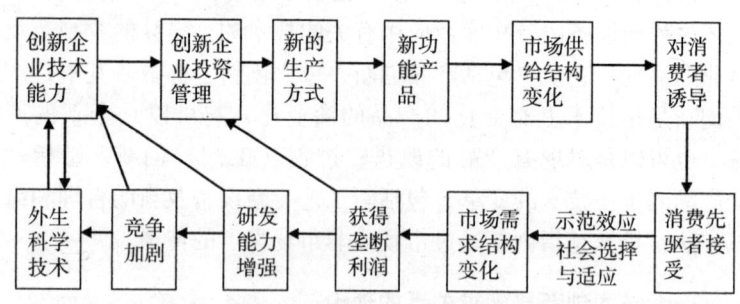

图 4-10 技术创新诱导需求模型

Witt（2000）和 McMeekiuetal（2002）的进一步研究认为，新的创新产品很可能是根据最挑剔和最复杂的消费者（消费先驱者）的偏好而设计的，当创新产品投入市场后，这部分消费先驱者首先接受这种新产品，然后通过社会的选择和适应过程改变普通消费者的偏好，当消费者需求结构改变后，创新企业就能凭借对新产品的垄断优势和旺盛的需求获得垄断利润。随后，垄断利润会刺激了其他企业的模仿行为，竞争加剧，为了在竞争中取胜,企业把利润的一部分用于研发,从而推动了新一轮的创新。①

2. 需求引致技术创新理论

美国经济学家施穆克勒提出了与熊彼特创新诱导需求理论相反的观点。施穆克勒通过考察美国四种产业——炼油、造纸、铁路和农业的投资、产出以及这些行业专利数量后发现,这些行业的投资、产出的变化都领先于专利数量的变化。在进行横截面的比较中,也发现了类似现象,1939年、1947年的20多个产业的投资对数值分别与随后3年的资本品专利数存在高度的相关关系。施穆克勒由此得出结论,技术创新与其他经济活动一样,基本上是追求利润的经济活动,受市场需求的引导、制约。因此是市场需求牵动了技术创新行为。施穆克勒需求引致技术创新的过程见图4-11所示。

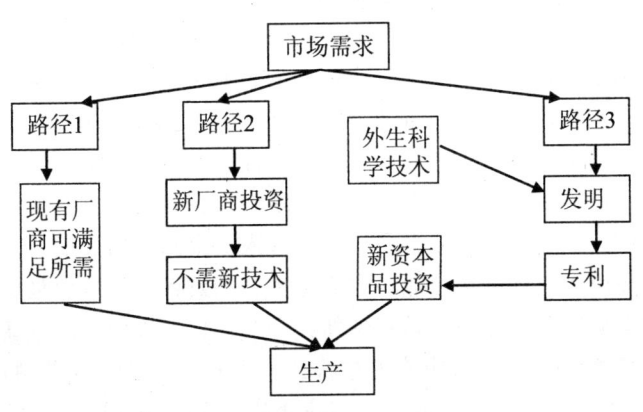

图4-11 需求引致技术创新模型

---

① 汪琦. 技术创新与市场需求的互动机制及对产业升级的传导效应[J]. 河北经贸大学学报, 2006 (1).

3. 技术创新与需求的互动理论

更多的学者则认为技术创新与需求是互动的。20世纪70年代末，英国的沃尔什（Walsh）、汤森（Tomnsen）和弗里曼（Freeman）等人对塑料、医药、化工等行业进行研究，得出的结论是：科学、技术和市场的关联是复杂的、互动的、多方向的。莫威里和罗森堡在"市场需求对创新的影响"中，强调"创新和市场需求以一种互动的方式在技术发展中起着重要的作用"。

二、技术创新对区域产业升级的影响机理

下面以技术创新与需求互动为基础，分析技术创新对区域产业升级的影响机理。

1. 技术创新产生的新旧产业更迭效应驱动区域产业升级

由于产业在学习机会、知识积累和溢出渠道等方面总是存在差异，各产业的技术创新机会也会不同，所以，技术创新在产业之间的分布是不均衡的。当产业中的企业技术创新带来了重大新产品的开发，并由创新企业的市场诱导效应和对消费的示范效应，出现了技术创新和需求变动的良性互动，此时就会催生一个新兴产业的出现。因为大量基于需求而进行的技术创新会大幅度降低该产业的成本，便会使该产业进入一个高速增长期。

高速成长的新兴产业一方面由于劳动效率高，从而吸引了生产要素从其他产业部门转移到新兴产业；另一方面，由创新企业的市场诱导改变了消费需求结构，使需求对"旧产品"的需求不断下降，"旧产业"的生存环境恶化，从而使新旧产业的地位发生更替。新兴产业逐步成为主导产业，从而带动了产业升级。随着主导产业的不断发展，技术创新带来的功能报酬递减和消费者边际效用递减规律发生作用，最终使技术创新与需求先后进入成熟期，从而使产品创新的速度降下来，产品需求的快速增长也

稳定下来，主导产业的相对产出份额缩小，而部分消费先驱者对其他更新产品有了潜在需求，从而刺激了新的替代性技术逐步出现。出现了新一轮的技术创新与需求互动、新一轮的技术创新对区域产业升级的带动效应，循环不止。这一过程可用图4-12表示。

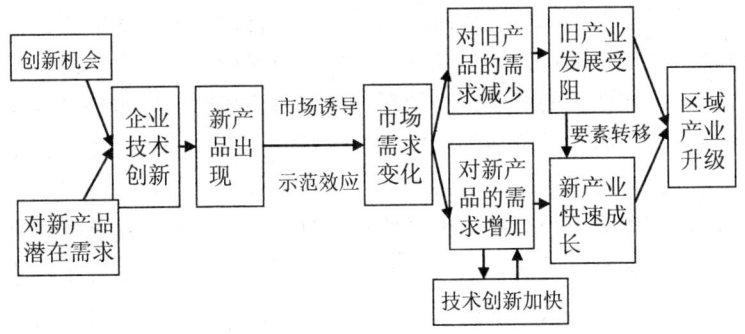

图4-12　技术创新的产业更替效应带动区域产业升级

2. 技术创新的劳动收入非均衡增长效应引导产业升级

西方国家的劳动收入非均衡增长现象日益明显，即技术性工人的工资增长率远远高于非技术性工人，技术性工人的收入份额也高于非技术性工人。许多学者都认为这是技术创新引致的结果。如 Kiley（1997）和 Acemoglu（1998）等人认为，从高等院校毕业的工人的增多，增大了市场对人力资本扩张型创新的容量，这就导致了技术创新朝人力资本扩张型方向发展，从而增加了对技术性工人的需求，这是人力资本没有出现边际收益递减并且使工资非均衡增长的主要原因。①

---

① Kiley, Michae. The Supply of Skilled Labor and Skill-Biased Technological Progress. Economc Journal, 1999.

如果在 Kiley 和 Acemoglu 等人的理论基础上再加上需求因素的话，则技术创新和需求的互动又是强化这一现象并最终推动产业升级的重要力量。技术创新增加了高素质劳动力的收入，而高素质劳动力的消费意识和消费能力又决定了他们对资本密集型和技术密集型产品的偏爱和需求。所以技术性工人收入份额的增多又导致了总体需求从低技术产品向高技术产品的转移，由此带动技术密集型产品的需求曲线向外移动，这反过来又刺激了创新对技术密集型产业的偏爱和聚集。由于技术密集型产业本身也是产出需求弹性大的产业，当创新产品引入市场时，其价格对成本的反应以及需求对价格的反应都比较敏感。随着创新的不断推出和成本的下降，提高产出的数量将会获取较高的收益，而当该产业取得了高于全社会平均水平的收益时，社会生产要素就通过利润率平均化原理，从其他产业流入该产业，直接导致了技术密集型产业的扩张，从而推动了区域的产业升级。这一过程见图 4-13 所示。

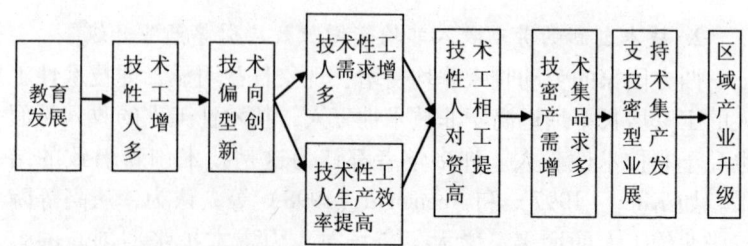

图 4-13　技术创新的劳动收入非均衡效应带动区域产业升级

3. 技术创新的技术溢出和关联效应促进区域产业升级

如果技术创新发生在生产链长、有明显前后向联系、辐射效应大的产业时，则技术创新与需求间的互动能极大地促进区域产业结构的调整。这是因为，一方面消费者既是最终产品的消费者，同时也是生产者。当创新企业创造出新产品时，为了让消费者更多了解产品，创新企业往往对新产品进行产品和服务的示范，这不仅使消费者有更多的机会接触新产品，还有助于消费者了解产品的技术原理和功能。当消费者作为劳动力提供生产要素时，获得的这种对新产品的知识和经验便有意无意地作用于生产过程，便产生了技术的溢出。另一方面，需求与技术创新的互动，使需求对产品功能的要求越来越高，这就要求提供相关投入要素、要求配套服务的产业提高自身技术和服务水平，这反过来要求创新产业对这些配套产业提供技术援助和支持，从而使新技术在相关产业间的溢出速度加快。技术溢出使创新产业及其上（下）游产业的关联建立在更高的技术水平上，并通过产业间供求关联、技术关联和竞争关联的交叉作用发挥更大的波及效应。

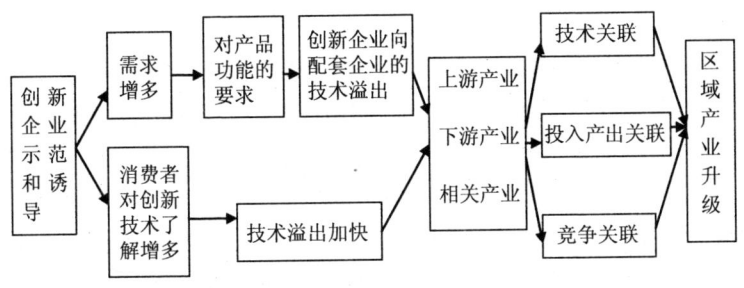

图 4-14 技术创新的技术溢出和关联效应促进区域产业升级

技术进步会导致原材料消耗水平的降低，资源利用率的提高，引起产业中间需求率和中间投入率的变化，而这种情形又可同时发生在多种产业中，其波及效果甚至会影响到整个产业系统的供求关系和竞争关系，其结果是促进了整个区域产业技术水平的提高和产业升级。这一过程见图 4-14 所示。

第五节 对外开放对区域产业升级的影响机理

在经济全球化与贸易投资一体化的背景下，可以说所有区域的产业系统本质上都是开放系统，不同的区域无非是在开放程度上有所不同而已。当一个区域与外部经济发生往来时，会引起区域内部资源配置效率和产业系统发生显著的变化，这一点在古典经济学家那里就已引起广泛的注意。亚当·斯密指出，一国开展对外贸易能为剩余产品找到出路，并有利于深化产业的劳动分工和增加国民财富的总量；大卫·李嘉图则提出了著名的比较成本原理，即国家之间的贸易以同类产品成本比率的相对差异为基础，会导致一国的生产资源流向具有比较优势的区域或部门，使消费者的剩余增加。类似的，赫克歇尔和俄林也认为，国际贸易可以作为对生产要素在国家之间缺乏流动性的一种替代，能改进各个参与国的资源配置效率和公众福利。

在贸易投资一体化条件下，利用外资与对外贸易是区域经济对外开放的两个最重要的组成部分。现代经济增长的特征表现为产业结构的迅速变动以及工业化国家和发展中国家之间在经济增长过程中相互联系具有国际性趋势。[①] 对外开放对受资区域产业升级的积极作用至少表现在以下几个方面（关于 FDI 对受资区域产业供给能力的影响见第六章）。

1. 对外开放具有促进区域产业系统高效化的效应

区域经济的对外开放意味着对区域产业系统的需求发生了变化，同时，不论是先进区域还是落后区域都必须要根据国际比较优势原则进行生产，而要把区域的潜在比较优势转变为现实市场

[①] [美] 西蒙·库兹涅茨. 现代经济增长. 北京：北京经济学院出版社，1989，pp. 432-441.

的竞争优势,就必须对其产业系统进行改组,把区域的要素资源转移到具有比较优势的产业部门中,不仅如此,这一过程常常伴随着通过吸收外部的资本和先进技术、管理方法,以便快而有效地实现要素资源的重新配置。由此引起的区域产业要素资源的重新配置,不论是存量调整还是增量配置都会带来区域产业系统资源配置效率的提高,这正是区域产业竞争力提升的核心内容——区域产业的高效化,所以对外开放具有促进区域产业升级的效应。

对外开放促进区域产业系统高效化还通过扩大区域资源配置的选择空间来实现。在封闭经济条件下,区域只能根据国内甚至是区域本身的需求来对区域内的资源进行配置以满足社会需求,因而常常伴随着资源的短缺和资源的闲置。一方面是某些要素资源的供给丰裕,但需求相对有限,这些资源不能得到充分利用;另一方面是对某些产品的需求量增大,但区域内部的资源供给却相对不足,不能满足这类需求。因此,在封闭经济中生产与消费的关系往往难以得到很好的协调,资源配置受区域的限制效率总是比较低的。而在开放经济中,资源配置选择空间的扩大使需求和供给之间的关系可以得到更为有效的协调,既可以利用外部的供给来满足内部的需求,克服区域资源不足的矛盾,也可以利用外部的市场来扩大区域生产规模,摆脱区域内部需求不足的困境。减少区域资源闲置就意味着区域产业资源效率的提高,因而也促进了区域产业系统的高效化。

2. 对外开放具有促进区域技术创新和产业技术升级的效应

区域产业升级缓慢最深层次的制约因素在于技术创新不足。技术创新不足产生的原因可以从需求和供给两个角度来分析。一是区域市场对知识和技术创新的有效需求不足;二是区域能够投入到知识和技术创新中的资源不足,导致技术创新的供给不足、成本高,不能满足需求。对外开放可以通过组织外贸和引进外资等途径较快地解决技术创新供需不足的矛盾。

跨国公司是技术创新的主要拥有者和推动者,通过吸收跨国公司的直接投资就会使受资区域快速获得投资者的先进技术、知识和管理经验;此外,由于跨国公司的参与,打破了吸收区域原有的产业竞争格局,促使区域内其他同行企业被迫努力进行技术创新和采用先进的技术与管理,不断提高劳动生产率,以使自己具备能够达到与跨国公司竞争相抗衡的生产能力,这就有利于受资区域形成良性的技术创新机制;最后,跨国公司的技术不可避免地会通过区域上游产业、下游产业及其他相关产业的不同环节产生技术的波及效应或技术的溢出效应。因此,FDI不仅加快了受资区域产业的技术创新,同时使受资区域产业竞争力得到提升。

3. 对外开放具有加速区域产业结构调整的效应

区域产业结构调整的速度与效果取决于区域用于存量调整和增量调整资产的规模。通过对外贸易,区域不仅可以进口区域短缺的原料和机器设备,扩大短缺品的生产规模;另外,出口贸易的规模直接影响到生产资源向具有比较优势的产业部门转移的速度,快速的出口增长,带动快速的区域产业结构的调整,同时,出口贸易的规模也直接制约着区域的进口支付能力,后者对区域的技术引进具有重大影响。

引进国外直接投资则直接增加了区域的可用资本,跨国公司在受资区域产业领域的投资取向,在一定程度上影响着受资区域产业结构的变动。跨国公司通过设立新企业,可以直接在受资区域形成高质量的新增资产,而且由于跨国公司投资的企业规模一般较大,更能体现出规模经济效益;跨国公司通过对受资区域企业的兼并和收购,可以直接将受资区域低质量的生产存量变成高质量的生产存量,还可以提升受资区域关联产业资产存量的质量。

因此，区域经济的对外开放程度与区域产业结构调整的速度是成正比的，两者之间具有相辅相成的关系。

4. FDI 具有全方位促进受资区域产业升级的效应

国际直接投资对受资区域产业升级的积极作用可从两个层面进行。一是产业部类升级；二是产业内部升级。就产业部类升级而言，受资区域第一产业产值比例往往过高，第三产业比例过低，而跨国公司直接投资的投资重点则主要集中于第二产业和第三产业，这样，国际直接投资对受资区域的投资就必然相对降低受资区域第一产业的比重，相应提高第二产业和第三产业的比重。

区域产业内部升级是区域产业不断从劳动密集型转变为资本密集型、技术密集型的过程。受资区域在吸收 FDI 的初期，由于具有劳动力价格低廉的优势，适合于发展劳动密集型产业，而跨国公司由于其国内劳动力价格昂贵，愿意通过直接投资方式进行劳动密集型产业区位转移，其结果是促进了受资区域劳动密集型产业的发展。随着受资区域劳动力价格不断上升，劳动密集型产品的竞争力有所下降，跨国公司可以凭借其资本雄厚、技术先进的优势将直接投资的重心逐步转向资本、技术密集型产业及服务业。其结果不仅使受资区域的产业系由劳动密集型向资本、技术密集型转变，而且推动受资区域产业特征由低技术含量、低附加值向高技术含量、高附加值转变，使受资区域产业得到升级。

第六节 小 结

通过本章对区域产业升级机理的考察，主要获得了以下结论：

一是制度安排、区域基本环境、需求及其变化、现有投资者供给能力，连同收益的最大化目标共同决定了生产者或投资者的投资决策及其行为。随着制度安排中市场作用的加强，政府政策或调控行为对投资者决策规则的直接影响力趋于递减；在双轨制下，制度安排的两翼（市场机制与政府政策）在决定投资规则上存在碰撞或摩擦；区域基本环境形成投资者决策的背景、需求及其变化形成投资者决策内容、现有投资者供给能力形成投资者决策的条件、收益最大化是投资者的投资的动力和投资选择的依据。这些因素通过决定投资者的决策空间对区域产业升级产生影响。

二是在市场体制下，生产者或投资者"决策目标及其行为"与区域产业升级具有共向机理；不论何种体制，约束性因素总会造成区域产业参与人"决策及其行为"与区域产业升级的异向，"异向"程度随约束程度同方向变动，约束性因素通过改变生产者或投资者的决策空间使区域产业参与人"决策及其行为"与区域产业升级异向；随着体制中市场作用的加强，区域产业参与人"决策及其行为"与区域产业升级的"共向"程度在不断加强，二者也同方向变动。

三是投资者决策的结果决定了投资者的投资流向，投资者的投资流向决定了区域产业结构及其结构高度，而投资者对要素的组织与运用能力则最终体现在区域产业的竞争力上。其中，从投资流向到投资结构形成的时间要比从投资结构到区域产业结构形成所经历的时间要短，这一机理特征包含多种含义。投资形成的投资产出结构和产业结构具有验证投资者决策是否正确、政府政策与调控正确与否的功能，不管正确与否都将对应地影响到下一轮投资者的投资行为和政府政策的调控行为。

四是区域产业升级是由区域固定资产存量和增量投资长期塑造的。如果理应转让和重组的存量资产进入不了应该进入的区域，势必就会产生重复投资。存量调整一般会促进区域产业结构由不平衡向平衡状态转变，而增量流向既有可能促使产业结构由不平衡向平衡状态转变，也有可能导致产业结构的越发不平衡，这取决于原有区域产业结构的失衡程度和对失衡进行调整的力度。区域产业结构的高级化本质上是需求结构高级化推动的，是需求结构高级化传导到产业供给结构高级化的结果，同时也是产业生成与衰退演进的综合结果。

五是技术创新与需求间是互动的关系，创新诱导需求，而需求引致技术创新，技术创新通过新旧产业替换效应、劳动者收入非均衡增长效应以及技术外溢和关联效应对区域产业升级产生持续的推动作用。

六是以国际贸易和国际投资为主要内容的区域对外开放通过区域市场机制和国际市场机制的结合，扩大了区域产业资源配置的空间和力度，从而加快开放区域产业系统资源的高效化；对外开放具有促进区域技术创新和产业技术升级的效应、同时也具有加速区域产业结构调整、推进区域产业结构高级化的效应；而国际直接投资则对受资区域具有全方位的产业升级效应。

第五章 东西部地区产业升级指数

本章主要探讨区域产业升级水平的衡量,通过构建区域产业升级指标体系和主成分分析评价模型,对中国东西部地区产业升级水平进行测算。

第一节 区域产业升级指标体系

为比较中国东西部地区产业升级质量差异,需要测定区域产业升级水平或指数。区域产业升级指数的测定依赖于区域产业升级质的各种规定性及其水平,体现区域产业升级质的规定性及其水平的主要指标构成区域产业升级指标体系。本节主要探讨区域产业升级指标体系设计的基本思想、遵循原则、最终确定的指标体系及其各指标的含义。

一、设计思想

影响区域产业升级的因素很多,区域的资源禀赋、区域产业的发展历史及其产业基础、区域产业的资金、技术、人力资源等要素的结构及其水平、产业组织能力、产业政策及其各种产业环境等对区域产业升级都会产生重要影响,这些影响因素几乎囊括了社会经济发展的各个方面。而且,这些因素对区域产业升级的影响过程是比较复杂的,要想获得影响因素与区域产业升级之间的确定性关系,存在较大难度。因此,作者认为,在测定区域产业升级水平时，应该视区域产业系统为一个"黑箱"，暂时抛开影响区域产业升级的影响因素，而主要使用这个"黑箱"的产出变量或从影响因素的结果角度去反映区域产业升级水平。

从区域产业升级系统的产出变量或从影响因素的结果角度去测定区域产业升级水平，就认同了"产业升级指标体系应该是区域产业升级内涵及其外延的体现"这一思路。因此，可以从区域产业升级的内涵即"区域产业在演进过程中，产业结构不断合理化和高级化，同时区域产业由低技术水平向高技术水平、由低附加值状态向高附加值状态、由劳动密集型向资本、技术密集型、由低劳动生产率向高劳动生产率过渡的过程"（参见第三章）。结合区域产业升级所包含的"区域产业结构调整"、"区域产业结构升级"、"区域产业竞争力"三个方面，选择"区域产业的资本密集度"、"区域产业的技术密集度"、"区域产业的劳动生产率"、"区域产业的附加价值水平"、"区域产业的规模"、"区域产业结构演进水平"以及"区域经济增长质量"七个维度，对区域总体产业升级水平进行衡量，这一思路见图5-1所示。

在图5-1中，最上一层是区域产业升级应该包括的三个方面，最下一层说明应该从七个方面反映区域产业升级的水平。这七个方面反映了区域产业升级的整体效果，X_1是资本密集程度的水平，按产业升级的第一内涵，产业升级总是体现为产业资本密集程度的提高；X_2是区域产业的技术密集度水平，按产业升级的第二内涵，产业升级总是体现为区域产业的技术水平的提高；X_3是区域产业的劳动生产率水平，按产业升级的第三内涵，产业升级总是体现为区域产业的劳动生产率水平的提高；另外，X_1、X_2、X_3同时还反映了区域产业在生产要素数量与质量的投入情况。

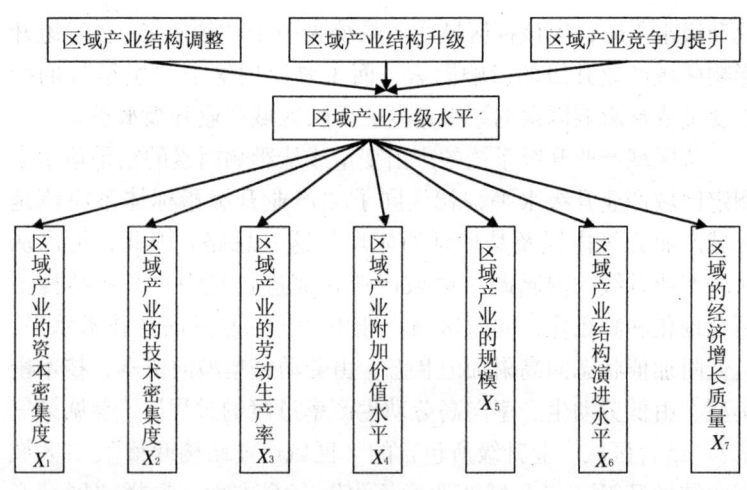

图 5-1 区域产业升级（工业）指标体系设计架构

由于 X_3 仅从劳动力的角度反映区域产业的附加价值水平，因此为反映所有投入要素的产出效果，设置区域产业附加价值水平 X_4，使产业升级的第四内涵得到体现。X_5 是产业规模水平，区域产业的合理化、结构优化和竞争力提升首先要表现为区域产业具备一定的规模基础，因为低规模情况下同样可能会出现产业的合理化、结构优化和竞争力提升，但这种状态的产业升级水平要低于高规模状态下的产业升级水平，因此设置 X_5 便体现了这一思想。X_6（区域产业结构演进水平）体现了区域产业升级是区域产业结构演进过程中的优化升级这一特征。X_7 则不仅从区域产业结构合理化角度，而且是从区域整体的角度反映了区域产业升级的水平。

二、设计原则

在区域产业升级指标体系设计过程中，除体现上述区域产业升级内涵与外延的规定性外，为保持区域产业升级测算的科学性和便于指数的测算，还应遵循以下原则：

客观原则。即区域产业升级水平是区域产业发展过程及其结果的客观体现，因此，构造区域产业升级指标体系、测算区域产业升级指数时所使用的方法等都应该体现对象的客观性特征，尽量排除人为因素或主观因素的干扰。

可行原则。要收集既能反映区域产业升级质的规定性的所有指标，同时要求这些指标覆盖中国、全国各省（市、区）长达19年基础数据是不现实的，因此可行原则是必要的。某些最能反映区域产业升级的指标由于数据收集的限制，不得不忍痛将其置于指标体系之外，改用可行的替代指标。尽管这种做法确实存在着不妥之处，但这样处理后，便能使用一定的方法测算出区域产业升级指数。

相对原则。为便于横向比较产业升级质量的区域差异，尽量避免使用绝对指标，而采用了这些指标的相对指标。普遍使用的是区域指标与全国相应指标的比值形式，也用到发展速度类的指标。因此，这些由原始指标计算得到的基础数据指标（称为基础数据，以和原始数据相区别）本身就是区域产业升级在某一方面相对于全国平均水平的反映。

可比原则。中国东西部地区产业升级及其机制比较研究，强调的是"比较"，为形成比较的基础，区域产业升级指标体系的设置就要遵循可比原则。可比性原则体现在多个方面，如从横向上看，要求不同区域的指标在经济含义和计算口径上保持一致，从纵向上，不同年份的相应指标也要在经济含义和计算口径上具有可比性，因此对价值量指标都已充分顾及了可比价格等因素对其进行了处理。

上述原则不仅保证了区域产业升级指标体系的合理性，同时又是区域产业升级指数测算工作可行的必要条件。

三、区域产业升级评价指标体系

1. 区域产业升级评价指标体系

根据设计思想和设计原则,区域产业升级指标体系如图5-2所示。

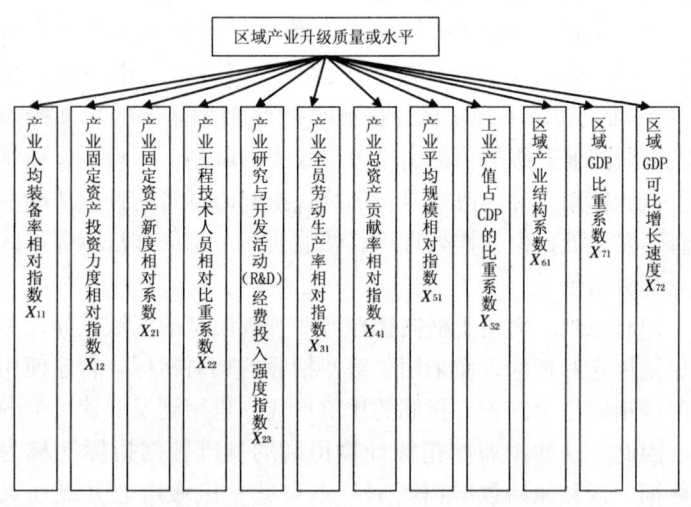

图5-2 区域产业升级指标体系

2. 指标含义及基础数据的计算依据

(1) 产业资本密集度 X_1

由产业人均装备率相对指数 X_{11} 和产业固定资产投资力度相对指数 X_{12} 共同反映产业资本密集度 X_1,这里,产业人均装备率相对指数 X_{11} = 区域产业人均资本占用/全国相应产业人均资本占用。其中,产业资本占用 = 产业固定资产净值年平均余额 + 流动资产年平均余额。该指数反映某时期产业对资本占用的规模。

产业固定资产投资力度相对指数 X_{12} = 区域产业人均固定资

产投资额/全国相应产业人均固定资产投资额。该指标可从两个角度反映区域的产业升级水平，一是从产业的资本占用水平角度反映区域产业升级水平，二是从产业的增量资本角度反映区域的产业结构调整力度。

这两个指标分别从静态和动态角度反映了资本对区域产业升级的推动力度。

（2）产业技术密集度 X_2

反映产业技术密集度的有三个指标，产业固定资产新度相对系数、产业工程技术人员相对比重、产业研究与开发活动（R&D）经费投入强度指数。

产业固定资产新度相对系数 X_{21} = 区域产业固定资产新度系数/全国相应产业固定资产新度系数。其中固定资产新度系数 = 产业固定资产净值年平均余额/固定资产原值（价）。固定资产原值（价）指产业中的企业在建造、购置、安装、改建、扩建、技术改造固定资产时所支出的全部货币总额，而固定资产净值年平均余额是固定资产原始价值减去累计折旧后的余额。通过产业固定资产净值平均余额与固定资产原值相比较，可以反映出固定资产的"新旧"程度。由于新设备往往包含着更多的新技术含量，正因为"新"，所以折旧值往往也很低。固定资产新度的高低在一定程度上反映了产业技术装备水平的高低，因此，可视其为反映产业升级水平的一个重要指标。

产业工程技术人员相对比重系数 X_{22} = 区域产业工程技术人员占所有职工比重/全国相应产业工程技术人员占所有职工比重，该指标反映了产业人力资源的相对质量。一般而言，产业人力资源质量从低到高的转变是区域产业升级的重要标志。

产业研究与开发活动（R&D）经费投入强度指数 X_{23} = 区域产业 R&D 经费占产品销售收入的比重/全国相应产业 R&D 经费占产品销售收入的比重。R&D 经费占产品销售收入的比重这一指标动态反映了产业开发、吸收和运用科学与技术提高产业竞争力的能力。

(3) 产业劳动生产率 X_3

产业全员劳动生产率相对指数 X_{31} = 区域产业全员劳动生产率/全国相应产业全员劳动生产率。其中全员劳动生产率指根据产品（或服务）的价值量计算的平均每一就业人员在单位时间内的产品生产量，是反映产业生产效率和劳动投入的经济效益指标，是产业中职工素质、生产技术水平、市场开拓水平、经营管理水平等的综合体现。多数省份可以直接收集到全员劳动生产率数据，未能直接收集到的，按工业产业全员劳动生产率 = 工业产业增加值/工业产业全部职工平均人数计算而得（这也是我国目前计算全员劳动生产率的做法）。

(4) 产业附加价值水平 X_4

产业总资产贡献率相对指数 X_{41} = 区域产业总资产贡献率/全国相应产业总资产贡献率。其中，总资产贡献率（%）=（利润总额 + 税金总额 + 利息支出）/平均资产总额 × 100%。该指标反映产业运用全部资产和各种能力所创造的价值水平，是产业经营业绩和管理水平的集中体现，是评价产业升级中产业附加价值水平的重要指标。

(5) 产业规模水平 X_5

从产业内企业的平均规模和产业产值规模两个角度反映区域产业规模水平。

产业平均规模相对指数 X_{51} = 区域产业的企业平均规模/全国相应产业的企业平均规模。其中，企业平均规模 = 区域产业产品销售收入/区域产业的企业单位数，这里产品销售收入指企业销售产品和提供劳务等主要经营业务取得的收入总额。① 尽管产业

---

① 从 2005 年起，我国统计年鉴中将"产品销售收入"名称变更为"主营业务收入"。

规模与产业升级的关系很复杂,但产业规模是区域产业升级的一个重要前提,因为"产业技术能力的提高"、"产业规模经济效应的获得"、"产业横向和纵向扩散能力的提升"等等都是要以产业具备一定的规模为前提。例如,云南省生物资源产业就是因为产业规模小、分散而制约了这一产业在技术能力提升、产业规模经济效应以及产业产品在横向和纵向上的扩散效应。

工业产值占 GDP 的比重系数 X_{52} = 工业产值/区域国民生产总值。工业总产值是以货币表现的工业企业在一定时期内生产的已出售或可供出售工业产品总量,是一定时间内工业生产的总规模和总水平。由于工业化是区域产业升级过程的主旋律(在我国现阶段尤其如此),因此设置该指标是非常有必要的,它不仅反映了区域的工业化水平,同时,在很大程度上反映了区域产业结构演进上的升级水平。

(6)产业结构系数 X_6

区域产业结构系数 X_{61} = 区域第三产业总值/区域国民生产总值,这是一个从区域整体角度衡量区域产业结构演进升级水平的指标。尽管三次产业的产值比重在产业升级过程中会发生各种变化,如第二产业的产值比重先上升然后下降,但总体上,产业演进过程总是伴随着第三产业产值比重的不断上升。为此,完全可以将区域第三产业产值比重作为衡量区域产业结构高度化或者区域产业结构升级的重要指标。库兹涅茨定律也表明,第三产业增加值占 GDP 的比重越大,说明该国或地区的经济发达程度和人民生活水平越高,是区域产业在结构演进上的一种现象。

(7)区域经济增长质量 X_7

从区域 GDP 比重系数和区域 GDP 可比增长速度两个方面反映区域经济增长质量。

区域 GDP 比重系数 X_{71} = 区域 GDP/全国 GDP。由于国内生产总值（GDP）是按市场价格计算的国家（或地区）所有常住单位在一定时期内生产活动的最终成果，而区域产业升级的直接结果是通过区域产业体系的不断升级带动区域在全国 GDP 相对份额的不断扩大，因此该指标从静态角度反映了区域产业升级水平，同时也反映了区域整个产业体系的发展规模。

区域 GDP 可比增长速度 X_{72} = 按可比价计算的区域 GDP 增长速度。该指标从动态角度反映了区域整个产业体系的升级水平。一般来说，在其他因素相同的条件下，产业升级相对快的地区较之慢的地区，不论是适应市场需求也即产业结构调整，或者是新兴产业产值比重不断提高即产业结构高级化，或是提高市场份额即产业竞争力提升，最终将体现为区域获得了相对较快的经济发展速度；反过来，区域获得了较快的经济发展速度反映了区域产业获得了较快的升级或者拥有具有较高的升级水平。

图 5-2 是图 5-1 的具体化，从 7 个方面设置的 12 个区域产业升级指标（其中 9 个为具体产业的指标、3 个为区域总体指标），已经充分考虑到了区域产业升级质的规定性以及设计原则。在性质上，这些指标与区域产业升级之间是正相关关系，它们从不同角度反映了区域产业升级的程度，以这 12 个指标形成的产业升级指标体系为基础，运用一定的方法便可测算出特定区域的产业升级水平。

第二节　东西部地区产业升级数据库及相关说明

一、东西部地区产业升级数据库

由于 12 个指标有关的现行统计资料都不是以东西部地区形式公布的，因此，需要先收集 31 个省（市、区）的相关指标，再按东西部地区所辖省份归并。其次，区域产业升级是一个

"长期"的概念，因此测算东西部产业升级需要有更多年份的统计资料。只有在"长期"里，比较东西部地区产业升级指数的差异才有意义。但由于我国主要国民经济权威数据来源——《中国统计年鉴》自改革开放以来已经作了多次修改，1987年以前与之后的数据在指标含义与计算口径上存在较大的差异。为此选择了1987年至2005年这19年为东西部地区产业升级的计算期。

另外，选择评价什么产业，以及产业划分的细分程度也是一个重要的因素，根据"可行性原则"，选择了工业。实际上，如果有其他行业的原始数据，也很容易计算这些行业的产业升级水平。

最后，由于这12个指标全部都是相对性指标，几乎都不是直接从相关统计年鉴上直接取得，为了要获得这12个指标的数据，至少需要有20个原始指标。例如为获得"产业人均装备率指数X_{11}"就需要先获得"区域产业人均资本占用"指标，而这一指标需要收集到"产业固定资产净值年平均余额"、"产业流动资产年平均余额"以及"产业职工人数"；为获得工业的固定资产投资需先收集"采矿业固定资产投资"、"制造业固定资产投资"、"电力燃气及水业固定资产投资"然后再合并，才能得到各省份工业的固定资产投资数据。

为此，建立了全国分省（市、区）从1987年至2005年，每年23~30个指标组成的工业产业升级数据，我们称之为工业产业升级原始数据，见附表1（包含附表1-1至附表1-6）所示，供测算东西部地区工业产业升级指数使用，鉴于原始数据所占篇幅过大（共57页），在附表1中仅只列示了附表1-1、1-2、1-3，即1987年中国分省（市、区）及东中西部地区工业产业升级原始数据表；附表1-4、1-5、1-6，即2005年中国分省（市、区）及东中西部地区工业产业升级原始数据表。

在附表1-4至1-6原始数据的基础上,经合并、整理、计算得到的12个工业产业升级指标数据,我们称之为工业产业升级基础数据,见附表2,包含有附表2-1至2-19所示。

二、原始数据来源及相关处理说明

所建立的东西部地区产业升级原始数据来源于1987~2005年《中国统计年鉴》、《中国工业经济统计年鉴》以及《中国科技统计年鉴》。

1. 统计口径

1987~1997年各省固定资产净值年平均余额、流动资产年平均余额、从业人员年平均人数、固定资产原值(价)、工业增加值、总资产贡献率、产品销售收入、企业单位数等指标的统计口径为各地区全部独立核算工业企业统计指标,而1998~2005年相应指标的统计口径则为分地区全部国有及规模以上非国有工业企业统计指标;工程技术人员数、科技活动经费占产品销售收入比重指标的统计口径为分地区大中型工业企业统计指标;而其他指标包括采矿业全社会固定资产投资、制造业全社会固定资产投资、电力燃气及水业全社会固定资产投资、采矿业职工人数、制造业职工人数、电力燃气及水业职工人数、工业产值、地区生产总值、第三产业比重、GDP增长指数指标统计口径为分地区全社会指标。由于保证了全部省份之间的数据在计算口径上的一致性,这样年份数据之间的计算口径的这种不一致并不会对区域产业升级指数的测算产生本质上的影响。

2. 部分缺失数据的处理

2001年工业从业人员年平均人数因无法获得,采用2000年与2002年从业人员年平均人数的算术平均数作为2001年从业人员年平均人数指标的替代值。

2004年国有及规模以上非国有工业企业固定资产原值采用

2003年与2005年固定资产原值的算术平均值替代。

3. 东中西部地区合并口径

东部地区包括：北京、天津、河北、辽宁、上海、江苏、浙江、福建、山东、广东和海南，共11个省（直辖市、区）；中部地区包括山西、吉林、黑龙江、安徽、江西、河南、湖北、湖南，共8个省级行政区；西部地区包括四川、重庆、贵州、云南、西藏、陕西、甘肃、青海、宁夏、新疆、广西、内蒙古，共12个省级行政区。

4. 东中西部地区的原始数据

直接汇总所辖省（市、区）的相应数据，便得到东中西部地区的原始数据。这些数据包括：固定资产净值年平均余额、流动资产年平均余额、从业人员年平均人数、采矿业/制造业/电力燃气及水业全社会固定资产投资、采矿业/制造业/电力燃气及水业职工人数、固定资产原值、工程技术人员数、工业增加值、产品销售收入、企业单位数、地区工业产值、地区生产总值，是直接将东中西部所辖各省的相应指标加总以便获得东中西部地区的原始数据。东中西部地区的科技活动经费占产品销售收入比重指标则通过历年《中国科技统计年鉴》获得。

经过加权加总得到的东中西部地区原始数据。东中西部地区的工业产业总资产贡献率指标的计算过程是：先将某一年度各省的"资产总计"指标和上一年的"资产总计"指标求其算术平均，得到该年各省的和全国的平均占用资产；再以各省的平均资产占用除以全国的平均资产得到该省的"资产占用权重"，以该"权重"乘以该年相应省份的总资产贡献率得到一个乘积，再将东中西部地区按所辖省份加总这些乘积，便得到该年东中西部地区的工业产业的总资产贡献率。

东中西部地区按可比价计算的GDP指数的计算过程是：用某年当年价各省的"地区生产总值"指标除以按可比价计算的"GDP增

长指数",得到上一年按可比价计算的地区生产总值。并通过加总得到该年和上一年东中西部地区的生产总值,用前者除后者便可以得到该年东中西部地区的按可比价计算的GDP指数。

5. 基础数据

工业产业人均装备率指数:将各地区工业固定资产净值年平均余额与工业流动资产年平均余额相加得到区域工业产业资本投入,再用区域工业产业资本投入除以区域工业从业人员年平均人数,得到区域工业产业人均资本投入,同时也可以得到全国工业产业人均资本投入和东中西部地区工业产业人均资本投入。最后分别用各省及东中西部地区工业产业人均资本投入除以全国产业人均资本投入,便得到各省及东中西部地区工业产业的人均装备率指数。

采用类似于"工业产业人均装备率指数"的计算方式,可以得到各省区以及东中西部地区的工业产业固定资产投资力度指数、工业产业固定资产新度相对系数、工业产业工程技术人员相对比重、工业产业R&D经费占产品销售收入相对比重、工业产业全员劳动生产率相对指数、工业产业总资产贡献率指数、工业产业平均规模相对指数、工业产值占GDP比重相对系数、产业结构演进相对系数、区域GDP比重系数、GDP相对增长速度等12个基础指标的数值。

1987~2005年,中国分省及东中西部地区的工业产业升级基础数据表见附表2中的附表2-1至2-19所示。

第三节 主成分分析法原理

一、使用主成分分析法的依据

目前,以评价指标体系为基础,构造评价指数的评价方法主要有模糊数学综合评价法、层次分析法（AHP法）、BP神经网络法、主成分分析法等。针对研究主题，层次分析法等方法的缺点是各指标的权重需要通过主观设定，因而缺乏客观性；而BP神经网络评价等方法的缺点，一是网络训练时需要有大量的样本值，二是训练时需要输入各个样本的区域产业总体升级水平值，而这本身是评价方法需要确定的对象；而运用主成分方法可以有效地避免上述问题，同时该方法在相关评价如区域产业竞争力、区域产业素质等评价中都已获得了广泛的应用。[①] 因此，选择主成分分析法先确定区域产业升级的主成分，再利用主成分和基础数据构筑东西部地区各年份的产业升级指数。

二、主成分获得及权重确定的步骤

主成分分析法是利用降维的思想，通过线性变换将原来的多个指标组合成相互独立的少数几个能充分反映总体信息的指标（即主成分），从而在不丢掉"主要"信息的前提下，避免多变量间共线性的问题；该法根据各指标的实际观察值所提供的信息量的大小确定各成分的权重，是一种多指标的赋权方法。

1. 基本模型

对观测数据矩阵作标准化处理后得到矩阵 X，从指标变量的相关矩阵 R 出发，研究因子 F_j 与变量 X_i 之间的相关结构。其数学模型可以表示如下：

$$\begin{aligned} X_1 &= a_{11}F_1 + a_{12}F_2 + \cdots + a_{1m}F_m + \varepsilon_1 \\ X_2 &= a_{21}F_1 + a_{22}F_2 + \cdots + a_{2m}F_m + \varepsilon_2 \\ &\vdots \end{aligned} \quad (5-1)$$

[①] 陈红儿．区域产业竞争力评价模型与案例分析．中国软科学，2002（1）．

$$X_P = a_{p1}F_1 + a_{p2}F_2 + \cdots + a_{pm}F_m + \varepsilon_p$$

简记为：$X = AF + \varepsilon$

式中，a_{ij} 表示因子 F_j ($j=1, 2, \cdots, m$) 在变量 X_i ($i=1, 2, \cdots, p$) 上的权重；A 表示因子载荷矩阵；ε 表示特殊因子，即因子 F_j ($j=1, 2, \cdots, m$) 不能解释变量 X_i ($i=1, 2, \cdots, p$) 的部分。

该模型要求：

① $m \leqslant p$；

② $COV(F, \varepsilon) = 0$，即 F 和 ε 不相关；

③ F_i 与 F_j ($i \neq j$) 不相关且方差均为1；

④ ε_i 与 ε_j ($i \neq j$) 不相关。

2. 测算步骤

第一，检验各指标间的相关性。

主成分分析法适用的前提条件是原有指标间具有比较强的相关性，如果各指标间没有共享的信息，也就不存在提取主成分的必要。而从上一节所建立的12个基本评价指标的性质上，我们不难发现这些指标之间是存在明显相关性的。因此主成分分析法在区域产业升级评价上具备应用的条件与基础。

我们运用SPSS软件提供的KMO检验和巴特利特球形检验进行指标间相关性的检验。KMO统计量用于衡量变量间简单相关和偏相关的程度，一般认为KMO值大于0.9时进行因子分析效果最佳，0.6以上时效果尚可，而0.5以下则说明不适用主成分分析方法。巴特利特球形检验用于检验变量的相关阵是否是单位阵，即各变量间是否相互独立。

第二，对基础数据的标准化处理。

数据的标准化处理主要包括数据的无量纲处理与同趋化处理。数据的无量纲处理主要是通过一定的数学变换来消除指标量纲不同带来的影响，使用的是对指标值进行正态标准化处理的方法：如果样本数为 n，经济指标个数为 p，基础数据用 x_{ij} 表示，则标准化处理将原来的基础数据 x_{ij} 转化为 $x_{ij}^* = \dfrac{x_{ij} - \bar{x}_j}{\sigma_j}$，这里 $\bar{x}_j$ 表示第 j 个指标的平均值，σ_j 表示第 j 个指标的标准差；东中西部地区基础数据经正态标准处理后的结果，见附表3（包含附表3-1、3-2）所示。

第三，计算样本相关矩阵 R。

$R = (r_{ij})_{P \times P}$，其中指标 i 和指标 j 的相关系数 $r_{ij} = \dfrac{S_{ij}}{\sqrt{S_{ii} S_{jj}}}$；

第四，特征值和特征向量的计算。

令 $|R - \lambda I|$（其中 λ 是特征值，I 为单位阵），解方程得到 R 的 p 个非负特征值，并求出相应的特征向量。

第五，主成分个数 m 的选取。

确定 m 值的方法有两种，一是根据特征值的大小确定，一般取大于1的特征值的个数即为 m；二是根据特征值的累积贡献率来确定。

第 j 个特征值的贡献率为 $h_j = \dfrac{\lambda_j}{\sum\limits_{k=1}^{m} \lambda_k}$，贡献率从大到小排列后，前 j 个特征值的累积贡献率为 $th_j = \dfrac{\sum\limits_{k=1}^{j} \lambda_k}{\sum\limits_{k=1}^{m} \lambda_k}$，一般取累积贡献率 $th_j \geq 70\%$ 时，所对应的 j 值为主成分个数 m 的值。

第六，评价函数 F 的构造。

以 m 个主成分的贡献率为权重，对相应主成分进行加权，以加权综合的结果构造评价函数 F：

$$F = h_1 F_1 + h_2 F_2 + \cdots + h_m F_m \tag{5-2}$$

其中，F_i 为第 i 个主成分（$i = 1, 2, \cdots, m$），利用此评价函数可对区域产业升级水平进行评价。此时，F 值越大，区域产业升级水平越高。

第四节 中国东中西部地区工业产业升级指数

一、区域工业产业升级指数函数的确定

1. 指标间相关性检验

将1987~2005年各省（直辖市、自治区）的产业升级基础数据输入SPSS11.5，得到KMO值为0.761，巴特利特球形检验的近似卡方值为2.713E3，见表5-1所示，这些统计量的性质说明数据较适合进行主成分分析。

对基础数据进行标准化处理，得到标准化矩阵X。计算到的相关系数矩阵R，见附表4所示。

通过对相关系数矩阵的分析可知，12个基础数据指标彼此之间存在着较强的相关性，说明这些指标所反映的信息具有很大的重叠性，因此应用主成分分析法先进行主成分或主因子的提取。这也印证了第一步所进行的各指标间相关性检验的结论。

表5-1 KMO 和 Bartlett's 检验

Kaiser - Meyer - Olkin Measure of Sampling Adequacy.	0.761 2	
Bartlett's Test of Sphericity	Approx. Chi - Square	2.713E3
	df	66

2. 主成分（或主因子）的确定

由SPSS计算到的相关系数矩阵的特征值、方差贡献率及累计方差贡献率见表5-2所示。

表5-2 相关系数矩阵的特征值、方差贡献率、累计方差贡献率

Component	Initial Eigenvalues		
	Total	% of Variance	Cumulative %
1	3.053	25.442	25.442
2	2.505	20.877	46.319
3	1.549	12.907	59.226
4	0.967	8.062	67.289
5	0.820	6.831	74.120
6	0.764	6.363	80.483
7	0.666	5.549	86.033
8	0.589	4.912	90.945
9	0.412	3.430	94.375
10	0.344	2.868	97.243
11	0.240	1.996	99.239
12	0.091	0.761	100.000

由表5-2可知，前五个因子的累计方差贡献率已接近75%，表明这五个因子所包含的信息量已达原来总信息的75%左右，于是我们抽取前五个因子为主因子，也就是说区域产业升级评价的指标可由原来的12个指标简化为这5个主因子来解释，解释程度约为75%。

计算得到的因子载荷矩阵及因子得分系数矩阵见表5-3所示。

由旋转后的因子载荷阵可以得知，第一主成分与产业全员劳动生产率指数、产业总资产贡献率指数、产业平均规模相对指数相关，我们令其为"产业附加价值水平因子"；第二主成分主要解释了产业固定资产投资力度指数、工业产值占GDP比重相对

系数和区域 GDP 比重系数，我们定义其为"产业规模因子"；第三主成分与产业结构相对系数高度相关，可定义为"区域产业结构高度化因子"；第四主成分反映了区域 GDP 相对增长速度、产业工程技术人员相对比重以及产业 R&D 经费占产品销售收入相对比重，可定义为"产业技术创新与成长能力因子"；第五主成分在产业固定资产新度相对系数、人均装备率指数上有较高的载荷值，可定义为"产业资产质量因子"。

表 5-3 旋转后的因子载荷阵

指 标	Component				
	1	2	3	4	5
产业全员劳动生产率指数	**0.903**	-0.040	0.256	-0.032	-0.009
产业总资产贡献率指数	**0.782**	0.145	-0.287	0.173	-0.186
产业平均规模水平相对指数	**0.762**	0.314	0.225	-0.184	0.036
产业固定资产投资力度指数	0.168	**-0.802**	0.137	0.087	0.159
工业产值占 GDP 比重相对系数	0.394	**0.799**	-0.046	0.010	-0.086
区域 GDP 比重系数	0.281	**0.634**	-0.071	0.418	0.037
产业结构演进相对系数	0.078	-0.095	**0.871**	0.054	-0.044
GDP 相对增长速度	0.112	0.145	0.235	**0.764**	0.066
产业工程技术人员相对比重系数	0.303	0.113	0.190	**-0.677**	0.034
产业 R&D 经费占产品销售收入相对比重	-0.047	-0.029	0.439	**-0.512**	-0.170
产业固定资产新度相对系数	-0.092	-0.149	-0.035	0.107	**0.940**
产业人均装备率指数	0.477	-0.332	0.586	-0.200	**0.291**

这样，决定地区工业产业升级指数的主因子便为：产业附加价值水平因子、产业规模因子、区域产业结构高度化因子、产业

技术创新与成长能力因子、产业资产质量因子五个主因子。

3. 主因子得分函数的确定

运用 SPSS 还同时得到这五个主因子相对于 12 个指标的得分系数矩阵,见表 5-4 所示。

表 5-4 主因子得分系数阵

指　标	Component				
	1	2	3	4	5
产业人均装备率指数	0.153	-0.109	0.251	-0.059	0.215
产业固定资产投资力度指数	0.196	**-0.504**	-0.077	0.135	-0.041
产业固定资产新度相对系数	-0.030	0.116	-0.069	-0.054	**0.932**
产业工程技术人员相对比重	0.072	0.128	0.011	**-0.448**	0.141
产业 R&D 经费占产品销售收入相对比重	-0.111	0.084	0.283	**-0.263**	-0.131
产业全员劳动生产率指数	**0.377**	-0.144	-0.001	0.030	-0.049
产业总资产贡献率指数	**0.406**	-0.163	-0.326	0.102	-0.190
产业平均规模水平相对指数	**0.249**	0.134	0.048	-0.121	0.105
工业产值占 GDP 比重相对系数	0.049	**0.422**	0.039	-0.059	0.083
产业结构相对系数	-0.126	0.074	**0.653**	0.173	-0.121
区域 GDP 比重系数	0.034	**0.318**	0.062	0.213	0.119
GDP 相对增长速度	-0.015	0.060	0.289	**0.533**	-0.024

根据因子得分系数阵,就可以构造出主因子的得分函数(注意到这里的主因子得分的所有权重并不是人为确定的)。

$$F_1 = 0.153X_{11} + 0.196X_{12} - 0.03X_{21} + 0.072X_{22} - 0.111X_{23} +$$
$$0.377X_{31} + 0.406X_{41} + 0.249X_{51} + 0.049X_{52} - 0.126X_{61} +$$
$$0.034X_{71} - 0.015X_{72} \quad (5-3)$$
$$F_2 = -0.109X_{11} - 0.504X_{12} + 0.116X_{21} + 0.128X_{22} + 0.084$$

$$X_{23} - 0.144X_{31} - 0.163X_{41} + 0.134X_{51} + 0.422X_{52} +$$
$$0.074X_{61} + 0.318X_{71} + 0.06X_{71} \quad (5-4)$$
$$F_3 = 0.251X_{11} - 0.077X_{12} - 0.069X_{21} + 0.011X_{22} + 0.283X_{23} -$$
$$0.001X_{31} - 0.326X_{41} + 0.048X_{51} + 0.039X_{52} + 0.653X_{61} +$$
$$0.062X_{71} + 0.289X_{71} \quad (5-5)$$
$$F_4 = -0.059X_{11} + 0.135X_{12} - 0.054X_{21} - 0.448X_{22} - 0.263$$
$$X_{23} + 0.03X_{31} + 0.102X_{41} - 0.121X_{51} - 0.059X_{52} +$$
$$0.173X_{61} + 0.213X_{71} + 0.533X_{71} \quad (5-6)$$
$$F_5 = 0.215X_{11} - 0.041X_{12} + 0.932X_{21} + 0.141X_{22} - 0.131X_{23} -$$
$$0.049X_{31} - 0.19X_{41} + 0.105X_{51} + 0.083X_{52} - 0.121X_{61} +$$
$$0.119X_{71} - 0.024X_{71} \quad (5-7)$$

4. 区域工业产业升级指数函数的确定

旋转后,5个主因子解释基础变量总体方差情况,见表5-5所示:

表5-5 旋转后的因子解释原始变量总体方差表

Rotation Sums of Squared Loadings		
Total	% of Variance	Cumulative %
2.620	21.834	21.834
1.980	16.501	38.335
1.613	13.441	51.775
1.606	13.386	65.161
1.075	8.959	74.120

根据这5个主因子对总方差的贡献率,可赋予第1~5个主因子的权重分别为:0.218 34、0.165 01、0.134 41、0.133 86、0.089 59,以综合得到区域工业产业升级指数函数,表示为:

$$F = 0.218\ 34F_1 + 0.165\ 01F_2 + 0.134\ 41F_3 + 0.133\ 86F_4 +$$
$$0.089\ 59F_5 \quad (5-8)$$

二、区域产业升级指数"递增化"处理

作者对区域产业升级的定义,实际上隐含了区域产业升级是不断处于动态优化过程之中的,或者至少是保持原来的水平,不同区域产业升级的区别仅表现为它们的初始值和升级速度的不同。设计的 12 个区域产业升级基础指标其性质是"区域某一指标与全国相应指标对比后的相对值",这样,依照式(5-8)计算得到的各区域产业升级指数实际上是这些区域的产业升级水平在全国的相对水平,这些相对值一是不能保证其为正值,二是不能保证区域主体的产业升级指数保持递增或至少是持平这一要求。因此,通过一定的变化使各个区域主体的产业升级指数具有递增性质,从而使最终得到的区域工业产业升级指数既符合产业升级的定义,又符合人们对区域产业升级的认知习惯。

设 x_{it} 为由式(5-8)得到的第 i 个区域主体第 t 年的产业升级指数(其中 $i=1,2,\cdots,31$);先进行映射 $x_{it} \to y_{it}$ 对 x_{it} 作标准化处理,使 $0 \leq y_{it} \leq 1$,这只需令:

$$y_{it} = \frac{x_{it} - \min(x_{it})}{\max(x_{it}) - \min(x_{it})} \qquad (5-9)$$

再对 y_{it} 进行递增化处理,定义:

$$k_t = 1 + \frac{\max(y_{i(t-1)} - y_{it})}{y_{it}}(y_{it} \leq y_{i(t-1)}) \qquad (5-10)$$

为第 t 年产业升级调整系数,则:

$$y_{it}^* = y_{it} \cdot k_t = y_{it} \cdot \left(1 + \frac{\max(y_{i(t-1)} - y_{it})}{x_{it}}\right) = y_{it} + \max$$

$$(y_{i(t-1)} - y_{it})(y_{it} \leq y_{i(t-1)}) \qquad (5-11)$$

通过式(5-10)和(5-11)变化便可以得到符合递增要求的产业升级指数 y_{it}^*。这里 y_{it}^* 不一定再属于区间 [0,1]。1987 年的工业产业升级指数只作标准化处理形成基数,其余年

份的数据均进行标准化和递增化处理。

三、中国各省（直辖市、自治区）工业产业升级指数

由此得到的1987~2005年各省工业产业升级指数，见附表5所示，经递增化处理的工业产业升级指数见表5-6及表5-6（续）所示。

四、东中西部地区工业产业升级指数

沿用各年份分省数据所得到的因子得分系数阵作为东中西部地区各主因子的得分，使用各年份分省数据计算得到的旋转后各主因子的方差贡献率构造东中西部地区产业升级综合评价函数 F。

表5-6　中国分省（市、区）工业产业升级指数（已作递增化处理）

省份	1987	1988	1989	1990	1991	1992	1993	1994	1995	1996
北京	0.862	1.035	1.130	1.323	1.463	1.463	1.745	1.943	2.103	2.259
天津	0.722	0.908	1.018	1.159	1.305	1.324	1.564	1.832	1.994	2.138
河北	0.610	0.768	0.916	1.034	1.181	1.312	1.566	1.802	1.906	1.967
山西	0.471	0.589	0.854	1.008	1.070	1.245	1.285	1.670	1.774	1.868
内蒙古	0.400	0.580	0.803	0.949	1.035	1.181	1.255	1.662	1.708	1.786
辽宁	0.564	0.723	0.942	1.044	1.170	1.319	1.588	1.833	1.832	1.966
吉林	0.483	0.596	0.810	0.950	1.042	1.197	1.262	1.671	1.711	1.867
黑龙江	0.499	0.620	0.849	0.964	1.079	1.215	1.264	1.706	1.712	1.917
上海	1.000	1.114	1.244	1.440	1.530	1.704	2.087	2.184	2.382	2.480
江苏	0.975	1.106	1.106	1.296	1.297	1.555	1.838	1.927	2.055	2.203
浙江	0.865	0.933	0.971	1.089	1.277	1.352	1.697	1.981	2.045	2.093
安徽	0.514	0.599	0.828	0.966	1.070	1.219	1.273	1.744	1.839	1.960
福建	0.599	0.815	1.001	1.064	1.178	1.333	1.757	1.987	1.994	2.078
江西	0.422	0.588	0.803	0.950	1.044	1.215	1.298	1.710	1.759	1.803
山东	0.839	1.055	1.141	1.296	1.348	1.421	1.803	1.930	1.946	2.172

续 表

省份	1987	1988	1989	1990	1991	1992	1993	1994	1995	1996
河南	0.704	0.704	0.939	1.052	1.101	1.273	1.448	1.771	1.869	1.940
湖北	0.668	0.742	0.876	0.987	1.081	1.256	1.404	1.801	1.854	1.942
湖南	0.550	0.612	0.807	0.960	1.070	1.210	1.271	1.678	1.749	1.830
广东	0.967	1.086	1.160	1.357	1.498	1.614	2.077	2.203	2.285	2.295
广西	0.475	0.576	0.804	0.957	1.058	1.207	1.257	1.670	1.745	1.803
海南	—	0.548	0.744	0.947	1.039	1.192	1.259	1.667	1.714	1.797
重庆	—	—	—	—	—	—	—	—	—	—
四川	0.436	0.588	0.802	0.947	1.041	1.204	1.262	1.657	1.707	1.792
贵州	0.410	0.505	0.750	0.910	1.008	1.087	1.087	1.529	1.590	1.635
云南	0.417	0.555	0.800	0.948	1.037	1.096	1.245	1.659	1.711	1.776
西藏	0.000	0.114	0.244	0.440	0.530	0.704	1.203	1.203	1.382	1.480
陕西	0.406	0.541	0.766	0.904	1.037	1.189	1.255	1.670	1.714	1.784
甘肃	0.417	0.587	0.793	0.946	1.030	1.171	1.261	1.621	1.680	1.757
青海	0.388	0.559	0.787	0.947	1.017	1.174	1.253	1.492	1.687	1.720
宁夏	0.341	0.545	0.793	0.793	1.028	1.175	1.215	1.650	1.710	1.710
新疆	0.378	0.532	0.791	0.944	1.033	1.182	1.234	1.656	1.711	1.778

表5-6 （续）中国分省（市、区）工业产业升级指数
（已作递增化处理）

省份	1997	1998	1999	2000	2001	2002	2003	2004	2005
北京	2.259	2.492	2.631	2.786	2.979	2.979	3.052	3.166	3.334
天津	2.360	2.502	2.594	2.611	2.791	2.887	3.009	3.136	3.225
河北	2.151	2.225	2.412	2.472	2.653	2.756	2.837	2.988	3.123
山西	2.035	2.082	2.185	2.307	2.433	2.643	2.784	2.916	2.978
内蒙古	1.938	2.029	2.180	2.305	2.393	2.523	2.636	2.799	2.919
辽宁	2.135	2.342	2.499	2.607	2.760	2.878	2.878	3.061	3.125
吉林	1.974	2.152	2.207	2.373	2.399	2.593	2.658	2.833	2.943

续 表

省份	1997	1998	1999	2000	2001	2002	2003	2004	2005
黑龙江	2.076	2.113	2.366	2.366	2.407	2.571	2.646	2.808	2.941
上海	2.716	2.884	2.884	2.957	3.032	3.097	3.130	3.281	3.413
江苏	2.401	2.548	2.721	2.766	2.900	2.989	3.094	3.227	3.337
浙江	2.255	2.392	2.663	2.711	2.816	2.947	3.028	3.019	3.180
安徽	2.091	2.091	2.217	2.425	2.468	2.638	2.667	2.883	2.953
福建	2.280	2.379	2.561	2.633	2.784	2.836	2.845	2.985	3.000
江西	2.008	2.072	2.193	2.329	2.434	2.587	2.661	2.801	2.919
山东	2.382	2.501	2.698	2.709	2.825	2.939	3.044	3.204	3.334
河南	2.042	2.107	2.223	2.315	2.471	2.599	2.694	2.946	3.092
湖北	2.184	2.236	2.392	2.436	2.436	2.698	2.778	2.977	2.982
湖南	1.986	2.072	2.256	2.366	2.425	2.603	2.655	2.936	2.936
广东	2.548	2.715	2.863	2.924	2.992	3.075	3.158	3.213	3.352
广西	1.930	2.022	2.172	2.299	2.389	2.586	2.621	2.797	2.905
海南	1.992	2.044	2.210	2.305	2.357	2.516	2.551	2.665	2.856
重庆	1.950	2.034	2.204	2.318	2.398	2.531	2.643	2.820	2.931
四川	1.928	2.027	2.133	2.306	2.323	2.470	2.545	2.738	2.891
贵州	1.765	1.893	2.063	2.156	2.270	2.428	2.511	2.656	2.820
云南	1.926	2.025	2.083	2.288	2.296	2.445	2.530	2.622	2.841
西藏	1.716	1.884	1.884	1.957	2.032	2.097	2.158	2.281	2.413
陕西	1.929	2.026	2.188	2.306	2.397	2.562	2.643	2.805	2.926
甘肃	1.852	2.013	2.089	2.296	2.310	2.486	2.557	2.708	2.860
青海	1.930	2.030	2.182	2.289	2.304	2.522	2.611	2.779	2.914
宁夏	1.868	2.014	2.125	2.298	2.328	2.518	2.628	2.795	2.899
新疆	1.928	2.004	2.091	2.305	2.320	2.516	2.635	2.773	2.890

于是，1987~2005年东中西部地区工业的产业升级水平指数（未作递增化处理）综合得分见表5-7所示，而递增化后的东中西部地区的产业升级指数见表5-8所示。

表5-7 按东中西部地区工业产业升级指数
（未作递增化处理）

地区	1987	1988	1989	1990	1991	1992	1993	1994	1995	1996
东部	0.659	0.913	0.550	0.595	0.448	0.580	0.668	0.655	0.915	0.696
中部	-0.258	-0.174	-0.183	-0.209	-0.603	-0.457	-0.401	-0.351	-0.454	-0.209
西部	-0.541	-0.553	-0.442	-0.298	-0.678	-0.739	-0.566	-0.564	-0.630	-0.570
地区	1997	1998	1999	2000	2001	2002	2003	2004	2005	
东部	0.683	0.580	0.599	0.576	0.572	0.600	0.586	0.530	0.309	
中部	-0.234	-0.453	-0.315	-0.274	-0.154	-0.115	-0.069	0.186	-0.104	
西部	-0.543	-0.576	-0.589	-0.422	-0.326	-0.252	-0.1671	-0.121	-0.2134	

1987～2005年东中西部地区工业产业升级趋势见图5-3所示。

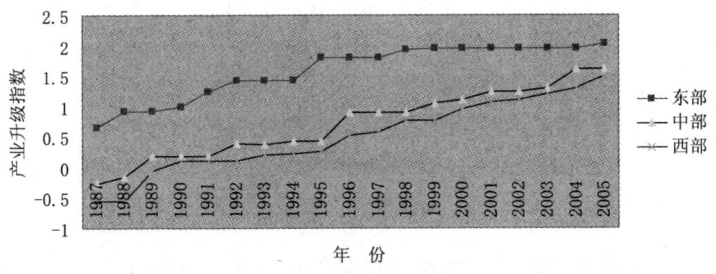

图5-3 区域产业升级的内容体系

表5-8 按东中西部地区工业产业升级指数
（已作递增化处理）

地区	1987	1988	1989	1990	1991	1992	1993	1994	1995	1996
东部	0.659	0.925	0.925	0.996	1.243	1.436	1.436	1.436	1.799	1.799
中部	-0.258	-0.162	0.192	0.192	0.192	0.399	0.367	0.43	0.43	0.894
西部	-0.541	-0.541	-0.067	0.103	0.117	0.117	0.202	0.217	0.254	0.533
地区	1997	1998	1999	2000	2001	2002	2003	2004	2005	
东部	1.811	1.927	1.959	1.959	1.959	1.959	1.956	1.956	2.025	
中部	0.894	0.894	1.045	1.109	1.233	1.244	1.301	1.612	1.612	
西部	0.585	0.771	0.771	0.961	1.061	1.107	1.2029	1.305	1.5026	

在初始的1987年，东部地区较西部地区在工业产业升级上就已经存在明显的差距，此时，东西部地区的产业升级指数分别为0.659和-0.541；随后东部地区进入相对快速的产业升级期，而此时，西部地区的产业升级指数却在缓慢上升，但从1999年起，西部地区的产业升级有明显加快的趋势，到2005年，东西部地区产业升级指数分别为0.309和-0.2134，（东西部地区递增化产业升级指数分别为2.025和1.5026），东西部地区在产业升级上的差距依然比较明显。

第五节 小　结

本章就区域产业升级水平衡量的研究主要获得了以下结论：

一是从扩展后的区域产业升级内涵和外延出发，构建了由7

个方面12个指标组成的区域产业升级指标体系,这7个方面分别是"区域产业的资本密集度"、"区域产业的技术密集度"、"区域产业的劳动生产率"、"区域产业的附加价值水平"、"区域产业的规模"、"区域产业结构演进水平"以及"区域经济增长质量",它们从"区域产业结构合理化"、"区域产业结构高级化"、"区域产业竞争力提升"3个方面刻画区域产业升级。

二是通过收集到的1987年至2005年19年全国各省、市、区每年约20个指标的原始数据,将这些数据转化成每年12个指标的基础数据,为避开指标权重人为确定的弊端,使用主成分分析方法,获得了用来衡量中国区域产业升级水平的五个主因子,它们分别是"产业附加价值水平因子"、"产业规模因子"、"区域产业结构高度化因子"、"产业技术创新与成长能力因子"、"产业资产质量因子",这些因子与区域产业升级的关系是:$F = 0.21834F_1 + 0.16501F_2 + 0.13441F_3 + 0.13386F_4 + 0.08959F_5$。这五个因子所包含的信息为原来总信息量的约75%。

三是在初始的1987年,东部地区较西部地区在工业上就存在有产业升级上的优势,随后东部地区进入相对快速的产业升级期,而此时西部地区的产业升级指数却缓慢上升,但从1999年起,西部地区的产业升级有明显加快的趋势,即使这样,到2005年东西部地区在产业升级上的差距仍然比较明显。

第六章 FDI的产业供给效应与东西部地区产业参与人决策倾向匹配性分析

许多研究表明，中国包括产业升级在内的区域差异形成的主要原因是 FDI 的区域分布。Berthelemy and Demurger (2000)，Lemoine (2000)，Demurger (2000) 的研究发现，FDI 对区域差异的影响主要表现在三个方面：一是 FDI 进入为当地企业带来竞争迫使当地企业提高劳动生产率；二是 FDI 进入为区域内企业提高管理水平提供了示范；三是 FDI 进入为区域内同行提供了培养未来企业管理人员的训练基地。Lee (1994) 以及 Dayal - Gulati and Husain (2000) 也认为 FDI 的区域差异导致区域发展差距。赵昌文、吴永红 (1998) 指出，由于区位条件、基础设施和服务方式等优势，东部 FDI 远远高于西部，这是造成东西部经济发展差距的一个重要原因。Sun (1996) 认为 FDI 是导致改革开放以来中国区域差异和收入不平等的主要原因。

江小涓 (2002) 指出，在中国生产能力和资金过剩的情况下，内资之所以不能替代外资的原因就在于 FDI 对中国经济能起到改善资产质量、带动配套产业、促进技术进步、推动产业升级的效应；魏后凯 (2002) 认为改革开放以来，中国区域发展呈现出典型的二元结构特征，二元结构形成与 FDI 分布不平衡密切相关，通过利用时间序列和横断面数据，对 FDI 对中国区域经济增长影响进行实证分析结果表明，在此期间东部与西部之间 GDP 增长率的差异大约有 90% 是由 FDI 差异引起。王必达 (2002) 认为中国区域开放模式具有独特性，独特的区域开放模式决定了各区域对外开放程度差异,各区域对外开放程度差异决定了FDI分布差异,而FDI分布差异又是形成各区域发展差异的主要原因。魏龙(2003)认为FDI改变东道国的生产结构、技术分布及国内分工体系,FDI集中地区会因聚集技术、人力等优势而成为"先发"地区,东西部差距在于FDI差异。武剑(2003)也有类似的研究结论。

为此,本章先从微观上对跨国公司进入前后,产业参与人利益与行为进行博弈分析,探究FDI对受资区域产业供给能力和产业附加价值水平的影响;在此基础上,对东西部地区产业发展战略与跨国公司投资战略的匹配性进行比较分析,解析西部地区在吸收FDI上处于劣势的原因。前者从微观角度分析产业参与人追求利益最大化行为,使FDI推动受资区域产业升级的过程,后者则从宏观角度分析产业参与人决策倾向的一致性对区域吸收FDI的影响。

第一节 FDI对受资区域产业供给能力影响分析

区域产业升级本质上是针对区域产业系统的供给能力而言的。许多研究将注意力集中于FDI对受资区域需求的影响,并由此拓展到对受资区域其他领域的影响。Ping Lin和Kamal Saggi(2004)从供给角度就跨国公司进入对受资区域供应商和本地生产者的影响进行了研究。下面以Ping Lin和Kamal Saggi(2004)[1]的研究为基础,从产业参与人(受资区域供应者、生产者、跨国公司)角度探究跨国公司进入对受资区域产业升级的影响。

跨国公司进入改变了受资区域原有产业参与人的市场生产者

---

[1] Ping Lin and Kamal Saggi. Multinational Firms, Exclusivity, and the Degree of Backward Linkages. Lingnan University and Southern Methodist University. Photocopy, 2004.

结构，继而对原有产业参与人的产出和利润水平产生影响，原有产业参与人受利益最大化驱使，实施它们的"最适行动"，其结果是使受资区域产业供应者的生产规模和利润水平发生改变，同时也对本地原有生产者施加了更多的竞争压力，迫使这些生产者提高竞争能力。跨国公司对受资区域产业供应商产出规模和利润水平的影响在宏观上体现为对受资区域产业供给规模和附加价值水平的影响，这两方面的影响连同对本地生产者施加的竞争影响共同形成对受资区域产业升级的影响。

为分析方便，我们可先确定四种状态：一是跨国公司还没有进入到受资区域时的状态，我们称之为 A 状态；二是跨国公司已经进入到受资区域并参与受资区域最终产品的生产，但却不对本地的中间产品供应商实施任何限制，跨国公司同本地其他生产者一样仅只在市场上获得它们所需要的中间产品，我们将这种状态称为 M 状态；三是跨国公司进入后，向供应商购买中间产品的同时，对这些本地供应商提供了技术转移（即垂直技术转移，简称 VTT），但不对供应商施加限制，我们将这种状态称为 NEX 状态；四是跨国公司进入后，与某些供应商签订有排他性的契约，跨国公司向这些供应商购买中间产品的同时，向这些供应商提供垂直技术转移，但也要求这些签约的供应商不能再向本地其他生产者供应中间产品，我们将这种状态称为 EX 状态。下面比较几类产业参与人在这四种状态下的均衡产出、均衡利润以及从供应商角度体现的受资区域产业供给能力。

一、基本假设

假设受资区域（以下简称"本地"）有不少于一个的最终产品的生产者，用 D_j 表示，$j=1, \cdots, n, n \geq 1$；一单位最终产品需要有一单位中间产品的投入；中间产品的生产由不少于两个中间品企业来提供，用 U_i 表示，$i=1, \cdots, m, m \geq 2$；中间产品生产者称为"供应者"(或供应商),而最终产品生产者称为"生产者"。同时假定组成产业的各个生产者的情况是相同的,同样组成产业的各个供应者的情况也是相同的。假设本地生产者的边际成本等于一单位中间产品的价格与将中间品加工成最终产品的加工费用(记为 c,$c>0$)之和。供应商的边际成本为 c_1,最终产品的需求曲线为线性形式:$p=a-Q$,并且假设所有企业以古诺模式参与竞争(对上游和下游都如此)。

跨国公司加工一单位中间产品使其转变为最终产品的边际加工成本为 $(1-\delta)c$,$\delta \in [0, 1]$,δ 反映了跨国公司相对于本地生产者的成本比较优势程度。假设跨国公司不能从国外或其他区域进口中间产品而只能从本地获得,从本地获得原材料等中间产品的假定是合乎情理的。这是由于技术上的原因,中间产品如果在外地获得可能导致较高的运输成本或受政策上的约束,[①] 如东道国政府或受资区域所强加的对本地的需求。

跨国公司对是否与供应者建立契约关系以及建立何种形式的契约关系的行动顺序是:

第一步,跨国公司在三种可能性中进行选择。在 M 状态下,它仅作为其中的一个买者从市场上购得中间产品。另外两个途径是通过与供应者建立排他性(EX)或非排他性(NEX)的契约关系。这两种契约形式都包含了跨国公司与其供应商之间的技术技能和信息的互换,即垂直技术转移(VTT),而这种 VTT 可提升受资区域供应者的产业竞争力。

第二步,跨国公司向 k 个称为"被邀请的供应者" U_1,U_2,…,U_k,$k=1$,…,m,提供垂直技术转移但具有排他性或者垂

[①] 此外,正如 Rodriguez – Clare(1996)所提到的,生产商接受的服务(比如银行业务,审计,咨询,零售服务,交通,设备维修等)是非贸易的商品,这些因素要求供应者和生产者比较接近。

直技术转移但无排他性，或者说，跨国公司宣布了数字 k。接下来，受到邀请的供应者同时决定是否接受跨国公司的邀约，它们也要进行利益的权衡。用 $S(k)$ 表示接受跨国公司邀约的供应者数量的函数。

第三步，跨国公司对其供应者实施垂直技术转移，其余的 $m-S(k)$ 个供应者仍使用它们原有的技术为当地生产者提供中间产品。如果没有一个供应者接受跨国公司的邀约（即 $S(k)=0$），那么所有的企业在 M 状态下经营。

跨国公司将技术转移给本地供应者并且帮助它们升级生产方式，使用垂直技术的供应者的边际成本从 c_I 降低到 c_I-d（这里变量 d 表示从跨国公司向本地供应商的垂直技术转移程度）。也可以将垂直技术转移解释为中间产品质量提升的原因。在跨国公司的帮助下，本地供应者的生产质量得到提升，使得原来只能生产一单位的中间产品变成了可生产 λ 单位的中间产品，其中 $\lambda \geq 1$。这意味着一个典型的接受垂直技术的供应者生产一有效单位的中间产品的边际成本变为 $\frac{c_I}{\lambda}$。这样，由于垂直技术转移，供应者生产一单位中间产品可节约的成本为 $d=(1-1/\lambda)c_I$。

下面讨论 A、M、NEX 及 EX 状态下，受资区域产业参与人的均衡产量、利润及受资区域的产业供应规模。

二、A 状态

Ping Lin 和 Kamal Saggi 把 A 状态称为自给自足的状态。跨国公司进入到受资区域之前，生产者与供应者之间的连接是：所有生产者通过开放市场在处于竞争关系的中间产品生产商那里购买中间产品。用 ω 表示中间产品的价格。

在已知 ω 和古诺竞争情况下，本地生产者的总产出为：

$$Q = nq_j = \frac{n(a-c-\omega)}{n+1}, j=1,\cdots,n \qquad (6-1)$$

由上式，本地生产者对中间产品的需求就为：

$$\omega = a - c - \frac{n+1}{n}Q \qquad (6-2)$$

供应商之间的竞争产生了如下的均衡产出水平：

$$Q_i^A = \frac{n(a-c-c_I)}{(m+1)(n+1)}, i = 1, \cdots, m$$

令 $\alpha = a - c - c_I$，则上式可转变为：

$$Q_i^A = \frac{n\alpha}{(m+1)(n+1)}, i = 1, \cdots, m \qquad (6-3)$$

其中 $\alpha = a - c - c_I > 0$，将供应商的均衡产出水平 Q_i^A 代入中间产品需求等式（6-2）得到中间产品的均衡销售价格为：

$$\omega^A = \frac{\alpha}{m+1} + c_I \qquad (6-4)$$

于是，可以计算出每个供应者的利润：

$$\pi_i^A = (\omega^A - c_I)Q_i^A = \frac{n\alpha^2}{(m+1)^2(n+1)} \qquad (6-5)$$

同样地，每个生产者的利润（利用 $mQ_i^A = nQ_j^A$ 以及最终产品生产的需求函数）为：

$$\pi_j^A = (a - nq_j - c - \omega^A)q_j = \frac{\alpha^2 m^2}{(m+1)^2(n+1)^2} \qquad (6-6)$$

使用中间产品的总产出水平衡量的产业的供给规模（Ping Lin 和 Kamal Saggi 称为后向连接程度），那么在跨国公司进入前，产业的供给规模为（BL^A）：

$$BL^A = mQ_i^A = \frac{mn\alpha}{(m+1)(n+1)} \qquad (6-7)$$

三、M 状态

跨国公司从本地获取中间产品并且所有的生产者以已知价格在公开市场上购买中间产品时，在已知的情况下，下游的古诺竞争给出的跨国公司和本地生产者的生产数量分别是：

$$q_f = \frac{a - c + (n+1)\delta c - \omega}{n+2} \text{ 和}$$

$$q_j = \frac{a - c - \delta c - \omega}{n+2} j = 1,\cdots,n \qquad (6-8)$$

对中间产品的需求等式为：

$$Q = q_f + nq_j \Leftrightarrow \omega = a - c + \frac{\delta c}{n+1} - \frac{n+2}{n+1}Q \qquad (6-9)$$

将（6-9）式与（6-2）式相比较，可以看出跨国公司的进入通过两个渠道增加对中间产品的需求。第一个渠道，生产者的数量从 n 增加到了 $n+1$，因此增加了最终产品的总产出，同时也增加了对中间产品的需求——即需求创造效应。这种需求创造的理由是很充分的，因为相对于跨国公司进入前的 A 状态，对中间产品的需求曲线变得更加扁平了［其斜率从 $-(n+1)/n$ 减小到 $-(n+2)/(n+1)$］。跨国公司增加了对受资区域产业中间产品需求的第二个渠道是通过相对于本地生产者而言所具有的技术优势（δc）而实现的，并通过等式（6-9）中的 $\delta c/(n+1)$ 这一项得到体现。由于具有成本优势，跨国公司会比本地的竞争企业生产更多数量的产品。但是，成本优势的反面是导致了每个本地生产者的产量下降影响。并且 δ 越大，本地生产者的产出越少。然而，随 δ（跨国公司与本地竞争者之间的技术差距）的增加会导致最终总产出水平的增加（注意到竞争程度以及成本优势效应的大小与本地生产者的数量 n 密切相关）。

本地生产者数量越多，跨国公司进入对受资区域产业所产生的需求创造效应越弱，也就是说跨国公司的进入对需求创造的效应与当地产业最终产品的垄断水平呈反向变化。

已知生产者对中间产品的需求函数（6-9），则供应者、本地生产者、跨国公司的均衡产量和利润分别为：

第六章 FDI 的产业供给效应与东西部地区产业参与人决策倾向匹配性分析

一个典型的供应者的产出水平为：

$$Q_i^M = \frac{(n+1)\alpha + \delta c}{(n+2)(m+1)}, \ i = 1,2,\cdots,m \quad (6-10)$$

典型供应商的均衡利润为：

$$\pi_{Ui}^M = \frac{(n+2)}{n+1}(Q_i^M)^2, \ i = 1,\cdots,m \quad (6-11)$$

跨国公司的均衡产量为：

$$Q_f^M = \frac{m(n+1)\alpha + \delta c(n(m+1)(n+2) + m)}{(n+1)(n+2)(m+1)}$$

跨国公司的利润为：

$$\pi_f^M = \left[\frac{m(n+1)\alpha + \delta c(n(m+1)(n+2) + m)}{(n+1)(n+2)(m+1)}\right]^2 = [Q_f^M]^2 \quad (6-12)$$

典型本地生产者的均衡产量为：

$$Q_j^M = \frac{m(n+1)\alpha - \delta c((m+1)(n+2) - m)}{(n+1)(n+2)(m+1)}$$

每个本地生产者的利润为：[①]

$$\pi_{Dj}^M = \left[\frac{m(n+1)\alpha - \delta c((m+1)(n+2) - m)}{(n+1)(n+2)(m+1)}\right]^2$$

$$= [Q_j^M]^2, j = 1,\cdots,n \quad (6-13)$$

A 状态与 M 状态下受资区域产业规模水平 $BL^M = mQ_i^M$ 之间的增量为：[②]

---

① Ping Lin and Kamal Saggi 所推导的典型本地生产者的均衡利润为 $\pi_{Dj}^M = \left[\frac{m(n+1)\alpha - \delta c((m+1)(n+1) + 1)}{(n+2)(n+1)(m+1)}\right]^2$，通过作者推导，这一式有误，应为 (6-13) 式。

② 因为 (6-14) 式随 n 值的增大而减小，因此，如果本地生产者较多，则跨国公司进入对产业规模的扩大效应将减弱。

$$BL^M - BL^A = m(Q_i^M - Q_i^A) = \frac{m[\alpha + (n+1)\delta c]}{(n+1)(n+2)(m+1)} > 0$$

(6-14)

因为 (6-14) 式大于 0,所以 M 状态较之于 A 状态,跨国公司进入增加了本地产业供应商的生产规模 (即产业的供给能力增加了)。

四、NEX 状态

在 NEX 情况下,受资区域的供应者可以自由选择是否为本地生产者提供中间产品。但是由于跨国公司将技术转移给供应者并且仅从与其有契约关系的供应者手中购买中间产品,所以,它购买中间产品的价格通常要与本地生产者所付价格有所不同。用 ω_f 和 ω_h 分别表示跨国公司和本地生产者购买中间产品的价格。① 给定这些价格,跨国公司生产的边际成本为 $\omega_f + (1-\delta)c$,而本地生产者的边际成本为 $\omega_h + c$。在古诺竞争下,跨国公司的均衡产出为:②

$$q_f = \frac{a - c + (n+1)\delta c - (n+1)\omega_f + n\omega_h}{n+2} \quad (6-15)$$

一个典型本地生产者的均衡产出为:

$$q_j = \frac{a - c - \delta c - 2\omega_h + \omega_f}{n+2}, j = 1, \cdots, n \quad (6-16)$$

根据价格项重新改写上面的两个等式,得到跨国公司和本地生产者的需求等式:

---

① 显然前者要小于或等于后者。

② 作者认为,Ping Lin and Kamal Saggi 所推导的在古诺竞争下,跨国公司的均衡产出为:$q_f = \frac{a - c + (n+1)\delta c - (n+1)\omega_f - n\omega_h}{n+2}$,这一式有误,应为 (6-15) 式。

第六章 FDI的产业供给效应与东西部地区产业参与人决策倾向匹配性分析

$$\omega_f = a - c + \delta c - 2q_f - Q_h \text{ 和 } \omega_h = a - c - q_f - \frac{n+1}{n}Q_h$$

(6-17)

其中 $Q_h = nq_j$；注意到只有 k 个供应者将中间产品出售给跨国公司，而全部的 m 个供应者将产品出售给本地生产者。用 Q_{if} 表示供应者 i 出售给跨国公司的中间产品数量，用 Q_{ih} 表示供应者 i 出售给本地生产者中间产品的数量，$i = 1, \cdots, m$，这里假定对 $i > k$ 时，$Q_{if} = 0$，这一假定只是为了研究方便。① 因此，可以定义 $Q_f \equiv \sum_{i=1}^{k} Q_{if}$，表示供应商出售给跨国公司的中间产品的总量，而 $Q_h \equiv \sum_{i=1}^{m} Q_{jh}$，表示出售给本地生产者中间产品的总量。

在 NEX 状态时，每一个被邀请的供应者都会接受跨国公司的邀约（垂直技术转移而非排他性），对供应者而言，这实际上是一个占优策略。接受邀约对供应者来说，它仍可以将中间产品出售给本地生产者，不仅如此，接受邀约不但使供应者多了一个客户，同时还获得了技术的转移。

所以，在 NEX 状态下，所有被邀约的供应者都会接受跨国公司的邀约，即对所有的 k，有 $S(k) = k$。

问题是跨国公司会选择多少个供应者进行邀约？它所面对的权衡如下：一方面，跨国公司从 k 个供应者间激烈的竞争中获益；但另一方面，跨国公司的垂直技术转移同时也间接的使它的竞争对手获益。对于给定的 k，跨国公司的利润为：

$$\pi_f^{NE}(k) = \left[\frac{a + d + (n+1)\delta c}{(n+2)}\right]^2 \left[\frac{k}{k+1}\right]^2, if, 1 \leq k \leq m-1$$

$$\pi_f^{NE}(k) = \left[\frac{m(n+1)(\alpha + d) + (n(m+1)(n+2) + m)\delta c}{(n+2)(n+1)(m+1)}\right]^2,$$

$if, k = m$ (6-18)

---

① 即假定邀约的是 m 中前 k 个供应者。

显然，随着 k 的增加，$\pi_f^{NE}(k)$ 的值也会增加。由此，在 NEX 下，跨国公司向所有的供应者发出邀约，并且所有的供应者都会接受邀约，从而使跨国公司具有均衡利润：$\pi_f^{NE}(m)$ 本地生产者的均衡利润（即当 $k=m$ 时）为：①

$$\pi_{Dj}^{M}(m) = \left[\frac{m(n+1)(\alpha+d) - \delta c((m+1)(n+2) - m)}{(n+1)(n+2)(m+1)}\right]^2,$$

$j = 1,\cdots,n$

上式表明，垂直技术转移程度 d 的增加导致 $\pi_{Dj}^{NE}(m)$ 的增加，而跨国公司成本优势（δ）的增加却导致了 $\pi_{Dj}^{NE}(m)$ 的降低。相对于 A 状态，跨国公司的进入通过两种方式影响本地生产者：一方面是侵蚀了当地生产者的市场份额并且降低了它们的利润（即竞争效应）。很明显，跨国公司的成本优势（δ）越大，对本地生产者产生的消极影响将越大；另一方面，本地生产者从跨国公司对其供应者的垂直技术转移中也获益。

比较 $\pi_{Dj}^{NE}(m)$ 与 A 状态下的本地生产者的利润，可以看出，当且仅当 $(n+1)d < \alpha + \dfrac{[(m+1)(n+1)+1]\delta c}{m}$ 时，本地生产者才会在 NEX 下境地变糟。

由于市场规模变量 α 的值相对于其他变量一般来说要大得多，因此上式普遍成立，特别是当 n 很小时，跨国公司的进入就会导致很强的竞争效应。

一个典型的供应者的产出水平为：

---

① 作者认为：Ping Lin and Kamal Saggi 所推导的本地生产者的均衡利润（即 $k=m$ 当时）：

$$\pi_{Dj}^{M}(m) = \left[\frac{m(n+1)(\alpha+d) - \delta c((m+1)(n+2)+1)}{(n+1)(n+2)(m+1)}\right]^2, j = 1,\cdots,n$$

，这一式有误，应该为：

$$\pi_{Dj}^{M}(m) = \left[\frac{m(n+1)(\alpha+d) - \delta c((m+1)(n+2) - m)}{(n+1)(n+2)(m+1)}\right]^2, j = 1,\cdots,n$$

$$Q_i^{NE} = \left[\frac{(n+1)(\alpha+d)+\delta c}{(n+2)(m+1)}\right]^2, i = 1,\cdots,m$$

因此，对受资区域产业供给能力的影响为：[①]

$$BL^{NE} - BL^A = m(Q_i^{NE} - Q_i^A) = \frac{m[\alpha + d(n+1)^2 + (n+1)\delta c]}{(n+1)(n+2)(m+1)} > 0$$

因此，在 NEX 条件下，跨国公司的进入相对于 A 状态增加了本地产业的供给规模。

再注意到，NEX 状态（$k=m$）与 A 状态仅有的区别是 NEX 下所有的供应者都获得了垂直技术转移。所以，NEX 状态下跨国公司的进入提升了受资区域的产业技术水平。但本地生产者的处境相对于 A 状态很可能会变得糟糕，因为出现糟糕的几率很大。

五、EX 状态

在 EX 状态下，接受跨国公司契约的一些本地供应者不能再供应给其他本地生产者中间产品，实际与本地生产者形成了"脱钩"（de-linked）。这种"脱钩"改变了中间产品市场的市场结构，并且导致了供应者间竞争程度的降低。

假设 k 个供应者 U_1，U_2，$\cdots$，U_k 在 EX 条件下仅为跨国公司提供中间产品。$m-k$ 个供应者 U_{k+1}，U_{k+2}，$\cdots$，U_m 仅为本地生产者提供中间产品。用 Q_i 表示供应者 i 的产出，$i=1, 2, \cdots, m$。由此，跨国公司获得的中间产品的供给总量为 $Q_f = \sum_{i=1}^{k} Q_i$，本

[①] 作者认为：Ping Lin and Kamal Saggi 所推导的跨国公司对受资区域产业规模的影响：

$$BL^{NE} - BL^A = m(Q_i^{NE} - Q_i^A) = \frac{m[\alpha + d + (n+1)\delta c]}{(n+1)(n+2)(m+1)} > 0，应为：$$

$$BL^{NE} - BL^A = m(Q_i^{NE} - Q_i^A) = \frac{m[\alpha + d(n+1)^2 + (n+1)\delta c]}{(n+1)(n+2)(m+1)} > 0$$

地生产者获得的中间产品的供给总量为 $Q_h = \sum_{i=k+1}^{m} Q_i$。相应的，在均衡下有 $Q_i = Q_1$, $i = 1, 2, \cdots, k$, 并且 $Q_i = Q_m$, $i = k+1, \cdots, m$。

一个典型的仅为跨国公司提供中间产品的供应者面临问题是：

$$\overset{max}{Q_i} = [\tilde{\omega}f - c_I + d]Q_i \quad i = 1, 2, \cdots, k \quad (6-19)$$

而一个典型的仅为本地生产者提供中间产品的供应者面临的问题是：

$$\overset{max}{Q_i} = [\tilde{\omega} - c_I]Q_i \quad i = k+1, \cdots, m \quad (6-20)$$

（6-17）式给出了跨国公司和本地生产者对中间产品的需求等式。

对于上述面临的问题的第一个前提条件是：

$$\alpha + d + \delta c = 2(2Q_i + \sum_{j=k+1, j\neq i}^{m} Q_j) + Q_h, 其中, i = 1, 2, \cdots, k$$
$$(6-21)$$

和

$$\alpha = Q_f + \frac{n+1}{n}(2Q_i + \sum_{j=k+1, j\neq i}^{m} Q_j), 其中, i = k+1, \cdots, m$$
$$(6-22)$$

在对称性的均衡中，$Q_i = Q_1$，其中 $i = 1, 2, \cdots, k$，并且 $Q_i = Q_m$，其中 $i = k+1, \cdots, m$。因此，上述的第一个前提条件变为：

$$\alpha + d + \delta c = 2(k+1)Q_1 + (m-k)Q_m \quad (6-23)$$

和

$$\alpha = kQ_1 + \frac{n+1}{n}(m-k+1)Q_m \quad (6-24)$$

则，对于每个仅为跨国公司提供中间产品的供应者将生产：

$$Q_1^{EX}(k) = \frac{(m+n-k+1)\alpha + (n+1)(m-k+1)(\delta c + d)}{2(n+1)(k+1)(m-k+1) - k(m-k)n}$$
(6-25)

对于每个仅为本地生产者提供中间产品的供应者将生产:
$$Q_m^{EX}(k) = \frac{n(k+2)\alpha - nk(\delta c + d)}{2(n+1)(k+1)(m-k+1) - k(m-k)n}$$
(6-26)

提供给跨国公司中间产品的总量为 $Q_f = kQ_1^{EX}(k)$。

由第一个前提条件,跨国公司和本地生产者为中间产品支付的价格分别为:
$$\tilde{\omega}_f^{EX}(k) = 2Q_1^{EX}(K) + C_I - d \text{ 和}$$
$$\tilde{\omega}_h^{EX}(k) = \frac{n+1}{n}Q_m^{EX}(K) + C_I$$
(6-27)

一个有典型的仅为跨国公司提供中间产品的供应者的均衡利润为:
$$\pi_{U_1}^{EX}(k) = [\tilde{\omega}_f^{EX}(K) - C_I + d]Q_1^{EX}(k) = 2[Q_1^{EX}(k)]^2$$
(6-28)

一个典型的仅为本地生产者提供中间产品的供应者的均衡利润为:
$$\pi_{U_m}^{EX}(k) = [\tilde{\omega}_h^{EX}(K) - C_I]Q_m^{EX}(k) = \frac{n+1}{n}2[Q_m^{EX}(k)]^2$$
(6-29)

跨国公司的利润为:
$$\pi_f^{EX}(k) = k^2[Q_1^{EX}(k)]^2$$
(6-30)

随着 k 值的增大,跨国公司的利润增大,最终每个本地生产者的利润为:
$$\pi_{D_j}^{EX}(k) = \left[\frac{(m-k)Q_m^{EX}(k)}{n}\right]^2, j = 1,2,\cdots,n$$
(6-31)

一旦受到邀约,供应者将面临两种选择,要么仅为跨国公司供应中间产品，要么仅为本地生产者提供中间产品。供应者对于这种选择的权衡是：一方面供应者在为跨国公司提供中间产品的同时也获得了垂直技术转移；另一方面，它必须放弃为本地生产者提供产品的机会。供应者对于 EX 条件下仅为跨国公司提供产品是否有利可图取决于三个因素：一是有多少其他供应者接受跨国公司的邀约；二是垂直技术转移程度的高低；三是本地生产者对中间产品的需求数量。特别地，若已知 $k-1$ 个供应者接受跨国公司的邀约时，当且仅当：

$$\pi_{U_1}^{EX}(k) \geq \pi_{U_m}^{EX}(k-1) \tag{6-32}$$

成立时，第 k 个供应者才会接受邀约。

其余 $k-1$ 个供应者中接受邀约的数量越大，将使接受跨国公司排他性邀约的供应者的利润越少；k 值越大，拒绝跨国公司排他性邀约的供应者的利润也越大。

接受排他性邀约的供应者数量越多，它们之间的竞争越激烈，同时仅为本地生产者提供中间产品的供应者间的竞争越弱。令 $\bar{k}$ 为满足（6-32）式的最大整数，$\bar{k}$ 的值是在 0 和 m 之间唯一确定的，如果跨国公司邀约的供应者个数 k 小于（或等于）$\bar{k}$，那么由于（6-32）式成立，所有被邀请的供应者都会接受邀约。如果 $k \geq \bar{k}+1$，由对 $\bar{k}$ 的定义可知，此时（6-32）式对 k 不再成立。所以第 k 个供应者即使被邀请也会拒绝邀约，而仅为本地生产者提供中间产品。

因此，EX 下的供应者的均衡数量受跨国公司邀约的供应者的数量 k 的变化而变化。用 $S(k)$ 表示接受排他性契约的供应者均衡数量，则：

$$当 k \leq \bar{k} 时, S(k) = k; 当 k > \bar{k} 时, S(k) = \bar{k} \tag{6-33}$$

$\bar{k}$ 的大小随三个因素的增长而增加：一是垂直技术转移的程

第六章　FDI的产业供给效应与东西部地区产业参与人决策倾向匹配性分析

度 d；二是跨国公司与其本地竞争者间的技术差距 δ；三是中间产品市场上的供应者的数量总和 m。然而本地最终产品生产者总量 n 的增加导致 $\bar{k}$ 值的下降。很明显，当 d 或 δ 增大时，选择接受跨国公司的邀约更具有吸引力。当 m 增大时，在其他条件不变的情况下，供应者间的竞争会变得更加激烈。此时更多的供应者会选择接受跨国公司排他性的契约，以摆脱激烈的竞争。如果本地生产者的数量增多（n 变大），接受跨国公司契约的供应者的机会成本会变大，因此会导致 $\bar{k}$ 值的下降。

由于跨国公司的利润随 k 值的增加而增大，于是跨国公司会向 $k=\bar{k}$ 个供应者发出邀约。

因此，在 EX 条件下，跨国公司的最佳战略选择是向 $k=\bar{k}$ 个供应者发出邀约，同时获得利润 $\pi_f^{EX}(\bar{k})$。

在 EX 条件下，跨国公司的进入通过两种方式影响本地生产者。第一，就像在 NEX 下一样，由于跨国公司的进入，本地生产者所分得的市场份额有所减少。第二，为本地生产者提供中间产品的供应者的数量有所减少。$\bar{k}$ 个本地生产者的脱钩改变了中间产品市场和最终产品市场的市场结构，并且增加了剩余的 $m-\bar{k}$ 个仅向本地生产者提供中间产品生产者的压力。

相对于 A 状态，在 EX 条件下的供应者应如何选择？由于 $\bar{k}$ 无法确定，由此对于供应者的效用无法得到明确的结果。但是，Ping Lin and Kamal Saggi 证明了在上游为双垄断的特殊情况下，相对于 A 状态，为跨国公司提供排他性产品的供应者处境会更好，而仅为本地生产者提供中间产品的供应者处境会变糟。在 EX 条件下，供应者的平均利润大于 A 状态下供应者的利润。

在 EX 条件下，跨国公司的进入通过几种方式影响本地产业：一是导致下游竞争的加剧，迫使这些跨国公司的竞争者提高竞争能力；二是使部分供应商与本地生产者的"脱钩"行为降低了区域产业中间产品供应者间竞争的激烈程度，并导致受资区域产业的供给能力下降；三是使受资区域产业的附加价值水平得到了提高。

第二节 东西部地区产业发展战略与跨国公司投资战略的匹配性分析

国际直接投资对区域产业升级的推动作用是全方位的，跨国公司未将西部地区作为在华投资的重点地区，与东西部地区的产业基础、结构以及区域主体的产业发展战略有直接的关系。下面就东西部地区产业发展战略与跨国公司在华投资战略间的匹配性差距进行多角度分析。

一、研究路径

多年来，西部地区吸收在华 FDI 份额一直居于较低水平（2%~5%）。跨国公司直接投资主要集中在东部地区，对东部地区的产业升级产生了积极影响，而西部地区较低的吸收份额是西部地区产业升级缓慢的原因之一。那么，为什么西部地区在吸收外国直接投资上一直处于劣势？对该问题的解析与对策研究主要有两种路径。

传统分析路径主要从跨国公司对华投资战略及跨国公司对投资环境的要求出发解析跨国公司未将西部地区作为其投资重点的原因，并从差距中寻求西部地区加快、加大吸收 FDI 的对策。由于这种分析路径强调地区对跨国公司投资要求的"满足"与"适应"，可称之为"适应性思路（Compliant Way）"。典型的研究如澳大利亚 Monash International、亚洲开发银行、中国国家发展改革委员会（2003）开展的"西部地区利用外资研究"①以及毛蕴诗（2005）等人开展的"跨国公司对华直接投资策略研究"。②③

投资环境包括诸多方面，地区发展战略以及国家的外资政策是其中最重要的两个方面，它们分别体现了地区与国家这两个决策主体的主观意志和倾向，因此应该重视国家和地区作为理性区域决策主体所制定的发展战略对地区吸收 FDI 的影响。④ 跨国公司投资战略是跨国公司实现其全球范围内长期、整体利益最大化的最适选择。在地区发展战略以及国家外资政策中，尤以产业投资战略或产业政策最为重要。国家的外资产业政策是国家作为决策主体，从国家整体利益高度对外资产业准入与引导的最适选择。⑤ 地区产业投资战略是地区作为区域发展决策主体，在对自身资源禀赋、发展基础、主要优势与劣势充分论证基础上，结合国际、国内形势带来的机遇与挑战所作出的产业发展最适选择⑥。吸收 FDI 仅是国家或地区追求的多个目标中的一个。

由于跨国公司、国家以及地区这三类决策主体的产业投资战

---

① 澳大利亚 Monash International，亚洲开发银行，中国国家发展改革委员会. 西部地区利用外资研究（R），2003.

② 毛蕴诗. 跨国公司对华直接投资策略 [M]. 北京：中国财政经济出版社，2005. 60 – 67.

③ 毛蕴诗，袁静. 跨国公司对华直接投资策略：趋势与特点 [J]. 管理世界，2005（9）：48 – 58.

④ John H. Dunning. Multinational Enterprises and the Global Economy [M]. Addison – Wesley Publishing Co.，1993：66 – 90.

⑤ 殷华方，潘镇，鲁明泓. 中国外商直接投资产业政策测量和有效性研究：1979 ~ 2003 [J]. 管理世界，2006（7）：34 – 45.

⑥ 林德金. 实用省市地县现代规划理论、政策、方法、模型、案例 [M]. 北京：光明日报出版社，1988. 3 – 8.

略的决定因素和追求的战略目标不同,因此制定出的产业投资战略或产业政策就很难具有完全一致性。三类产业投资战略一致性或匹配度(matching extent)高的地区或行业会比匹配度低的地区或行业更能吸收到 FDI。这是由于:第一,在三者一致性高的地区,跨国公司更容易获得来自国家和地区的产业政策支持或鼓励,这将有效降低其进入成本和投资的政策风险;① 第二,由于地区产业投资战略鼓励发展的产业通常是地区产业发展基础、资源禀赋和投资环境相对优越,又能顺应产业升级演进的产业,在这些地区的相应产业进行投资有利于跨国公司全方位降低其经营成本;第三,也是最重要的,地区产业投资战略和国家外资产业政策表明了国家和地区对重点发展产业的扶持态度和决心,投资于这些地区的相应产业将使跨国公司持续获得来自地区和国家产业投资战略实施带来的正向外部效应(plus effect)。反之,即使是跨国公司热衷投资的地区或产业,由于过度偏离东道国的外资产业政策和所投资地区的产业发展战略,跨国公司也很难进入到这些地区的相关产业,即便进入了也很难有好的发展,这正是邓宁(John H. Dunning)跨国公司投资折中理论中所指的"区位优势"(L - specific advantages)的最重要组成部分。② 因此在外国直接投资活动中,东道国政府、吸收 FDI 的地区以及跨国公司的产业投资战略匹配度高的地区或产业会比匹配度低的地区或产业更能吸收到 FDI,产业投资战略间的一致性或匹配性程度(Industrial strategic matching extent)决定了地区吸收 FDI 的规模与结构,见图 6 - 1 所示。

---

① John H. Dunning. Multinational Enterprises and the Global Economy [M]. Addison - Wesley Publishing Co., 1993. 545 - 573.

② John H. Dunning, Multinational Enterprises and the Global Economy [M]. Addison - Wesley Publishing Co., 1993. xiii - xvi.

第六章 FDI 的产业供给效应与东西部地区产业参与人决策倾向匹配性分析

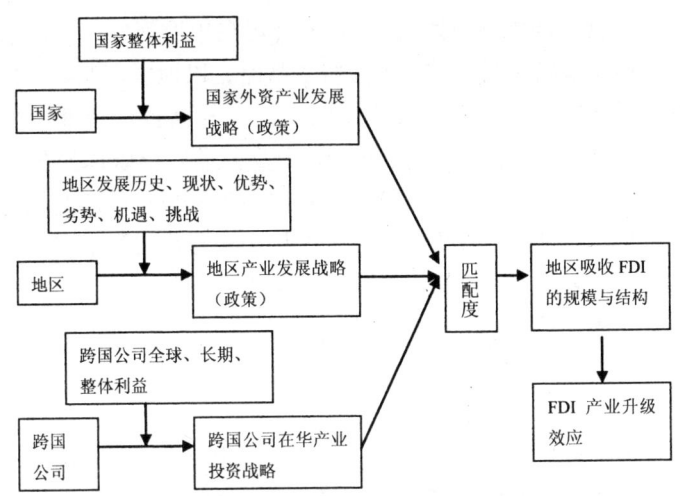

图 6-1 三类决策主体的产业投资战略（政策）的
匹配度决定地区吸收 FDI 示意图

可将这种强调地区和国家是与跨国公司同样重要的理性决策主体，并以此为基础，解析、研究地区 FDI 问题的研究思路称为"匹配性思路（Matching Way）"。

"适应性思路"强调地区要尽可能满足跨国公司对投资环境的要求以实现扩大吸收 FDI 的目的，这种做法的优点是显而易见的，可以很容易地通过对跨国公司的满足程度的差距中解析出地区之间在吸收 FDI 上存在差异的原因，也容易由此获得地区扩大吸收 FDI 规模的对策，对策的实施也可以在短期内产生积极效果，但这可能会牺牲到国家或地区的利益，导致吸收效果的不可持续性；"匹配性思路"则强调地区产业发展基础、发展环境和三类决策主体对产业发展的主观努力间的一致性在地区吸收 FDI 上的作用，能在一定程度上解析吸收 FDI 的地区差异，对地区吸收 FDI 的未来前景进行判断，不足之处是由此不易获得可操作性极强的对策。

下面以"匹配性思路",以跨国公司在华投资的产业产值比及其变动反映跨国公司在华产业投资战略,以地区产业产值比及其变动反映地区产业投资战略,以中国《外商投资产业指导目录》和《中西部地区外商投资优势产业目录》反映国家外资产业政策,以西部地区与在华跨国公司产业投资战略的匹配性为主线,对东西部地区产业发展战略与跨国公司在华投资战略的匹配性进行多角度的实证分析,以解析为什么西部地区吸收在华 FDI 份额一直居于较低水平。

值得提出的是,跨国公司在华投资战略内容是比较广泛的,[1] 如按毛蕴诗(2005)建立的分析框架,跨国公司对华投资策略至少要包括时机选择、区位选择、产业选择、技术选择、进入方式选择五个方面,其实质是通过跨国公司的"行动前的行为"反映其战略,而作者认为完全可用产业产值比及其变动反映决策主体的产业投资战略实质是通过跨国公司的"行动后的结果"反映其战略,是对同一问题的不同反映方式,前者更符合人们"战略就是选择"的认识,但后者更有利于开展对投资战略的定量研究。

二、跨国公司在华产业投资战略特征与趋势

截至 2005 年底,全国累计批准设立外商投资企业 55 万家,运营的注册外商投资企业约 30 万家,合同外资金额 12 856.73 亿美元,实际使用外资金额超过 6 000 亿美元。[2] 跨国公司在华

---

[1] Luo. Y. Strategic Traits of Foreign Direct Investment in China. A Country of Origin Perspective. Management International Review [J], vol. 38, Iss. 2, 1998. 109 – 132.

[2] 国家统计局. 中国统计年鉴 (2006) [M]. 北京:中国统计出版社,2006.

第六章 FDI的产业供给效应与东西部地区产业参与人决策倾向匹配性分析

产业投资战略有以下特征：

一是第一产业一直不是外商在华投资的战略产业。受行业投资收益率及中国《外商投资产业目录》① 约束，第一产业一直不是跨国公司在华产业投资重点。跨国公司在该产业的投资份额多年来在2%左右徘徊，近年在该产业的投资份额还表现出不断下降的趋势（见表6-1所示）。

二是第二产业特别是制造业是外商在华战略投资产业。多年来，外商在华第二产业上的投资一直保持着绝对优势，② 见表6-2、表6-3。

表6-1 截止到2001、2005年跨国公司在华产业投资结构

单位：个、亿美元、%

产业	2001年				2005年			
	项目数量	比重	合同外资	比重	项目数量	比重	合同外资	比重
第一产业	11 242	2.88	140.71	1.89	15 521	2.81	251.44	1.96
第二产业	285 000	73.07	4 631.60	62.14	411 728	74.46	8 830.73	68.69
第三产业	93 783	24.05	2 680.60	35.97	125 711	22.73	3 774.56	29.36
总计	390 025	100.00	7 452.91	100.00	552 960	100.00	12 856.73	100.00

资料来源：国家统计局. 中国统计年鉴（2002）(2006). 北京：中国统计出版社，2002. 2006.

---

① 商务部外国投资管理司，投资促进事务局. 中国利用外资法律法规文件汇编（2004-2005）[M]. 北京：中国商务出版社，2005. 183-192、336-337.

② 王志乐. 2002~2003跨国公司在中国投资报告[M]. 北京：中国经济出版社，2003.

从结构上看,受中国《外商投资产业目录》限制,采掘业不是在华跨国公司的投资重点,2005年该产业吸收的FDI仅3.55亿美元,占当年全部实际利用外资的比重仅0.49%。2004年规模以上外商投资和港澳台商投资企业在电力、燃气及水的生产和供应业上的工业产值也不到3%,而在制造业的工业产值达到96.47%,见表6-3。外资的这种产业投资战略与西部地区的产业投资战略存在高度不一致性。

表6-2 2005年跨国公司在华产业投资结构

单位:个、亿美元、%

产业	项目数量	比重	合同利用外资		实际利用外资	
			数额	比重	数额	比重
第一产业	1 058	2.40	38.37	2.03	7.18	0.99
第二产业	30 027	69.21	1 344.43	71.11	446.92	61.72
第三产业	12 934	29.38	507.85	26.86	269.95	37.28
总计	44 019	100.00	1 890.65	100.00	724.06	100.00

资料来源:国家统计局.中国统计年鉴(2006).北京:中国统计出版社,2006.

表6-3 2004年规模以上外商和港澳台商投资的分行业工业产值

产业	企业单位数(个)	工业产值(当年价)(亿元)	工业产值比重(%)
采矿业	214	506.76	0.77
制造业	56 412	63 667.17	96.47
电力、燃气及水的生产和供应业	539	1 821.29	2.76
合计	57 165	65 995.21	100.00

资料来源:国家统计局.中国经济普查年鉴.北京:中国统计出版社,2006.

第六章 FDI 的产业供给效应与东西部地区产业参与人决策倾向匹配性分析

在制造业内部，外商投资主要集中在通信设备、计算机及其他电子设备制造业、交通运输设备制造业、电气机械及器材制造业、化学原料及化学制品制造业和纺织业上。2004 年这五个产业的工业产值合计已占全部在华跨国公司工业产值的 52.99%，见表 6-4。

表 6-4 2004 年外商和港澳台商企业前五大产业的工业产值

产业	工业产值（当年价）（亿元）	比重（%）	累计百分比（%）
通信设备、计算机及其他电子设备制造业	18 525.55	28.07	
交通运输设备制造业	5 900.81	8.94	37.01
电气机械及器材制造业	4 349.44	6.59	43.60
化学原料及化学制品制造业	3 388.95	5.14	48.74
纺织业	2 809.35	4.26	52.99

资料来源：国家统计局编. 中国经济普查年鉴. 北京：中国统计出版社，2006.

从增长趋势看，制造业中的通信设备、计算机及其他电子设备制造业、专用设备制造业、通用设备制造业、交通运输设备制造业这四个设备制造业增速较快，2004 年合同外资金额分别达到 200.13 亿、64.03 亿、60.22 亿和 71.59 亿美元，较上年同期相比增幅分别达 33.01%、112.24%、71.84% 和 47.05%，[1] 远远高于全国外资投资增长率，反映了跨国公司在这些产业极强的投资欲望。

---

[1] 商务部. 2005 年中国外商投资报告 [R]. http://wzs.mofcom.gov.cn 2006.

表 6-5 截止到 2005 年底按行业分合同利用外资额累计

单位：个、亿美元、%

产业	合同项目		合同金额	
	数量	比重	数量	比重
总计	552 960	100.00	12 856.73	100.00
农、林、牧、渔业	15 521	2.81	251.44	1.96
采矿业	1 055	0.19	3.53	0.30
制造业	398 266	72.03	8 374.91	65.14
电力、燃气及水的生产和供应业	1 499	0.27	131.45	1.02
建筑业	10 908	1.97	285.84	2.22
交通运输、仓储和邮政业	6 607	1.19	314.10	2.44
信息传输、计算机服务和软件业	3 115	0.56	65.33	0.51
批发和零售业	27 867	5.04	356.86	2.78
住宿和餐饮业	2 381	0.43	49.06	0.38
金融业	149	0.02	19.92	0.15
房地产业	44 828	8.11	2 137.85	16.63
租赁和商务服务业	21 080	3.81	454.93	3.54
其他服务业	19 684	3.54	376.51	2.94

1. 数据来源：国家统计局．中国统计年鉴．北京：中国统计出版社，2006.
2. 这里其他服务业包括科学研究、技术服务和地质勘察业、水利、环境和公共设施管理业、居民服务和其他服务业、教育、卫生、社会保障和社会福利业、公共管理和社会组织、文化、体育和娱乐业。

三是房地产业是服务贸易业中的投资重点，金融服务业增长强劲。跨国公司在服务贸易业的投资最集中的是房地产业。截止到 2005 年底，跨国公司累计在房地产业的合同利用外资为 2 137.85 亿美元，占全部外商在华投资累计的 16.63%；2004 年实际吸收外资金额 59.50 亿美元占全部服务贸易领域实际投资的 48.66%，接近 5 成。① 在服务贸易业中，外商投资增幅最快的是金融业。由于中国履行加入 WTO 承诺不断扩大对外资的开

---

① 王洛林．2003～2004 中国外商投资报告 [M]．北京：中国社会科学出版社，2005.

放，外商在金融业的实际投资额从2004年的2.52亿美元（不包括保险、证券领域吸收的外商直接投资），突增到2005年的19.92亿美元，见表6-5所示。

四是跨国公司产业投资战略出现投资级次不断高级化趋势。跨国公司在华投资历经投资初始阶段（1980~1990年）、投资快速增长阶段（1991~1997年）和投资水平提升阶段（1997年至今）。中国经济持续高速增长、对外开放度不断提高、外资投资环境不断改善以及中国履行加入WTO承诺放宽对外资的准入，跨国公司对华投资的规模和级次不断提升。跨国公司在华产业投资战略相应地也从"投石问路"到"大举进军"，从劳动密集型产业上的小项目、小资金投入到资金、技术密集型产业上的大项目、大资金投入转变，产业投资战略重点从传统第三产业到一般加工业再到高科技产业和现代第三产业转变，相应的股权安排由合资、合作企业为主向独资企业为主转变。不仅如此，跨国公司对其主导产业的上、下游和生产、流通、售后服务各环节也开始进行系统化投资。

三、西部地区产业投资战略重点分析

由于跨国公司在华投资以工业为重点，因此下面以2004年规模以上工业企业产值（当年价）数据为基础，结合西部各省、市、自治区制定的《国民经济与社会发展"十一五"规划（纲要）》，从产业投资战略匹配性角度，对西部地区工业产业发展重点进行分析。

用"重点产业及排序"、"产业集中度"和"资源型产业集中度"三方面刻画西部地区目前工业产业发展重点的基本特征。

设 m 为产业分类 I 体系的全部产业数；k 为重点产业划分系数，它是产业产值比的一个累计数，d 为产值比从大到小累计到 k 的产业数，这 d 个产业就是 k 时的地区重点产业。则地区的产

业集中度 ω 可定义为：

$$\omega = 1 - \frac{d}{m}$$

由于 ω 是在产值比基础上进行排序再统计产业数继而计算的结果，因此 ω 已包含了产业规模的信息。

显然，$0 \leq \omega \leq \frac{m-1}{m}$。特别地，当 $\omega = 0$ 时，表示该地区的产值分散于全部的 m 个部门；当 $\omega = \frac{m-1}{m}$ 时，表示该地区的全部产值高度集中于某一个部门。

设 e 为这 d 个产业中性质上对区域资源依赖性较强的产业数，那么资源型产业集中度 σ 定义为：$\sigma = e/d$

所考察的38个工业部门及对应代码分别是：煤炭开采和洗选业C1、石油和天然气开采业C2、黑色金属矿采选业C3、有色金属矿采选业C4、非金属矿采选业C5、其他采矿业C6、农副食品加工业C7、食品制造业C8、饮料制造业C9、烟草制品业C10、纺织业C11、纺织服装、鞋、帽制造业C12、皮革、毛皮、羽毛（绒）及其制品业C13、木材加工及木、竹、藤、棕、草制品业C14、家具制造业C15、造纸及纸制品业C16、印刷业和记录媒介的复制C17、文教体育用品制造业C18、石油加工、炼焦及核燃料加工业C19、化学原料及化学制品制造业C20、医药制造业C21、化学纤维制造业C22、橡胶制品业C23、塑料制品业C24、非金属矿物制品业C25、黑色金属冶炼及压延加工业C26、有色金属冶炼及压延加工业C27、金属制品业C28、通用设备制造业C29、专用设备制造业C30、交通运输设备制造业C31、电气机械及器材制造业C32、通信设备、计算机及其他电子设备制造业C33、仪器仪表及文化、办公用机械制造业C34、工艺品及其他制造业C35、电力、热力的生产供应业C36、燃气生产和供应业 C37、水的生产供应业 C38。

表 6-6　2004 年西部地区工业产业发展重点排序及产业集中度指数

单位:%

地区	重点产业及排序	产业集中度 ω	资源型产业集中度 σ
内蒙古	C26 C36 C1 C8 C7 C27 C11 C20 C25 C30	73.68	80.00
广西	C31 C7 C36 C26 C27 C20 C25 C30 C21 C10	73.68	60.00
重庆	C31 C36 C20 C26 C25 C27 C29 C32 C7 C30 C21	71.05	45.45
四川	C26 C36 C20 C7 C31 C25 C33 C9 C29 C32 C27 C2 C21 C30 C11	60.53	53.33
贵州	C36 C26 C27 C20 C10 C1 C21 C31 C9 C25	73.68	70.00
云南	C10 C27 C36 C26 C20 C7 C25 C31	78.95	75.00
西藏	C25 C21 C36 C9 C3	86.84	80.00
陕西	C2 C36 C31 C19 C33 C1 C29 C21 C26 C32 C20 C30 C7 C27	63.15	50.00
甘肃	C19 C27 C36 C26 C20 C2 C25 C7	78.95	87.50
青海	C2 C36 C27 C26 C20 C25	84.21	83.33
宁夏	C36 C27 C20 C1 C26 C19 C25 C11 C29 C16	73.68	70.00
新疆	C2 C19 C26 C36 C7 C11 C20	81.58	85.71
广东	C33 C32 C36 C20 C31 C28 C24 C11 C25 C12 C19 C34 C7 C13 C16	60.53	33.33
西部地区	C36 C26 C31 C20 C27 C2 C19 C7 C10 C25 C1 C29 C33 C21	63.15	64.28
跨国公司	C33 C31 C32 C20 C11 C7 C29 C26 C12 C28 C24 C36 C34 C13	63.15	28.57
西部平均	——	74.99	70.03

注:1. $k=0.80$;2. 资料来源:同表 6-3。

依产业对区域自然资源的依赖程度，视全部采掘业的6个部门、制造业中的C7、C8、C9、C10、C11、C14、C19、C25、C26、C27这10个部门以及电力、燃气及水的生产和供应业的全部3个部门，共19个（占一半）的产业为区域资源型工业产业。

由表6-6，西部地区工业发展重点体现出"两高一低"特征，与跨国公司在华产业投资战略有较大偏离：

一是较高的工业产业集中度。2004年西部地区12个省、市、自治区的工业产业集中度平均值达75%，而同期广东省仅60.53%。

二是较高的资源型产业集中度。2004年西部地区工业资源型产业集中度高达64.28%，12个省、市、自治区简单平均达到70.03%，而同期跨国公司仅28.57%，广东省该指标也仅33.33%。在$k=80\%$时，进入西部地区工业重点产业的14个部门中，电力生产、石油和天然气生产业、石油加工、炼焦及核燃料加工业、煤炭开采业、金属冶炼、烟草制品生产、农副食品加工业、非金属矿物制品业等是以西部地区特有的资源优势为基础发展起来的产业。

非资源型产业是跨国公司在华投资的产业重点，因此西部地区与在华跨国公司投资战略重点正好相悖。

三是与在华跨国公司的战略产业的重合度较低。2004年西部地区与在华跨国公司工业投资重点产业的简单重合度仅有50%，而同期广东省达到80%。不仅如此，在相重合的7个产业中，排位上的错位现象也很严重。如通信设备、计算机及其他电子设备制造业C33是在华跨国公司投资的第一重点产业，其2004年规模以上工业产值占跨国公司当年全部工业产值的比重高达28.07%，但在西部地区仅排在第13位，其2004年规模以上工业产值仅占西部地区当年工业产值的2.54%。西部地区重点工业产业与吸收FDI先进地区如广东省重点工业产业的简单重合度也仅35.71%。

西部地区较高的工业产业集中度、较高的资源型产业集中度、较低的与跨国公司产业投资战略重点的重合度,加之国家对资源型产业的外资准入限制,形成较低的西部地区与跨国公司在华产业投资战略匹配度,继而导致西部地区在吸收FDI份额上的劣势。

四、西部地区未来产业投资战略重点分析

西部地区各省、市、自治区《国民经济与社会发展"十一五"规划(纲要)》(见表6-7)集中体现了这些地区在未来一段时期内的产业投资战略。它们的显著共同点以及对西部地区与跨国公司产业投资战略匹配度的影响表现为:

一是依托自身特有的资源优势和产业基础,延续目前的工业产业重点,做强做大产值居前的资源型产业,这无疑是西部省份的最适选择,但却扩大了西部地区与跨国公司产业投资战略间的背离。

二是强调利用信息技术、高新技术改造和提升传统重点产业,这顺应了跨国公司在华产业投资呈现出的技术含量、产业级次不断提高的趋势。

三是结合创建创新型国家战略,将信息技术、生物技术、新能源、新材料等高新技术产业列入未来较长一段时期的产业培育重点,这有助于提高与跨国公司在华产业投资重点的重合度。

四是四川、广西、重庆、内蒙古和陕西等省的产业发展重点突出了要建设装备制造业基地,这种产业投资战略与跨国公司在华产业投资战略相吻合。总体上,西部各省制定的未来工业产业投资战略,一方面体现了在资源型产业上与跨国公司在华产业投资战略相背离,另一方面在培育新产业和提升传统产业技术含量上的举措则有利于提高与跨国公司产业投资战略间的匹配度。

表6-7 西部各省"十一五"工业产业投资战略重点

地区	产业发展重点
广西	1. 强化资源型工业：包括铝、林浆纸、制糖、钢铁、化工、锰业、有色金属、食品、建材、医药、茧丝绸、烟草、生物化工业；2. 壮大现代制造业：包括汽车、车用内燃机、工程与电气机械、机床、成套设备、电子信息产品、集装箱制造和修造船业；3. 发展高新技术产业：包括生物、新材料、新能源、电子信息、现代中医药业。
四川	1. 建设以发电、重型装备、工程机械、轨道设备、石油天然气成套设备等装备基地；2. 壮大电力、天然气、煤及新能源清洁能源基地；3. 发展粮、油、猪、烟、酒等特色农产品加工业；4. 发展电子信息、生物产业、新材料、航空航天等高技术产业；5. 用先进适用技术改造提升冶金、化工、建材、丝绸、纺织、皮革等传统产业。
陕西	1. 做大装备制造业；2. 做大信息、软件、生物医药、新材料、卫星应用等高技术产业；3. 做大能源化工产业；4. 改造提升传统产业；5. 支持军工发展民品；
甘肃	1. 做大做强石油化工、冶金有色、装备制造、农产品加工和制药五大产业；2. 重点发展石油钻采及炼化设备、新型采矿设备、数控机床、电工电器、风力发电设备、真空设备、军工及电子信息等制造业；3. 培育壮大农产品加工、制药等新兴产业。
青海	1. 做大做强水电、石油天然气、盐湖化工、有色金属四大支柱产业；2. 做大冶金、医药、畜产品加工、建材四大优势产业；3. 积极发展煤业、碱业和载电工业。
内蒙	1. 以煤炭、电力、天然气和可再生能源为重点的能源工业；2. 以煤化工、天然气化工和盐碱化工为重点的化学工业；3. 以乳、肉、绒、粮油加工为重点的农畜产品加工业；4. 以运输机械和特种工程机械为重点的装备制造业；5. 以电子信息产品制造、稀土深加工和生物制药业为重点的高技术产业。

续表

地区	产业发展重点
云南	建设全国最大的烟草及配套产业基地、磷化工及磷复肥基地,国家重要的能源基地、有色金属工业基地、云药基地、煤化工基地、农特产品加工基地、林浆纸工业基地。
西藏	1. 做大石油石化工业;2. 壮大煤炭、煤化工和电力工业;3. 加快优势矿产资源勘察开发;4. 扶持和壮大特色农副产品精深加工业。
贵州	1. 做强做大大型煤矿等能源支柱产业;2. 把煤及煤化工、铝及铝加工、磷及磷化工培育成为新兴支柱产业;3. 壮大烟酒支柱产业,促进轻工业加快发展;4. 发展以航天航空、电子信息和先进制造业为代表的高技术产业。
重庆	1. 提升壮大汽车摩托车产业;2. 构建装备制造业基地;3. 构建资源加工业基地;4. 发展信息、生物、新材料、新能源等高技术产业。
宁夏	1. 做强煤炭、石油、电力等能源工业;2. 发展高新技术产业。

资料来源:西部各省、市、自治区《国民经济与社会发展"十一五"规划(纲要)》。

五、西部地区与在华跨国公司产业投资战略匹配度的测算与分析

1. 产业投资战略匹配度指数(Industrial strategic matching extent)

跨国公司与地区产业投资战略匹配度主要取决于四个因素:一是产业结构,包括在华跨国公司的产业结构和地区产业结构;二是投资的绝对水平,包括在华跨国公司和地区的产业投资绝对水平;三是产业投资重点划分系数,也就是产业重点的一个范围或标准;四是提供的跨国公司与地区产业投资战略完全匹配的相对标准。

设使用的产业分类目录为 I 体系,该体系将产业分为 m 个子

产业；某年跨国公司在 j 产业的投资或产值为 x_j（$j=1, 2, \cdots, m$），将序列 $\{x_j\}$ 从大到小顺序排序，形成有序向量 $X = (x_{j01}, x_{j02}, \cdots, x_{j0m})$；重点产业划分系数为 K（$0 < K \leq 1$），以产业投资重点体现地区或跨国公司的产业投资战略，K 就是投资或产值比重从大到小的累计比重；最后落入跨国公司产业投资重点的产业是第 n 个产业（$n \leq m$）；该年第 i 地区在 j 产业的投资或产值为 y_{ij}；Z 为该年与跨国公司在华产业投资战略完全匹配的地区。这样第 i 地区与跨国公司产业投资战略匹配度 η_i 可定义为：

$$\eta_i = \frac{\sum_{t=1}^{n} y_{ij0t} / \sum_{j=1}^{m} y_{ij}}{\sum_{t=1}^{n} x_{j0t} / \sum_{j=1}^{m} x_j} / (\sum_{t=1}^{n} z_{j0t} / \sum_{j=1}^{m} z_j)$$

显然 η_i 值越大，表明第 i 地区与跨国公司产业投资战略匹配度越大，反之则越小，特别当 $\eta_i = 1$ 时，表示第 i 地区同 Z 地区一样与跨国公司产业投资战略完全匹配；$\eta_i = 0$，则表示完全不匹配。

2. 西部地区与在华跨国公司产业投资战略匹配度测算

以 2004 年规模以上外商投资和港澳台商投资企业与西部地区工业企业产值（当年价）数据为基础，选择上海、广东、江苏三个省（市）的产值加权结果为完全匹配"地区"，$m = 38$，取 $K = 87\%$（这时 $n = 19$，正好位于所有 38 个产业的中间点）。获得西部地区与在华跨国公司产业投资战略匹配度指数，见表 6-8。

在视广东、上海、江苏三省（市）的产值加权平均为与在华跨国公司产业投资战略完全匹配即匹配度为 100% 时，西部地区仅有 7.6% 匹配，如果以广东省为完全匹配地区，则西部地区与跨国公司产业投资战略间仅有 7% 匹配。

第六章 FDI 的产业供给效应与东西部地区产业参与人决策倾向匹配性分析

表6-8　西部地区与跨国公司在华产业投资战略匹配度指数（2004年）

地区	工业产值（亿元）	匹配度 η（%）	地区	工业产值（亿元）	匹配度 η（%）
内蒙古	2 100.45	6.60	西藏	22.70	0.06
广西	2 140.76	7.05	陕西	2 734.84	6.53
重庆	2 024.77	7.91	甘肃	1 582.46	3.14
四川	4 716.11	15.68	青海	374.13	0.84
贵州	1 394.61	3.87	宁夏	553.66	1.56
云南	2 083.88	4.49	新疆	1 571.52	2.57
广东上海江苏加权	25 280.91	100.00	在华跨国公司	65 995.21	
全国	201 513.61	—	西部地区	21 299.89	7.60

注：1. 资料来源：同表6-3；2. 产值指规模以上工业企业当年价产值；3. 分行业工业产值数据（略）。

西部12个省、市、自治区与在华跨国公司产业投资战略匹配度从大到小分别为：四川（15.68%）、重庆（7.91%）、广西（7.05%）、内蒙古（6.60%）、陕西（6.53%）、云南（4.49%）、贵州（3.87%）、甘肃（3.14%）、新疆（2.57%）、宁夏（1.56%）、青海（0.84%）、西藏（0.06%）。其中西藏表现出几乎完全不匹配，而四川省的匹配度最高，这得益于其较高的工业产值规模（在西部地区处第一位）、相对较低的工业产业集中度（在西部地区为最低）和相对较低的资源型产业集中度（在西部地区为最低）。

不难看出，2004年西部地区作为整体以及12个分地区与在华跨国公司产业投资战略匹配度同2004年这些地区吸收的FDI在全国的比重间具有高度一致性，这不仅验证了地区与跨国公司产业投资战略匹配度在决定地区吸收FDI上的重要作用，也反映了上述所建立的匹配度指数的合理性。

六、西部地区产业发展重点与国家外资产业政策的匹配性分析

东道国政府从国家整体利益高度出发,通过制定外资产业政策包括项目资格审查、鼓励或者限制、赋予跨国公司不同运行条件等措施以影响外商投资企业的所有权优势(O-specific advantages),[①] 引导外商投资企业的产业流向。[②] 中国《外商投资产业指导目录》、《中西部地区外商投资优势产业目录》集中体现了中国对西部地区吸收 FDI 的外资产业政策倾向。

1. 从《外商投资产业指导目录》看

对照《外商投资产业指导目录》(2004 年修订),西部地区工业重点产业与国家外资产业政策的不匹配性表现为:

一是国家对多数西部重点工业产业的主要产品或关键产品或最终产品的经营仍然实施限制或禁止外资准入的政策。

如电力、热力的生产和供应业是西部地区的第一重点产业,而国家在该产业的外资政策是禁止外资对电网的建设、经营;限制外资对卷烟、过滤嘴棒的生产;限制外资对名、优黄酒、白酒的生产;限制外资对炼油厂的建设、经营等。

二是属于西部重点工业产业又属于对外资鼓励类或非限制类的产业国家仍普遍实施股权限制和进入方式限制政策。

如国家对石油和天然气开采业中的鼓励领域仅限于合作方式;对黑色和有色金属冶炼及压延加工业实施不同程度的股权限制;对交通运输设备制造业中的整车、整机类交通设备的生产实行股权限制等。

---

① John H. Dunning. Multinational Enterprises and the Global Economy [M]. Addison-Wesley Publishing Co., 1993. xiii-xvi.

② 殷华方,潘镇,鲁明泓. 中国外商直接投资产业政策测量和有效性研究:1979~2003 [J]. 管理世界,2006 (7):34-45.

第六章 FDI 的产业供给效应与东西部地区产业参与人决策倾向匹配性分析

跨国公司在华投资的进入方式战略呈现独资化趋势,因此国家在这些产业实施的股权限制政策和进入方式限制降低了跨国公司对西部地区这些产业的投资热情。

三是国家鼓励多于限制同时是跨国公司在华投资重点的产业正好是西部地区缺乏投资吸引力的产业。

如制造业中的通信设备、计算机及其他电子设备制造业、专用设备制造业、通用设备制造业、交通运输设备制造业这四个设备制造业是近年跨国公司投资增幅最快的产业,国家对这些产业的外资政策总体上较为宽松,但受投资环境约束,西部地区在这些产业上吸收 FDI 的能力不足;① 另外,跨国公司已将这些产业的投资主要布局于东部地区,并已建立起相对完备的产业集群体系,因此短期内很难使跨国公司大规模移师西部地区。

2. 从《中西部地区外商投资优势产业目录》看

对照《中西部地区外商投资优势产业目录》(2004 年修订),见表 6-9,西部地区工业重点产业与国家外资产业政策的不匹配性表现为:

一是该目录鼓励的主要是以特色矿产资源、生物资源等为基础的项目,但资源型产业尚不是目前跨国公司在华产业投资的战略重点。

二是该目录鼓励的项目多数尚不属于鼓励省份目前的重点产业。

三是该目录采用对单一产品生产的鼓励形式,很难在整个产业上形成吸收 FDI 的规模效应。

四是该目录鼓励的项目或产品与跨国公司在华产业投资战略的匹配度较低。

---

① 杨先明. 经济发展阶段与国际直接投资模式选择 [M]. 北京:商务印书馆,2000.

表6-9 中西部地区外商投资优势产业目录
(2004年修订) 鼓励的产业

地区	部分鼓励项目
重庆	1. 城市供气、供热、供排水管网建设、经营（大中城市中方控股）；2. 汽车零部件制造；3. 新型医疗器械产品；4. 天然气下游化工产品；5. 丝绸、苎麻、动植物药材资源制品生产。
四川	1. 同上；2. 稀土产品生产；3. 天然气下游化工产品生产和开发；4. 电工薄膜生产；5. 丝绸、苎麻、动植物药材资源制品生产。
贵州	1. 同上；2. 煤炭生产；3. 特色食用资源及苎麻产品深加工；4. 磨料磨具产品生产；5. 钛冶炼、钡盐生产（中方控股）；6. 磷化工产品生产。
云南	1. 同上；2. 煤炭生产；3. 特色食用资源开发；4. 天然橡胶、亚麻的加工；5. 铜、铅、锌、镍的勘探及开发；6. 磷化工产品；7. 轻型车用柴油发动机及零部件制造。
西藏	1. 同上；2. 硼砂、硼镁石开采加工（限于合资、合作）；3. 铬矿的开采与加工（中方控股）；4. 毛纺产品；5. 盐湖资源开发；6. 藏药、民族工艺品生产。
陕西	1. 同上；2. 煤炭生产；3. 优质酿酒葡萄基地与生产；4. 钼、钛矿产开发；5. 金属功能材料；6. 天然气下游化工产品；7. 现场总线智能仪表制造；8. 数控机床、数控刀具及关键零部件设计与制造；9. 高炉煤气能量回收透平装置设计制造。
甘肃	1. 同上；2. 优质酿酒葡萄、啤酒基地与生产；3. 稀土深加工；4. 天然气化工、管道；5. 集成电路封装；6. 港口及船舶用设备；7. 钻机及油田设备制造。

续 表

地区	部分鼓励项目
青海	1. 同上；2. 碳酸锶、金属锶生产（限于合资、合作）；3. 盐湖资源开发；4. 天然气下游化工产品生产；5. 牛羊绒产品深加工；6. 中、藏药新品种生产。
宁夏	1. 同上；2. 煤炭加工；3. 碳基材料生产；4. 优质葡萄基地建设及酿制；5. 马铃薯深加工；6. 天然气下游化工产品。
新疆	1. 同上；2. 铜、铅、锌、镍的勘探及开发；3. 蛭石、钠硝石、云母的综合利用；4. 煤炭加工；5. 高档皮革产品；6. 乙烯、天然气下游化工产品；7. 维族特色药加工、民族工艺品；8. 牛羊内脏的生物制药品。
内蒙古	1. 同上；2. 饲料加工业；3. 天然气下游化工产品；4. 蒙药材加工、牛羊内脏的生物制药品；5. 稀土深加工；6. 民族工艺品；7. 煤矸石等综合利用。
广西	1. 同上；2. 铟、铅、锌的深加工及应用；3. 锰的深加工；4. 滑石和重晶石采选和深加工；5. 松香深加工。

注：该表以《中西部地区外商投资优势产业目录》（2004年修订）为基础整理而成。

如该目录所鼓励的项目很少属于2004年跨国公司在华工业产业投资战略重点的前五大产业；该目录对西部地区12个省、市、自治区的城市供气、供热、供排水管网建设、经营（大中城市中方控股）实施股权限制性的鼓励政策，但该产业在跨国公司工业投资重点中仅排第12位，产值份额仅占2.51%。

第三节 小 结

本章主要获得了以下几个结论：

一是区域产业升级本质上是就区域产业供应能力而言的，垂直技术转移、对受资区域产业供给规模和附加价值水平提升、促进竞争者提高竞争能力是跨国公司影响受资区域产业升级的几个重要渠道；跨国公司的进入改变了受资区域原有的市场结构，改变了产业参与人的均衡产量和利润水平，对受资区域产业的供给能力具有积极效应（规模扩大和附加价值水平提高），但对本地生产者的影响则与跨国公司和受资区域中间产品供应者之间的契约有关，而契约的选择则与垂直技术转移程度 d、跨国公司比较成本优势 δ、本地生产者数 n、供应者数量 m 等变量有关。

二是西部地区较高的资源型产业集中度、较低的与跨国公司在华产业重点重合度以及国家对资源型产业的外资准入限制，形成了较低的西部地区与跨国公司在华产业投资战略匹配度；以广东、上海和江苏三省（市）的产值加权为100%匹配"地区"，那么2004年西部地区与在华跨国公司在产业投资战略上仅有7.60%匹配；较低的匹配度继而导致西部地区在吸收FDI份额上处于劣势，而且短期内尚难扭转这一不利局面。

三是西部各省制定的"十一五"乃至更长时期内的工业产业投资战略，在资源型产业上表现为与跨国公司在华产业投资战略的背离不断扩大，在培育高新技术产业等新产业和提升传统产业技术含量上表现为有利于提高与在华跨国公司产业投资战略的匹配度，但要产生积极效果尚依赖于西部地区在包括人才、基础设施等投资环境的改善；四川、重庆、广西、陕西等省份制定的发展装备制造业基地的战略有利于这些地区与跨国公司、与国家外资产业政策匹配度的提高。

四是西部地区重点工业产业的主产品、关键产品或最终产品的经营目前仍受国家外资产业政策或禁止，或限制的约束，《外商投资产业指导目录》以及《中西部地区外商投资优势产业目录》鼓励的项目或者因与跨国公司在华产业投资战略相悖，或者不是西部目前的产业重点，或者在西部地区缺乏吸引力，抑制了跨国公司对西部地区在这些产业上的投资热情，这些因素使国家在西部地区对外资鼓励的效果大打折扣。

五是西部地区要实现大幅度提高吸收 FDI 的份额，须依赖于三类决策主体不断在产业投资战略上的长期相互适应过程以逐步提高产业投资战略间的匹配度。首先，跨国公司逐步将资源型产业的投资纳入其在华产业投资的战略重点；其次，西部地区不断延长其在资源型产业的产业链并逐步实现这些产业的高级化；最后，国家要逐步调整《外商投资产业指导目录》，对资源型产业实施更为开放的外资政策，逐步增加《中西部地区外商投资优势产业目录》中既符合跨国公司在华产业投资重点又符合西部产业发展重点的鼓励项目。

第七章 东西部地区产业升级机制比较

区域产业升级机制是以区域产业升级运行机理为基础，在政府制度安排和政策长期作用下，产业参与人追求目标（或利益）最大化行为所形成的维系区域产业升级的各种关系的总和。本章将以第四章（区域产业升级机理分析）为基础，对东西部地区产业升级机制进行多角度比较与实证分析。

总体而言，因同属于中国的东西部地区，除历史上国家对这两个区域实施非均衡发展战略外，实行的是相同的市场经济体制，国家对这两个地区的产业管理方式基本是相同的，理应认为这两个地区的产业升级遵循相同的机制，这也是许多理论界人士在探讨中国产业升级问题时并不严格区分中国东西部地区产业升级机制区别的主要原因。但是由于这两个地区的产业经济系统所处的基本环境，如：产业参与人结构、产业需求、产业供给能力，特别是区域市场化进程存在差异，导致这两个地区在产业升级机制上存在"量"上的差异，"量"上的差异，在长期里便逐渐形成了东西部地区产业升级机制在"质"上的差异，资源配置因而呈现不同的效果。

产业升级机制差异最终从微观上通过生产者或投资者的"决策及其行为"决定机制传导到区域产业升级，还从宏观上通过区域影响因素的相对变化对区域产业升级产生持续影响。

因此，下面围绕区域生产者或投资者的"决策及其行为"和区域因素相对变化这两条主线，从微观和宏观两个角度对东西部地区产业升级机制进行比较。包括：东西部地区产业升级市场机制比较、政策实施背景及政策效应比较、资本形成机制比较、技术创新机制比较、人力资本积累机制比较、对外开放度比较等六个方面。

第一节 东西部地区产业升级市场机制比较

投资制度安排至少包括两个方面，一是市场投资决定机制，二是政府制度和政策，二者共同决定投资者的投资决策规则。纯粹由市场投资决定机制单一构成的投资制度安排是不存在的，不过，在市场化程度很高的西方国家投资制度安排中，起主导作用的是市场投资决定机制，而政府制度与政策的作用有限。

下面从市场投资决定机制角度，考察中国东西部地区产业升级市场机制的差异。

一、东西部地区市场机制差异表现

从20世纪80年代初期起，我国逐步推行计划经济体制向市场经济体制的改革，到目前，中国的经济体制改革正全面步入市场化轨道。虽然在整体上市场投资决定机制在中国占据主导地位，但尚不是一种成熟的市场经济体制。表现为市场化进程在东西部地区之间存在明显的差异。根据国民经济研究所樊纲、王小鲁等人对25项反映市场化程度客观指标进行度量的结果，东部沿海地区的市场化程度远远超过中部和西部地区。[①] 中国各省、自治区、直辖市2000年的市场化指数（记分区间为0~10），按东中西3个地区分组平均，分别为7.16、5.47、4.71。如果按5

---

① 樊纲，王小鲁. 中国市场化指数 [M]. 北京：经济科学出版社，2001.

分为临界点，那么，市场机制对东部地区产业经济系统的影响力度已经远远超过计划机制，而计划机制对西部地区产业系统的影响力度仍然超过市场机制，或者说西部地区尚处在"双轨机制"阶段。

东西部地区市场化程度差距不仅表现在非国有经济和要素市场发育程度上，同时在政府与市场关系、产品市场发育、市场中介组织和法律制度环境等方面也都存在明显差距，见表7-1所示。

表7-1 中国分地区市场化程度比较

区域	政府与市场关系	非国有经济发展	产品市场发育程度	要素市场发育程度	市场中介组织和法律制度环境
平均	6.05	5.34	7.44	3.60	5.26
东部	7.52	7.73	8.80	5.64	6.44
中部	5.77	4.41	7.25	2.75	4.94
西部	4.78	3.63	6.21	2.19	4.31
东西差距	2.74	4.10	2.59	3.45	2.13

资料来源：根据樊纲，王小鲁. 中国市场化指数. 北京：经济科学出版社，2001. 数据整理。

由表7-1，西部地区在政府与市场关系、非国有经济发展、产品市场发育程度、要素市场发育程度、市场中介组织和法律制度环境等方面的市场化程度都远远低于东部地区。由于该项评估满分是10分，因此，对这一区间进一步细分，在区间中再插入2.50、5.00和7.50三个临界点，并认为得分低于2.50时，维系区域运行的是"准计划机制"、得分高于7.50的视为"准市场机制"，而2.50~5.00的为计划机制占优的双轨制，5.00~7.50为市场机制占优的双轨制。那么，在政府与市场关系、非国有经济发展、产品市场的发育上，维系东部地区产业经济系统的机制已经属于"准市场机制",要素市场、市场中介组织和法律制度环境方面虽然还没有进入到"准市场机制"阶段,但也已经处于市场机制占优的阶段。相反,西部地区除产品市场发育上达到市场机制占优外,其余方面尚处于计划机制占优的阶段,而在要素市场上则仍属于"准计划机制"。

从另外的角度看,中国现阶段的投资制度安排是市场型、行政型、行政市场混合型并存。私人投资的制度安排属于市场型,公共品投资制度安排属于典型的行政型,而处于体制改制过程中的相当数量的国有企业的投资制度安排,则属于行政市场混合型。而国有经济是西部经济的主体,也是西部地区产业参与人的结构特征。

由此,我们完全可以下这样的判断,总体上维系东部地区产业升级的是"准市场型机制",而维系西部地区产业升级的是"行政市场型机制"。

事实上,许多研究已经证实了区域之间市场发育水平及市场化程度的差异是东西部地区发展差异的主要原因。

首先,许多学者认为市场的发育水平差异是东西部地区发展差异的原因。周民良(1997)指出市场主体发育水平不同是造成区域差异的主要原因之一。方立(1999)认为相对于东部而言,市场机制发育迟缓是西部经济发展滞后的深层障碍,市场机制发育迟缓突出表现在:一是市场体系不健全;二是市场主体发育迟缓;三是市场环境较差;四是经营方式过于单一;五是经营方式落后。杜平(2000)指出西部市场发育滞后是西部经济发展滞后的深层原因,而现阶段西部市场面临的主要问题是市场发育不平衡,一般商品市场发达而要素市场发育滞后,城市市场发达而农村市场发育滞后。蔡纺(2002)的研究发现,由于市场发育水平特别是要素市场发育水平差异,使不同地区在产业结构调整和资源配置效率上存在明显差异。文启湘和周昌林(2003)

也认为市场发育滞后是造成西部经济落后的主要原因,市场发育滞后导致产权制度不明晰,信用制度、公平竞争制度和激励制度缺失,流通制度不适应。

其次,在市场化程度差异的方面,武国友(1998)认为我国东西部之间市场化程度存在较大差异,东部对市场信号反应灵敏,而西部则反应相对迟钝,这种状态下西部市场对人才等要素配置乏力,要素回馈呆滞;李戈(1999)的研究表明,从中国市场发育程度看,市场发育水平排在前14位的省份中沿海地区就占12个,其中广东省市场化指数为92.5%,居全国首位,而西部青海省市场化指数仅为14.8%,为最后一位;樊纲等人(2003)构建了一个五个方面共25个指标和分指标的指标体系,借助于这一指标体系对中国各个地区市场化指数进行跟踪研究,认为现阶段我国区域差异主要是由于各区域之间市场化进程的差异造成。

二、市场机制差异对东西部地区产业升级的影响

东部地区在市场化进程上明显快于西部地区,这种市场机制差异对东西部地区产业升级产生了重要的影响。

1. 东部地区"准市场型"机制强化了产业参与人"决策与行为"与产业升级的共向

在"准市场型"机制下,市场投资决定机制贯穿于投资运行的始终,投资者投资什么、投资多少和怎样投资主要受市场机制约束,而政府制度和政策仅起规范和诱导的作用。市场型机制赋予了生产者或投资者自主投资决策的权利,投资者是投资决策、收益分享和风险承担的真正主体,投资风险因而是一种落实到投资者主体上的风险。

在第四章中,论述了在市场机制下,所有产业参与人"决策及其行为"与区域产业升级具有共向的机理。

作为最重要的一类产业参与人,政府的决策虽然是多目标性

质的,但推动产业升级是其多目标中的一个,因此,政府的决策目标与产业升级在方向上是一致的。

对生产者或投资者而言,在市场机制下或"准市场机制"下,按市场信号(价格、成本、利润、工资等)从而按需求安排生产是每个生产者行为的基本出发点。生产者决策目标是利益最大化,这就要求生产者按照尽最大努力去满足市场需求的原则进行投资决策和投资组织。这样,生产者或投资者的"决策目标及其行为"与区域产业结构合理化在方向上是一致的。

生产者或者投资者"盯住"需求及其变化的另一个必然结果是促成区域产业供给结构的高级化。由于需求具有层次性及不断高级化的倾向,生产者或投资者的"盯住"策略必然使区域产业供给结构也呈现高级化特征,最终推动区域产业沿着产业演进方向不断提升产业结构高度。因此,生产者或投资者的"决策目标及其行为"总是能动地促使区域产业结构的高级化。

在区域产业竞争力提升上,作为市场机制下完全独立的决策主体,利益最大化总是促使生产者能动地不断降低成本、提高产品质量和附加价值水平,并在要素组织能力、技术创新能力、产品差异化等方面构筑比对手更突出的竞争优势,只有这样,才能实现其决策目标。因此,生产者或投资者的"决策目标及其行为"与区域产业竞争力提升之间也具有互促的关系。

因此,东部地区产业升级的"准市场机制"作为最基础的制度安排,持续维系着东部地区各类产业参与人"决策及其行为"与区域产业升级的共向,而且在东部地区"先发优势"比较明显的情况下持续推动着东部地区的产业升级。

2. 西部地区"市场行政型"机制强化了产业参与人"决策及其行为"与产业升级的异向

制度安排是通过投资决策规则对生产者或投资者决策及其行为产生影响的。投资决策规则指企业投资决策的依据、程序及其运作方式。市场机制之于企业投资决策规则包括两层含义：一是企业投资决策必须根据市场供求变动作出；二是企业投资决策规则是依据拥有企业产权或股权的主要投资者意志作出的，其程序和运作方式体现为企业的投资决策是实行投票同意制决策规则而不是贯彻行政执行制决策规则。

由于国企领导人的任命依然沿袭政府任命的机制，投资决策以及投资效果评估体系还不完全由"对市场需求的满足程度"决定，实际上，国有企业的投资决策规则是行政执行制决策规则，不仅如此，由国有企业改制而成的股份制企业（公司）的决策规则也会发生变异。这些由国有企业改制而成的股份制企业，虽然在形式上实行投票同意制决策规则，但实际贯彻的仍是一种与行政执行制决策规则相近的投资决策原则。因为这些股份制企业（公司）的董事会和监事会的大部分席位被控制在国有法人代表手中，股东大会的表决实际以他们的意志为转移。因此，西部地区国有企业的强势地位会波及整个地区的企业，使市场型投资制度安排的企业的投资决策规则发生变异。企业的投资决策规则如果脱离了市场机制的约束，那么生产者或投资者的"决策及其行为"与区域产业升级间的"天然"共向机理便难以发挥作用。

由于支撑西部地区经济的主体是国有企业，因此，相对于东部地区，西部地区具有更多的投资者"决策及其行为"与区域产业升级的"异向"成分。

第二节　东西部地区产业升级政策背景及其效应比较

在生产者投资决策及其行为的制度性决定因素中，政府制度和政策从外在机制上发挥重要的影响。政府制度和政策在区域产业升级机制上的地位和作用方式见第四章。

一、"东部大开放"与"西部大开发"政策及产业升级效应比较

改革开放之初,国家出于缩小国内地区发展差距必须服从于缩小与世界发展差距的大局需要,从效率优先的角度,实施了区域非均衡发展战略,对东部地区实施以扩大自主权、开放度以及增加对东部地区基础设施建设为内容的倾斜政策,使东部地区获得了千载难逢的发展先机。

根据该政策,国家率先在东部地区建立了4个经济特区,拉开了改革开放后政府政策向东部地区倾斜的序幕;1984年,进一步开放了14个东部沿海港口城市;1987年开放了长江三角洲、珠江三角洲、闽南三角地带、山东半岛和辽东半岛;1988年设立了最大的经济特区——海南经济特区;1990年又重点开发开放上海浦东新区。国家在这些开发开放地区实行特殊的扩大地方自主权及包括财政、税收、金融及要素资源配置的全方位优惠政策;不仅如此,国家还大量投资东部地区公路、铁路和港口等交通基础设施。大量的资金和改革开放的优惠政策集中到东部地区,带动了全国要素资源聚集东部,有力促进了东部地区社会经济的高速发展和产业的快速升级。

相对于西部地区,东部地区的产业升级水平基数本来就高,在20世纪80年代中期后因"东部大开放"政策的实施而获得了快速提升,而此期间,西部地区的产业升级指数则处于缓慢上升过程中(见第五章的定量分析)。

到20世纪末,国家出于遏制东西部地区经济发展差距不断扩大等多因素考虑,对西部地区实施政府投资和政策倾斜的西部大开发战略。围绕基础设施建设和生态环境改善两个重点,国家在国债资金、预算内资金和非专项资金的安排上,加大了对西部地区的倾斜力度。国家政策性银行、国际金融组织和外国政府优

惠贷款等尽可能用来支持西部地区的铁路、主干线公路、电力、石油、天然气等大中型项目的建设，目的旨在通过改善西部地区的投资环境、政府资金的先导作用和政府优惠政策的诱导作用，使社会资金相应跟进，推进西部大开发，也包括西部地区的产业升级。

从 1999 年到 2004 年 6 年期间，中央财政性建设资金在西部地区累计投入 9 000 亿元，财政转移支付和专项补助资金累计安排 5 000 亿元。[①] 在税收优惠政策上，国家对西部地区设立的国家鼓励类产业的内资企业和外商投资企业，执行期满后的 3 年内，减按 15% 的税率征收企业所得税的优惠政策；对在西部地区新办的交通、电力、水利、邮政、广播电视等企业，企业所得税实行 2 年免征，3 年减半征收政策；对在西部地区新办的高新技术企业，经国家有关部门认定后，企业所得税实行 2 年免征，3 年减半征收；对保护生态环境、退耕还林、还草的农特产品收入免税等。截至 2005 年底，国家累计新开工的西部开发重点工程项目 70 项，投资总规模 1 万亿元，累计投入 150 亿元支持西部地区教育特别是农村义务教育，投入 65 亿元加强西部地区农村公共卫生设施建设。应该说，实施西部大开发以来，国家资金的进入有力支持了关系西部地区长远发展的重大工程建设，使西部地区基础设施和生态环境建设取得实质性进展，推动了西部地区科技、教育、卫生等社会事业的发展。

中央对西部地区的政策支持力度是西部发展史上前所未有的，中央在资金投入上也不亚于"东部大开放"时期的规模。但从产业升级效应角度看，西部大开发之后，西部地区产业升级水平指数只是改变了原来与东部地区产业升级水平指数差距拉大

---

① 江世银. 西部大开发新选择 [M]. 北京：中国人民大学出版社，2007，P.42.

的趋势，这两个地区的产业升级水平差距仍然明显。

二、"西部大开发"与"东部大开放"产业升级政策实施背景差异

为什么国家在西部地区实施非均衡发展政策并没有取得像当时国家实施"东部大开放"时期显著的产业升级效应？同是中国最有影响的两项区域发展战略，政策鼓励对这两个地区的产业升级效应差距形成的原因是什么？这两项发展战略的实施相隔接近20年，正是在这20年里，中国的市场化变革和对外开放取得了重大进展，东西部地区产业升级机制的政策实施背景发生了根本性转变，从而使"东部大开放"政策和"西部大开发"政策的产业升级政策驱动效应出现明显的差异。两大政策实施的背景差异至少表现在以下三个方面：

一是"短缺经济"与"过剩经济"市场环境的差异。

在历时20年中国经济高速增长之后，以"短缺"为特征的"东部大开放"政策实施时期的市场环境发生了根本性变化。改革开放初期，国家鼓励政策在产品供不应求的卖方市场背景下，不仅使外部资源要素在高市场回报率驱动下源源"东流"，而且使国家投资方向转向效率目标而与市场要素的流向趋同。在改革初期的1980年，西部地区的固定资产投资只相当于东部的40%。[①] 但在20世纪80年代，东部地区新批外资项目和实际利用外资额分别占全国80%~90%，全社会固定资产投资55%~60%集中于东部地区，见表7-2所示。国内外资源要素的高度集聚与东部地区原有禀赋优势结合所产生的"极化效应"，使其成为全球经济发展最富活力的热点地区，东部地区的产业获得了

---

① 张克让. 我国东西部地区发展差异比较研究 [J]. 科技导报, 2000 (8).

较快的升级。

表7-2 东中西部地区固定资产投资额比较

单位：亿元，%

比较项目	1980	1985	1990	1995	2000	2002
固定资产投资	911	2 543	4 517	20 019	32 918	43 500
东部	100	100	100	100	100	100
中部相对于东部比例	61	55	45	34	38	38.6
西部相对于东部比例	48	36	34	26	33	35.2

资料来源：根据相应年份的中国统计年鉴整理。

20年后的"西部大开发"政策实施时期，中国的市场供求关系发生了深刻变化，有效需求不足成为制约中国经济增长的重要原因。国内市场商品供过于求，粮食等战略性商品充裕，社会生产能力普遍过剩，这就是"西部大开发"政策实施所面临的以"过剩"为特征的市场环境。这一市场背景使西部地区经济发展及产业升级面临更激烈的市场竞争。

二是"资源经济"与"知识经济"的技术环境差异。

工业经济在生产方式和生产内容上主要以物质资源要素的持续投入为特征，以提供丰富廉价的物质产品为宗旨，来满足社会的需要。因此，物质资源要素投入在经济增长与发展中的权数始终居于核心地位。当东部地区开始腾飞之时，物质资源并非它的地区优势，但"东部大开放"政策实施时期，中国尚实行计划体制或者后期逐步向市场体制过渡，计划体制下国家拥有大规模调配资源的能力，加之有"短缺"市场的有效需求以及国家实施"东部大开放"战略实质是东中西部产业布局呈现典型的"资源—加工"垂直分布，使西部的能源、矿藏、农业等基础资源"东流"，成为东部经济高速增长、产业快速升级的强大支撑。

而在"西部大开发"政策实施时期,经济全球化及知识经济趋向明显。知识经济以知识和智能技术的生产、传播和应用为特征,技术创新及其在生产中的集约应用日益成为经济增长与产业升级的决定性因素。当年东部地区工业经济的技术环境能够允许物质资源的高投入并带动产业的快速升级,而"西部大开发"中试图以自身的地缘优势,继续实施资源战略来求得经济的快速发展和产业升级,没有相应的技术支撑,很难取得明显效果。

三是"规范经济"与"欠规范经济"的制度环境差异。

"东部大开放"时期,东部经济是在计划经济或"双轨经济"体制框架的"欠规范"制度环境中实现腾飞的;而"西部大开发"时期,中国整体上已经初步建立起市场体制,西部地区产业发展总体上须在"规范的"市场体制框架内运行,这就出现了两大政策实施的"规范"与"欠规范"制度环境的差异。"东部大开放"时期,国家作为投资主体,掌握着资源的分配权,在政策"东倾"的行政干预下,使各种生产要素源源不断地流入东部地区。而在"西部大开发"时期,在市场经济体制条件下,国家已不具备计划体制下大规模直接调配资源的能力。中央政府的直接投资不论从初衷和可行的角度,都只能是西部产业开发的先导,其目的主要是为了改善西部地区的宏观投资环境。

"东部大开放"时期,中国"摸着石头过河"和体制转型中政策上的漏洞和法规的不健全,为东部地区发展提供了许多"有利可图"、"有机可乘"的时机和条件,如:加工性产品与基础性产品比价扭曲及其价格放开的时间差,造成东西部地区交换关系的不平等,西部的资源实际在赔本支持东部;可持续发展法规不健全也使东部地区走过"先发展,后治理"的路子。而在"西部大开发"时期,市场经济体制虽不能说已完全建立,但基本框架已经成形,各种规范相继确立。任何发展都要遵循客观市场经济规律,试图通过非市场因素在政策法规空隙中求得生存和发展的时代已经一去不复返。

此外,中国的改革开放既是时间概念,又是空间概念,是有梯度地自东向西渐进式推进的。一些"东部大开放"时期的改革开放政策,虽然逐渐被移植到"西部大开发"政策中,但东部"沿海开放"的优势和条件是西部"沿边开放"所无法引进或移植的,而营造西部地区对外开放的良好环境又不能一蹴而就。因此政策对西部地区经济发展和产业升级的驱动效应受到了多方面的抑制。

目前,在东部地区已经形成了发展的良好基础和条件,即使是没有明显向东部地区倾斜的普适性政策,也能在东部地区产生积极的政策实施效应。如鼓励民营经济发展政策,由于东部地区民营经济比重较大,所以该政策对东部地区民营经济发展的推动远远大于西部地区。再有,国家吸引和利用外资政策在东部地区也有着比西部地区更明显的政策效应。

第三节　东西部地区产业升级资本形成机制差异比较

区域产业升级从根本上取决于消费需求结构的转变,但是,推动产业升级的直接因素却是劳动力、资本和技术进步等生产要素在不同产业部门之间的配置与调整,其中由投资决定的新增固定资产和存量资本的配置是最重要的因素,其他生产要素是随着资本要素的流动而流动的。从这个意义上讲,区域资本形成能力是影响区域产业升级质与量的最直接因素。

资本形成理论的早期开拓者纳克斯(Nurkse)将资本形成定义为:社会不把它的全部现行生产活动,用之于满足当前消费的需要,而是把其中一部分用之于生产资本品——工具和仪器、机器和交通设施、工厂和设备——各种可用来大幅增加生产效能的真实资本（Real Capital）的过程。他认为资本形成过程的实质，是将社会现有的部分资源抽调出来增加资本品存量，以便使将来可供消费的资本品扩张成为可能。按照罗斯托的经济"起飞"理论，如果一个国家或地区缺乏资本，储蓄率太低，经济发展就难以"起飞"，罗斯托把区域内的资本积累率（即储蓄率）达到10%作为经济"起飞"的第一个条件。刘易斯（Lewis）更直接地把一国由原来储蓄或投资占国民收入的4%或5%不到转变为一个自愿储蓄增加到国民收入12%到15%的经济发展过程，称之为"经济增长的中心问题"。

从宏观角度看，区域产业升级机制差异表现为区域对各种要素资源积聚与运行机制的差异。区域存量资本在产业间的结构关系决定了区域产业结构的合理化程度，区域产业存量资本的重组调整和增量资本的流向是区域产业结构优化的基本手段，因而决定了区域产业结构的高度，而区域产业资本的投资收益率水平是区域产业竞争力的直接体现。因此，区域产业升级实质是区域存量资本和增量资本运动的结果，其中增量资本的规模和流向在区域产业升级中扮演着最为积极的角色。

一、东西部地区资本形成差异表现

从外在表现看，资本形成来源于自身积累、财政注资、金融市场融资和外资。但此时形成的只能称之为资金，而非现实资本，只有当其转化成投资时，资本才真正形成。因此，有效率的资本形成机制不单单指资金来源的规模与来源的广泛度，还要具备将资金迅速转化成现实资本的能力。

2002年，东部地区11个省（市）资本形成总额为29 740亿元，占全国资本形成总额50 607亿元的58.77%；而西部地区12个省（市、区）资本形成总额为9 303.21亿元，仅占全国资本形成总额的18.38%，约是东部地区的1/3。

西部地区无论是自身资金积累还是外部资金引入都严重不足。从城乡居民储蓄存款看，西部地区城乡居民储蓄存款占全国的比例1998年、2000年和2002年分别为16.35%、17.77%和17.37%，而同期东部地区这一比例为59.31%、58.50%和59.45%。代表地区自身积累水平的金融机构存款余额指标中，1998年、2000年、2002年西部地区占全国总额的比例分别为16.74%、17.01%和16.23%，远低于同期东部地区的62.96%、63.02%、64.48%；在外部资金引入方面，西部地区金融机构贷款余额1998年、2000年、2002年分别占全国的19.22%、18.26%和17.34%，而同期东部地区这一比例为55.04%、57.75%和60.95%。在企业上市权益资本融资方面，西部地区2000年融资255.08亿元占当年全国权益融资总额的18.09%，而同期东部地区这一融资比例都在65%。较东部地区，西部地区上市公司数量少，上市融资的规模小，再融资能力低。再看外资方面，东部地区改革开放以来一直吸引着80%以上的外商投资额，1995~2005年东部利用外资额占全国利用外资总额的85%~90%，而西部地区吸收的FDI份额仅占全国的5%左右。[①]

改革开放以前，地区间资本流动受中央政策支配完全是一种计划行为。改革开放以来，资本流动一方面通过财政分配资金和国家银行政策性资金分配，另一方面受市场的引导，对外资而言，还受到地域性优惠政策的影响。财政体制、银行政策、市场条件、外资优惠政策使区域间资本流动呈现出复杂的格局。

表7-3列出了王小鲁等人（2004）对国内资本跨地区流动以及东中西部地区资本流入与流出估计的结果。

---

① 王小鲁，樊纲. 中国地区差距的变动趋势和影响因素[J]. 经济研究，2004（1）.

表7-3 东中西部地区资本流入（含外资）情况

单位：亿元

比较项目	1991	1992	1993	1994	1995	1996	1997	1998	1999	2000
东部	226	557	1 175	2 146	2 261	2 302	2 652	2 445	2 373	1 795
中部	-111	-73	-18	23	-50	-49	285	-156	628	-262
西部	121	122	418	699	897	1 230	478	1 618	1 686	1 947
资本净流入占GDP（%）										
东部	2.0	4.0	6.1	8.4	7.0	6.1	6.2	5.3	4.8	3.2
中部	-1.9	-1.1	-0.2	0.2	-0.3	-0.3	1.4	0.7	-2.8	-1.1
西部	3.0	2.6	7.1	9.1	9.5	0.0	10.8	1.0	11.0	11.7

资料来源：王小鲁，樊纲. 中国地区差距的变动趋势和影响因素. 经济研究，2004（1）.

由于规模巨大的外商投资的进入，东部地区一直是资本净流入地区，多数年份超过2 000亿元，而西部地区在20世纪90年代一直是资本净流入地区，西部大开发以来，流入比例有所提高。从资本跨地区流动的来源分解看，净财政转移支付在20世纪90年代始终是由东部向西部转移。银行资金转移在20世纪90年代的基本方向是由东部流向中西部，主要是流向中部，因为中部地区国有企业较为集中，多数严重依赖银行贷款维持，此外中部的国有粮食企业也占压了相当多的粮食收购资金。这说明银行资金的跨地区流动在20世纪90年代主要不是受市场引导，而是受政策和体制的牵制。在2000年后，银行资金受市场引导的作用得到加强，资金呈现向东部转移的趋势。

如果以国内跨地区资本流动总量减去通过财政、银行、资本市场三个渠道的资本流动，残差部分就是通过其他渠道的资本流动。该项资本流动，东部地区在整个20世纪90年代是流入区，中部和西部是流出区（2000年除外），通过民间渠道的资本流动其基本流向是从中西部到东部。

二、东西部地区资本形成机制差异比较

总体上，资本形成的机制有两种，一种是基于资本投资收益率比较优势而按"效率优先"原则的区域资本形成机制；另一种是基于"兼顾公平"原则的区域资本形成机制（资本主要来自于政府）。当区域间收入水平出现不均衡时，其储蓄也会出现不均衡倾向，低收入、低储蓄区域不可能有充足的资本进行生产投资。为了维持均衡，资本应从高收入区域向低收入区域流动，从而促使区域间差异缩小。但是低收入、低储蓄区域提供良好投资机会往往不多，在理性的纯经济行为下，经济主体的逐利动机驱使资本在高收入、高储蓄地区集中，从而形成区域资本形成上的"马太效应"。因此，自发的资本流动总是遵从区域资本形成的"效率优先"机制。低收入、低储蓄地区的资本流入需要以"兼顾公平"原则进行区域资本形成的干预和调控为基础。

从资本的投资收益率水平看，东部地区一直高于西部地区，参见表7-5所示。

在资本形成机制特别是吸引地区外资本的机制上，东部地区主要依靠"效率优先"资本形成机制吸收私人资本的进入；而西部地区则主要依靠"兼顾公平"机制吸收政府资本的进入。我们将前者称为市场主导的资本流动（包括外资、民间渠道和资本市场渠道的资本流动）或资本形成机制，而后者称为政府主导的资本流动（财政资金，某种意义上也包括国有银行信贷资金）或资本形成机制。

市场主导的资本流动或资本形成机制，使资本在利润引导下主要流向东部地区，这种流动改善了东部地区资本的配置效率，带动了东部地区经济增长和产业升级。外资优惠政策的地区差别对外资投向有重要影响。相反，政府主导的财政转移支付，特别

是"西部大开发"以来政府在西部地区的直接投资,主要着眼于缩小地区差距,较多地流向了西部地区。银行信贷资金的分配在一定程度上沿袭了首先满足国有企业资金需求的模式,政策性贷款更是直接服从政府的政策目标,使银行贷款在一定程度上照顾到西部。但受银行呆坏账影响及国有银行加强资产管理后,2000年后出现了银行资金也逐步向东部转移的趋势。[①]

在市场机制逐步完善的条件下,由市场主导的资本流动(包括外资在内)超过了政府导向的资本流动,地区间资本流动的整体趋势因而是由西部地区向东部地区的流动。

许多学者将区域差异形成主要归结于区域间投资分布差异。Tusi(1991)利用极差指数实证研究表明1978年以前,东部和西部之间的差距已经明显,政府间财政转移支付、省际资源流动可以降低资源差异,但是并没有使长期生产能力趋同,经济改革带来了投资分布差异,导致东部和西部之间人均GDP长期趋异。崔启源、王有强(2000)利用泰尔指数(Theil)也证实改革开放以来,区域差异在20世纪80年代前半期逐渐缩小,进入20世纪90年代则逐渐扩大,而这主要是由于投资差异造成。Fleisher and Chen(1997)将中国区域差异归结为中央政府对东部优先投资,是形成西部落后于东部的根源。郭金龙、王宏伟(2003)研究结果显示,全社会固定资产投资差异是造成区域差异的重要原因。马拴友、于红霞(2003)认为1995年从中央获得转移支付最多的四个省份分别是广东、上海、江苏和辽宁,占中央转移支付总额的比重分别为7.6%、7.1%、6.4%、6.1%,合起来高达27.2%,已超过中央全部转移支付的1/4。尽管实施了西部大开发战略,但转移支付上"劫贫济富"现象依然没有

---

① 王小鲁,樊纲.中国地区差距的变动趋势和影响因素[J].经济研究,2004(1).

改变。

区域资本形成机制是区域产业升级机制的重要组成部分,东西部地区在资本形成机制上的差异表现为东部地区是以"效率优先"为基础的市场主导型资本形成机制,而西部地区则为"兼顾公平"为基础的政府主导型资本形成机制。随着市场化程度不断提高,特别是政府作为投资主体地位不断弱化的条件下,如果西部地区不能改善投资环境,提高投资回报率,政府在西部地区的资本流入很难得到民间资本或外资的响应。

可喜的是,地区间资本边际收益差距呈现缩小的趋势。根据蔡昉、王德文(2003)的计算,在改革初期(1978年),东西部地区资本的边际产值相差一倍以上,在经过多年资本在东部地区的流入后,资本边际收益递减规律的作用已经使东西部地区趋向接近。这是资本充分流动条件下的必然趋势,它预示着资本在地区间的配置将逐渐趋于平衡。随着"西部大开发"政策的实施,原来只给予一些东部地区的外资优惠政策逐步扩大到西部地区,在一定程度上增强了西部地区对外资的吸引力;"西部大开发"政策的实施也使西部地区的基础设施条件和投资环境不断改善。这些积极变化将会促使西部地区资本形成机制不断增强市场主导的成分,从而逐渐改变市场导向的资本一边倒地流向东部地区的局面,为西部地区产业升级夯实资本投资的基础。

第四节 东西部地区产业升级技术创新机制比较

技术创新通过新旧产业替换效应、劳动者收入非均衡增长效应以及技术外溢和关联效应对区域产业升级产生持续的推动作用(见第四章)。区域技术创新包括区域的知识与技术创新、传播和应用,其中,知识与技术的创新是基础,传播是关键,应用是重点。然而对区域产业升级起关键作用的不是区域的科学发现和技术发明能力，而是技术创新转移和应用能力，即 R&D 及其成果的产业化能力。[①]

相对于东部地区，西部地区产业升级的技术创新机制存在以下差异：

一、"外生性"与"内生性"

从技术创新的动力机制看，推动区域产业升级技术创新的动力是来自于区域产业发展或企业竞争力提升的持续需求。较东部地区，西部地区产业在粗放发展模式下、技术创新主体特别是国有企业普遍对技术创新需求不足，R&D 与生产活动缺乏有机联系，技术创新活动呆滞；从区域技术创新投入强度上，西部地区政府投入不仅低于东部地区，而且在投入结构上，政府是区域技术创新投入的主体，因此，西部地区技术创新的缓慢推进依赖的是一种"外生性"产业升级技术创新机制。相反，东部地区较高的市场化程度，非国有经济是区域经济的主体，企业进行技术创新是企业增强竞争力的客观需要，产业技术创新的推进依赖的是"内生性"的产业升级技术创新机制，企业成为区域技术创新的主体。

二、供需"脱节型"与"紧密型"

技术创新对区域产业升级的推动作用取决于技术从技术源转移到技术受体的规模与速度，即 R&D 及其成果的产业化能力。西部地区在转移机制上表现为技术源与技术受体的脱节，或者叫技术创新的供需脱节。一方面地区和产业微观主体的 R&D 人员

[①] 何峻. 西部技术创新机制的障碍与对策研究 [J]. 陕西理工学院学报（社会科学版），2005 (1).

短缺，另一方面，R&D人员又处于"无事可做"的状态；其次，西部地区技术要素分布呈现明显的二元结构特征，一方面技术受体难以在本区域找到合适的技术源，企业不得不舍近求远去区域外寻找企业生产经营特别是技术创新急需的新知识、新技术和新成果，另一方面，技术源难以在区域内找到合适的技术受体；再次，区域内企业间、企业和大学及科研机构间缺乏有效的协作，科研活动与产业联系不紧密，不少科研成果难以商品化、产业化；最后，相对于东部地区，西部地区技术创新中介服务机构不仅数量少而且提供服务的质量水平低。中介科技服务机构是连接技术源和技术受体的桥梁，其基本功能是为区域技术创新系统内的组织和部门提供各种信息、知识、技术、咨询和服务，并为技术源和技术受体牵线搭桥。上述原因实际形成了西部地区产业升级技术创新依赖的是供需"脱节型"机制，与东部地区的供需"紧密型"机制形成了对比。

这两个方面的机制差异使西部地区技术创新水平滞后于东部地区，也影响到了技术创新对西部地区产业升级驱动效应的发挥。

按专业技术人员在人口中的比例，西部相当于东部的91%，而按研发经费支出占GDP的比例看，东部地区为1.1%，西部地区为0.8%，西部仅是东部的67%。从科技成果的市场化情况看，按每万名专业技术人员申请专利件数，东部为140件，中部和西部只有39和35件，西部相当于东部的25%（国家统计局，2002）。平均每名专业技术人员的技术市场成交额，西部也仅相当于东部的25%，且这差距具有扩大之势，见表7-4所示。

表7-4 按专业技术人员平均的技术市场成交额（元/人）

地区	1995	1998	2000	2005
东部	2 212	3 732	5 883	12 104
中部	931	1 479	1 827	3 364
西部	805	1 139	1 696	2 989
西部与东部之比（%）	36.4	30.5	28.8	24.70

资料来源：根据相应年份中国统计年鉴资料整理。

为此，西部地区应在积极推进市场化改革的同时，强化各类企业技术创新活动的制度激励，对国有企业技术进步机制进行创新构建，积极推动民营企业开展技术创新活动，扶持技术创新中介服务机构的发展，促进科研、创新扩散、产业化三个环节有机联系的加强。

第五节 东西部地区产业升级人力资本积累机制比较

区域人力资本积累是一个地区在一定时间内累积形成的人力资本，具体反映在区域人力资本存量和增量两个方面。区域人力资本存量的大小决定着区域劳动生产率的高低，人力资本增量则反映了区域人力资本增加的速度。区域人力资本积累的过程实际就是区域人力资本存量及增量变化的过程。区域人力资本的数量和质量在一定程度上决定了区域产业升级的质量与水平。

一、区域人力资本积累机制

人力资本积累符合市场经济条件下劳动力供给与需求原理，即一般情况下，区域或产业从事复杂劳动的劳动力供应量的增加与区域或产业的劳动报酬正相关。高工资刺激了高质量劳动力的供给，相应推动了人力资本投资的增加。人们愿意投资于教育培训,以获得高工资或高经营利润的回报,此时,区域或产业的人力资本积累便增加。①

由图7-1,区域或产业的劳动报酬水平是决定区域或产业人力资本积累最为关键的因素。区域或产业的劳动报酬水平不仅决定区域的人力资本存量,而且还决定人力资本的增量。

二、东西部地区人力资本存量差异

根据新古典增长理论和内生增长理论,劳动的存量会在短期内影响经济增长率(Solow,1956;Swan,1956),而人力资本存量的差异却有可能直接影响全要素生产率,从而影响长期的经济增长率(Romer,1986;Lucas,1988)。经济增长最终是由产业来实现的,或者经济增长的质量最终是由区域产业的升级水平决定的,由此,在其他条件相同时,人力资本存量大、质量高的地区长期里将比人力资本存量小、质量低的地区具有更高的产业升级水平。

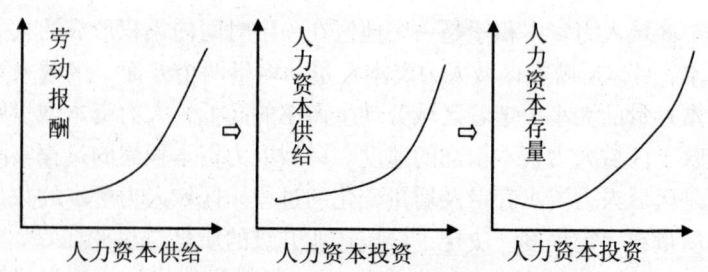

图7-1 区域或产业的劳动报酬水平、人力资本供给、人力资本存量之间的关系

---

① 万君康,梅小安.论人力资本积累的机理及方式[J].科技管理研究,2005(3).

衡量人力资本的存量,可以采用不同的方式,如 Romer(1986)用从事研究和开发的科技人员数量来表示人力资本,而 Lucas(1988)用劳动者的受教育程度来表示人力资本。王小鲁,樊纲①运用 1996~1999 年期间分地区从业人员的平均受教育年限推算,东部地区劳动者的平均受教育年限为 8.1 年,中部是 7.7 年,西部是 6.9 年,东西相差 1.2 年,西部是东部的 90%;此外,西部地区在校学生数占人口的比例、教职工人数占人口的比例、教育经费占 GDP 的比例等指标都与东部地区存在差距,西部大约是东部的 60%~80%。因此,以教育程度和专业技术人员(参见表 7-4)来衡量,东西部之间的人力资本存量有一定的差距。

三、劳动者边际报酬水平差异

中国自改革开放以来,尤其是 20 世纪 90 年代初以来一直存在着地区间的大规模人力资本流动。劳动力的合理迁移或流动是人力资本投资的一种方式,因为迁移或流动会提高人力资本的配置效率并进而提高资本的边际生产效率。

20 世纪 80 年代末以前,改革的重点集中在农村,家庭联产承包责任制充分调动了广大农民的积极性,乡镇企业在这一阶段得以蓬勃发展。加之这一阶段政府通过户籍政策把城乡劳动力彼此隔绝,致使这一时期的劳动力主要是在地区内部流动,这种流动提高了各自区域劳动力的配置效率。但自 20 世纪 90 年代初以来,随着东部沿海地区的开放和东部地区市场机制的引入,受高工资、高收入的吸引,西部地区大量人力资本开始流向东部地区。

---

① 王小鲁,樊纲. 中国地区差距的变动趋势和影响因素 [J]. 经济研究,2004(1).

表7-5列出了劳动力在东中西部地区的边际报酬差异。2000年西部农村劳动力的年边际报酬1 434元/人,而在流入东部地区后的边际报酬达7 837元/人,两者相差约5倍。因此在1990~2002年期间,从西部向东部流动的人口是逆向流动的4.4倍。[①] 这些从西部转移到东部的人力资本大多拥有较高的技术水平和能力,这无疑使西部地区人力资本大为减少。财力有限的西部地区在进行了大量的人力资本投资后,由于劳动边际收益的劣势而无法使用到这些人力资本,西部地区产业升级因而缺乏足够数量与质量人力资本的支撑。

表7-5 东中西部地区流动劳动力的边际报酬差异

地区	劳动者农村边际报酬(元/年)	在城镇的劳动边际报酬(元/年)	城乡边际报酬之比
东部	2 862	7 837	2.74
中部	1 773	4 980	2.81
西部	1 434	5 902	4.12
东部城镇比中西部农村			4.86

资料来源:王小鲁,樊纲. 中国地区差距的变动趋势和影响因素. 经济研究, 2004 (1).

根据2002年劳动和社会保障部和国家统计局在全国6万多农户抽样调查基础上推算,截至2000年,农村转移到非农产业的劳动力总数为1.13亿人,占农村劳动力总量的23.6%。

[①] 连玉君. 人力资本要素对地区经济增长差异的作用机制——兼论西部人力资本积累策略的选择 [J]. 财经科学, 2003 (5).

其中在城镇就业的占65.8%。表7-6是2000年农村劳动力跨地区流动矩阵（各行表示地区劳动力流入的来源，各列表示地区劳动力流出的去向），该矩阵反映了劳动力流动的方向和数量情况。2000年跨省流动劳动力（外出半年以上）约为2823万人，其中90%来自中西部（中部56%，西部34%）；82%流向东部地区。

表7-6 2000年农村劳动力跨地区流动矩阵

地区	东部	中部	西部	总量
数量（万人）				
东部	212	1370	735	2 317
中部	51	172	68	291
西部	20	40	155	215
总量	283	1582	958	2 822
构成（%）				
东部	7.5	48.5	26.0	82.0
中部	1.8	6.1	2.4	10.3
西部	0.7	1.4	5.5	7.7
总量	10.0	56.0	34.0	100

资料来源：王小鲁，樊纲．中国地区差距的变动趋势和影响因素．经济研究，2004（1）．

四、"经验偏好型"与"能力偏好型"人力资本激励机制差异

相对劳动边际报酬率低导致了西部地区人力资本外流。此外，东西部地区人力资本激励机制差异也是西部地区产业升级人力资本积累差异的重要因素。

东部地区在劳动力市场机制的引入方面要明显超前于西部。2005年，西部地区国有经济的比重仍高达70%，而东部

地区则已降至30%。在西部地区，国有经济体制下的人力资本获得的劳动报酬趋于平均化，且普遍处于较低水平，人力资本的激励机制属工龄或"经验偏好型"，即劳动报酬不能很好地反映劳动者的实际能力和教育程度，而主要取决于劳动者的工作年限;[①] 而东部地区的人力资本激励机制则属于教育或能力偏好型，即劳动者的报酬主要由劳动者的人力资本水平或能力决定。"能力偏好型"的人力资本激励机制会促使劳动者通过各种方式不断提高自己的能力水平，以便获取更高的劳动报酬。而在"经验偏好型"的人力资本激励机制下，劳动报酬不能对劳动者主动提高自身能力的支出给予补偿。此时，劳动者会有两种选择，一种是向劳动边际报酬率高的地区流动，另一种是倾向于使其在劳动中真正投入的人力资本量与其所获得的报酬相适应。显然，后一种情况下，人力资本的边际产出效率会大为降低。

区域人力资本积累在质与量上的差异不仅决定区域经济增长的差异，而且也决定区域产业升级的差异。东西部地区人力资本积累首先表现为在存量上的差异；其次受东西部地区劳动者边际报酬率势差的吸引，人力资本的流动使西部地区为东部地区源源不断地输送人力资本；最后，东部地区产业升级人力资本激励机制的"能力偏好型"和西部地区"经验偏好型"的差异不仅导致东西部地区在劳动者边际产出上的差异，也影响到地区产业升级人力资本的积累。为此，西部地区应持续推进市场化进程和人力资本激励机制的重塑，促进西部地区人力资本投资与市场收益尽可能接近，从而促进人力资本边际产出效率的提高；同时，通过政府的政策优惠和改善宏观环境，持续降低区域生产、生活成本，

[①] 陈琳，张正华，等．云南人才战略研究．北京：科学出版社，2003.

提高西部地区劳动者边际报酬率水平,从根本上为塑造良性的西部地区人力资本积累机制创造条件。

第六节 东西部地区经济开放度比较

对外开放通过区域市场机制和国际市场机制的有机结合,加大了区域产业资源配置的空间和资源配置的力度,从而加快受资区域产业系统资源的高效化过程;国际贸易和吸收国际直接投资对受资区域具有促进技术创新和产业技术升级的效应,同时也具有加速区域产业结构调整、推进区域产业结构优化的效应;而国际直接投资则对受资区域具有全方位的产业升级效应。

东部地区具有良好的资金和人才条件,城镇化水平、基础设施优于西部地区,独特的区位优势,加之受国家实施"东部大开放"政策的持续推动,其对外开放度显著高于西部地区。而西部地区地处内陆,总体比较封闭,整个地区进出口总额小,利用外资少,对外开放度低。

"西部大开发"政策实施前,中国分地区的对外开放度见表7-7所示。

由表7-7,东部地区对外开放度相对较高,2000年达到16.41%,而西部地区省份的对外开放度明显靠后,对外开放度仅2.49%,东部约是西部的5倍多。

实施西部大开发以来,为加快西部地区社会经济发展和缩小与东部地区经济发展差距,国家专门针对西部地区就扩大对外开放制定了相应的政策,[①] 但是,东西部地区的开放度差距不仅没有缩小,反而进一步拉大。见表7-8所示。

由表7-8,2004年东西部地区经济的对外开放度分别为

---

① 参见第六章相关内容。

37.66%和4.60%。实施西部大开发之后,西部地区与东部地区在对外开放度上的差距不仅没有缩小,而且差距从2000年的5倍多扩大到2004年的近8倍多。东部地区较高经济开放度极大地推动了东部地区的产业升级,而较低的西部地区经济开放度则使西部地区局部丧失了由"开放"带来的产业升级驱动效应。

表7-7 2000年中国分地区对外开放度比较

地区	出口比率（%）	进口比率（%）	对外借款比率（%）	外商直接投资比率（%）	对外开放度（%）	开放度位次
全国	19.09	16.69	15.53	5.05	10.94	
广东	80.12	66.44	16.65	14.41	41.93	1
北京	42.53	100.29	4.53	7.65	38.45	2
上海	37.01	37.33	9.83	9.38	22.01	3
天津	33.71	33.24	5.61	12.90	21.34	4
海南	17.31	27.08	13.82	16.17	16.96	5
福建	27.16	21.70	1.53	12.61	16.65	6
江苏	16.36	11.85	1.90	7.12	9.57	7
辽宁	19.51	12.35	3.29	4.27	9.51	8
浙江	17.78	8.07	0.95	2.68	7.41	9
西藏	5.89	22.62	0.68	0.00	7.14	10
山东	12.46	8.11	1.23	3.66	6.44	11
吉林	6.71	7.67	3.52	2.28	4.44	12
广西	7.36	4.74	2.35	3.83	4.40	13
陕西	7.77	4.44	2.01	2.34	3.90	14
河北	6.82	2.54	0.92	2.06	3.08	15
新疆	5.41	5.10	10.39	0.37	2.91	16
湖北	4.75	3.43	5.01	2.18	2.89	17
黑龙江	4.30	4.58	3.27	1.67	2.85	18
云南	6.07	3.66	0.51	0.65	2.67	19
宁夏	7.16	2.06	8.34	0.66	2.66	20

续 表

地区	出口比率（%）	进口比率（%）	对外借款比率（%）	外商直接投资比率（%）	对外开放度（%）	开放度位次
内蒙古	4.51	4.39	4.89	0.59	2.51	21
江西	5.14	1.99	1.81	1.88	2.47	22
安徽	4.90	2.71	2.70	1.37	2.42	23
湖南	4.45	1.82	2.55	2.06	2.33	24
山西	5.72	1.72	1.79	1.17	2.29	25
四川	3.61	3.07	1.67	1.20	2.12	26
贵州	4.16	2.12	9.24	0.55	1.90	27
甘肃	3.82	1.87	4.60	0.64	1.72	28
河南	2.73	1.56	3.11	1.21	1.54	29
青海	4.81	0.87	1.76	0.10	1.48	30
东部	29.29	25.79	5.08	7.34	16.41	
中部	4.51	3.03	3.23	1.65	2.51	
西部	4.85	3.45	3.32	1.05	2.49	

注：1. 数据来自《中国统计年鉴》(2001)，江世银.西部大开发新选择.北京：中国人民大学出版社，2007.4，P.105；2. 进口比率、出口比率、对外借款比率、外商直接投资比率按权数分别为 0.25、0.25、0.35、0.15 合成区域对外开放度。

表7-8 2004年中国分地区经济对外开放度比较

地区	出口比率（%）	进口比率（%）	对外借款比率（%）	外商直接投资比率（%）	对外开放度（%）	开放度位次
全国	35.87	33.93	5.03	32.02	29.2	
广东	98.86	85.43	0.06	46.87	62.56	1
上海	81.66	96.10		32.76	55.91	2
北京	39.75	143.01		13.13	50.29	3
天津	58.7	59.78		43.2	44.82	4
江苏	46.68	44.47	2.82	56.6	42.94	5
福建	40.73	25.12		36.01	29.06	6
浙江	42.80	19.93		36.67	28.51	7

续 表

地区	出口比率（%）	进口比率（%）	对外借款比率（%）	外商直接投资比率（%）	对外开放度（%）	开放度位次
海南	11.75	24.84	0.05	45.32	25.02	8
辽宁	22.78	18.66	0.07	34.01	22.27	9
吉林	4.48	13.25		49.75	21.84	10
山东	19.15	13.26	0.15	32.14	19.37	11
江西	4.71	3.62	7.99	38.07	16.60	12
湖北	4.42	4.42	0.67	20.50	9.49	13
湖南	4.58	3.45	0.48	15.02	7.34	14
重庆	6.49	5.49		9.85	6.45	15
广西	5.95	4.72	0.15	10.43	6.34	16
河北	8.75	3.92	0.01	9.03	6.33	17
陕西	6.88	3.58	0.12	9.53	5.98	18
黑龙江	6.21	5.25	6.13	5.43	5.69	19
山西	10.64	3.55		5.63	5.52	20
新疆	11.46	9.4		0.58	5.50	21
安徽	6.77	5.63	0.80	6.31	5.46	22
宁夏	11.62	4.71		3.13	5.18	23
四川	5.02	3.65	3.11	5.21	4.47	24
青海	8.08	2.14		4.48	4.13	25
内蒙古	4.13	7.22	1.95	2.70	4.08	26
河南	3.92	2.30	1.51	5.06	3.56	27
贵州	4.51	3.36	4.92	2.35	3.53	28
云南	6.26	4.20	0.14	2.34	3.46	29
甘肃	5.29	4.07	0.48	1.24	2.84	30
西藏	5.10	2.73			1.96	31
东部	47.48	45.39	4.28	39.42	37.66	1
中部	5.34	4.62	0.20	11.96	6.71	2
西部	6.18	4.84	0.07	5.17	4.60	3

注：1. 数据来自《中国统计年鉴》（2005），江世银．西部大开发新选择．北京：中国人民大学出版社，2007，P.105；2. 进口比率、出口比率、对外借款比率、外商直接投资比率按权数分别为 0.25、0.25、0.35、0.15 合成区域对外开放度。

第七节 小 结

本章通过对东西部产业升级机制进行多角度比较，获得了以下结论：

一是东西部地区产业升级市场机制的差异表现为：维系东部地区产业升级的是"准市场机制"，而维系西部地区产业升级的是"行政市场型机制"；东部地区"准市场型机制"强化了产业参与人"决策及其行为"与区域产业升级的共向，而西部地区"行政市场型机制"则强化了产业参与人"决策及其行为"与区域产业升级的异向。

二是较东部地区，西部地区不论是在产业发展基础、资源转化能力、投资能力以及人力、资本、技术等要素存量和要素组织能力上总体上落后于东部地区（统称为西部地区的后发劣势），后发劣势的存在客观上限制了西部地区生产者或投资者的决策空间，继而进一步强化了产业参与人"决策及其行为"与区域产业升级的异向。

三是"东部大开放"与"西部大开发"政策的产业升级效应差异与这两大政策的实施环境有关，至少表现为"短缺经济"与"过剩经济"的市场环境差异、"资源经济"与"知识经济"的技术环境差异、"规范经济"与"欠规范经济"的制度环境差异；这些差异与其他东西部地区产业升级机制差异结合在一起，形成东西部地区产业升级政策驱动效应的差异。

四是东西部地区在产业升级资本形成机制上的差异表现为：东部地区是以"效率优先"为基础的市场主导型资本形成机制，而西部地区则为"兼顾公平"为基础的政府主导型资本形成机制。随着区域市场化程度不断提高，政府作为投资主体地位不断弱化的条件下，如果西部地区不能改善投资环境，提高投资回报率，政府在西部地区的资本流入很难得到民间资本或外资的响应。

五是东部地区产业升级技术创新的动力机制是"内生性"的，而西部地区则为"外生性"的；在技术创新从技术源向技术受体的转移机制上，东部地区表现为技术创新供需相对紧密关系，而西部地区则表现为二者的脱节。

六是东西部地区产业升级人力资本积累的差异首先表现为存量上的差异；受东西部地区劳动者边际报酬率势差的吸引，人力资本的流动使西部地区为东部地区源源不断地输送人力资本；东部地区产业升级人力资本激励机制属"能力偏好型"，而西部地区则为"经验偏好型"，这一差异会导致区域人力资本效率的差异。

七是西部大开发政策实施前后，东西部地区对外开放度的差距不仅没有缩小，反而进一步拉大，开放度从 2000 年的 5 倍多扩大到 2004 年的近 8 倍多。东部地区较高的对外开放度有力推动了东部地区的产业升级，而较低的西部地区对外开放度使西部地区部分丧失了由开放带来的产业升级驱动效应。

第八章 主要研究结论及政策含义

第一节 主要结论

在所建立的区域产业升级理论分析框架的基础上,通过产业参与人"决策及其行为"与"因素显著变化"两个研究路径,围绕区域产业升级机理、东西部地区产业升级水平衡量、东西部地区产业参与人主观决策倾向的匹配性、东西部地区产业升级机制差异等几个方面进行了多角度研究,获得了以下主要结论。

一、东西部地区产业升级水平存在较大差距

在初始的1987年,东部地区较西部地区在工业产业升级上就已经存在明显的差距,此时,东西部地区的产业升级指数分别为0.659和-0.541;随后东部地区进入相对快速的产业升级期,而此时,西部地区的产业升级指数却在缓慢上升,但从1999年起,西部地区的产业升级有明显加快的趋势,到2005年,东西部地区产业升级指数分别为0.309和-0.2134,(东西部地区递增化产业升级指数分别为2.025和1.5026),东西部地区在产业升级上的差距依然比较明显。

二、产业升级机制差异是形成东西部地区产业升级水平差距的重要原因

维系东西部地区产业升级的机制存在明显差异。总体上,东部地区产业升级受"准市场机制"支配,而西部地区产业升级受"行政市场型机制"支配;而在产业升级资本形成机制上,东部地区体

现为以"效率优先"为基础的市场主导型资本形成机制，而西部地区则为"兼顾公平"为基础的政府主导型资本形成机制；东部地区产业升级技术创新的动力机制是"内生性"的，而西部地区则为"外生性"的；在技术创新从技术源向技术受体的转移机制上，东部地区表现为技术创新供需之间相对紧密关系，而西部地区则表现为二者的脱节；在人力资本积累激励机制方面，东部地区是"能力偏好型"机制，而西部地区则为"经验偏好型"机制。这些差异通过区域产业参与人的"决策及其行为"和"要素变化"两个渠道对区域产业升级产生持续影响，以不同的路径形成了这两个地区在产业结构合理化、高级化及区域产业竞争力提升即产业升级上的差异。

如果说在改革开放之前，中国东部与西部地区的产业升级机制差异较小，对区域产业升级的影响尚小，但改革开放30年来，由于基础条件、区位差异及中国实施"不平衡"区域发展战略，不仅形成了中国东西部地区社会经济发展各方面的差异，同时这两个地区市场化进程差异与产业发展环境差异不断深化，使同属中国的东部与西部地区实际上由两种有所差异的产业升级机制维系着各自产业的升级。

三、较东部地区，西部地区存在更多的产业参与人与产业升级的"异向"因素

以逻辑演绎的方式，分析了区域基本环境、需求及其变化、现有投资者供给能力、制度安排等因素共同决定投资者决策及其行为，继而影响区域产业升级的关联性、决定性、方向性机理。区域基本环境包括区域发展阶段、区位、开放度、产业参与人结构、区域人均收入水平、区域产业结构现状、区域要素资源的数量与质量等因素，它们形成了投资者决策的背景；需求及其变化形成投资者决策的内容、利益最大化是投资者投资的动力和决策标准、现有投资者供给能力形成投资者决策的条件、制度安排则

决定投资者投资规则。这些因素以决定投资者决策空间的方式对区域产业升级产生影响。

较东部地区,西部地区投资者面临不利的产业升级环境和后发劣势,这压缩了投资者的决策空间,从而增加了西部地区产业参与人"决策及其行为"与产业升级的"异向"。此外,在西部地区,配置资源除市场机制外,支撑西部地区经济的国有企业还会产生更显著的"投资决策规则变异",继而强化产业参与人"决策及其行为"与西部区域产业升级的"异向"。

四、环境约束及较低的产业参与人决策倾向匹配度削弱了政策对西部地区产业升级的驱动效应

"东部大开放"与"西部大开发"政策的产业升级效应差异与这两大政策的实施环境有关,至少表现为"短缺经济"与"过剩经济"的市场环境差异、"资源经济"与"知识经济"的技术环境差异、"规范经济"与"欠规范经济"的制度环境差异;这些差异与其他东西部地区产业升级机制差异结合在一起,形成东西部地区产业升级政策驱动效应的差异。

投资战略体现了区域产业参与人的投资决策倾向,相对于东部地区,西部地区较高的资源型产业集中度、较低的与跨国公司在华产业重点重合度以及国家对资源型产业的外资准入限制,形成了较低的西部地区与跨国公司在华产业投资战略匹配度;以广东、上海和江苏三省(市)的产值加权为100%匹配"地区",2004年西部地区与在华跨国公司在产业投资战略上仅有7.60%匹配;较低的产业参与人投资倾向匹配度继而导致西部地区在吸收FDI份额上处于劣势。

受西部地区环境约束和较低的西部产业参与人决策倾向匹配度,使国家西部大开发、吸引外资、鼓励非国有经济发展等政策对西部地区产业升级的政策驱动效应受到削弱。

五、不利的产业升级条件与升级机制缺陷使西部地区产业升级动力明显不足

投资特别是 FDI、技术创新、信息化、人力资本、经济开放度等对区域具有显著的产业升级驱动效应，但由于西部地区较低的投资边际报酬率和人力资本边际报酬率、相对薄弱的产业升级要素资源基础，加之在资本形成、技术创新、人力资本积累等机制上存在缺陷，使西部地区不仅没有吸收到足够的产业升级要素资源，相反，部分要素资源还面临流失，致使这些要素资源对西部地区产业升级的驱动效应微弱，产业升级动力明显不足。

第二节 政策含义

从缩小东西部地区产业升级差距与机制建设角度，上述主要结论的政策含义是：

一、加快推进西部地区市场化进程

西部地区须重视和强力推进市场化进程，以形成西部地区产业参与人"决策及其行为"与区域产业升级"共向"机制。包括：一是持续推进政府机构精简和政府职能转变，以减少其对资源配置的直接干预，提高市场机制在资源配置中的基础性作用；二是推进西部地区国有企业改革，鼓励各类非国有经济主体的发展；三是促进要素市场的发育和要素的流动；四是提高市场中介组织的数量与质量；五是改善法律制度环境以更好地保护产权和保证合同的履行。

二、持续推进西部地区产业升级良性机制的塑造

西部地区不利的产业发展基础、环境和条件虽然短期内很难

有大的改变，但西部地区可以通过机制创新，逐步塑造良性产业升级机制继而在推动西部地区产业升级上大有可为。

一是国家应继续通过实施西部大开发政策，加大对西部地区基础设施建设和生态环境改善的投资力度，降低西部地区生产、生活成本，持续提高西部地区投资边际报酬率，增强民间资本和外资对政府投资的"响应力"，逐步实现资本生成机制由"兼顾公平"为基础的政府主导型机制向"兼顾公平"为基础的市场主导型机制转变，再逐步向以"效率优先"为基础的市场主导型资本形成机制转变。

二是西部地区应加大技术创新体制的改革。包括：推动应用型科研机构的企业化转制；逐步将政府科技管理部门中提供专业化、规范化优质科技服务的职能逐步转移给中介机构、服务机构承担；制定和落实税收优惠等政策降低科技型服务机构的营运成本；鼓励科技人员创办和参与科技中介服务机构；推动政府科技管理部门的工作重点由抓项目为主向抓要素整合和服务平台建设为主转变。逐步实现技术创新供需"脱节型"机制向"紧密型"机制转变，长期看，要通过推动区域经济增长方式的转变，促进产业升级技术创新机制由"外生型"向"内生型"转变。

三是推动人力资本使用、分配、激励制度的改革。改革现有人力资源特别是国有企业人力资源使用上"论资排辈"、分配上吃"大锅饭"和评价上靠"主观印象"、"长官印象"的制度；鼓励人力资源流动；逐步实现人力资本激励机制由"经验偏好型"向"能力偏好型"转变。

三、政策制定要充分顾及产业参与主体的决策倾向，增强产业升级的政策驱动效应

国家和西部地区政府在制定各种旨在推进西部产业升级的政策时，要充分考虑西部产业参与人的决策及其行为，只有以区域

产业升级机理为基础所制定的政策，才会使政策的实施带来产业参与人的积极响应，也只有机理与符合机理的政策的有机结合才会形成良性的区域产业升级机制。

例如，在鼓励吸收 FDI 方面，现行国家实施的《外商投资产业指导目录》(2004 年修订) 以及《中西部地区外商投资优势产业目录》(2004 年修订) 中，鼓励的项目或者因与跨国公司在华产业投资战略相悖，或者不是西部地区的产业重点，或者在西部地区缺乏吸引力，抑制了跨国公司对西部地区在这些产业上的投资热情，从而使国家在西部地区对外资鼓励的效果大打折扣。较东部地区，西部地区重点工业产业的主产品、关键产品或最终产品的经营目前仍受国家外资产业政策或禁止或限制的约束。

西部各省制定的"十一五"乃至更长时期内的工业产业发展战略，在资源型产业上表现为与跨国公司在华产业投资战略的背离不断扩大，但在培育高新技术产业等新产业和提升传统产业技术含量方面，则表现为有利于提高产业参与主体决策倾向间的匹配度，四川、重庆、广西、陕西等省（市、自治区）制定的发展装备制造业基地的战略有利于这些地区与跨国公司、与国家外资产业政策匹配度的提高。另外，西部地区要不断延长其在资源型产业的产业链并逐步实现这些产业的高级化；国家则要逐步调整《外商投资产业指导目录》，对资源型产业实施更为开放的外资政策，逐步增加《中西部地区外商投资优势产业目录》中既符合跨国公司在华产业投资重点又符合西部产业发展重点的鼓励项目。

四、"西部大开发"政策支持重点要扩大到战略性产业层面

到目前为止，国家对西部的支持重点主要是基础设施和生态环境建设，这是必要的；但是民间资本或外资很难进入这些领域，因而很难起到吸引要素资源集聚的直接响应，国家直接投资对其他产业参与人的诱导效应难以发挥。因此，西部大开发政策

支持重点要扩大至西部地区战略性产业（产值比重大、有广阔的市场前景和巨大潜在社会需求、产业关联度高、带动性强的产业），西部地区战略性产业如石油、天然气和水电为主的能源产业、特色金属及非金属业、绿色环保产业、新材料产业、生物制药业、电子信息业、装备制造业、国防工业、交通运输和邮电通讯业等。对民间资本或外资进入西部地区战略性产业实施更为开放的准入政策，同时对战略性产业实施更大力度的政策扶持，以促进要素资源在这些产业的集聚。

第三节 有待进一步研究的问题

区域产业升级及其机制是一个既复杂、综合性又强的问题，几乎横跨了产业经济学的所有领域，由于时间、精力和能力有限，作者仅只做了一些粗浅性的研究工作，尚有许多问题有待进一步研究。

一是从产业参与人决策及其行为方面，产业投资者对要素的组织和运用过程是如何影响区域产业升级的机理研究。

二是所建立的区域产业升级模型本质上是线性的，而且只利用了基础数据75%左右的信息量，但实际上，指标与区域产业升级之间的关系一定是非线性的。因此，对指标变量与区域产业升级水平之间的非线性关系、区域产业升级基础数据信息的挖掘等问题都有进一步研究的必要。

三是对区域产业升级主要影响因素与区域产业升级水平间的定量影响关系仍有进一步研究的价值，因为这有利于揭示出东西部地区产业升级的机制差异。

附表1　1987年和2005年分省(市、区)及东中西部地区工业产业升级原始数据表

附表1-1　1987年中国分省(市、区)及东中西部地区工业产业升级原始数据表

省份	年底固定资产净值(亿元)	流动资产平均余额(亿元)	从业人员年平均人数(万人)	资本占用额(亿元)	工业基本建设投资(亿元)	工业更新改造投资(亿元)	区域固定资产投资额(亿元)	人均固资投资(万元/人)
北京	194.15	120.56	148.60	314.71	13.87	27.10	40.97	0.28
天津	150.86	89.12	143.20	239.98	15.65	16.32	31.97	0.22
河北	277.23	124.68	282.10	401.91	29.84	28.15	57.99	0.21
山西	229.02	80.14	203.60	309.16	31.80	18.22	50.02	0.25
内蒙古	144.50	50.07	131.20	194.57	13.00	9.42	22.42	0.17
辽宁	530.38	249.71	518.90	780.09	47.12	59.46	106.58	0.21
吉林	220.28	91.82	238.90	312.10	17.81	18.31	36.12	0.15
黑龙江	366.38	154.45	377.20	520.83	41.22	24.83	66.05	0.18
上海	377.39	234.11	274.20	611.50	51.54	38.22	89.76	0.33
江苏	422.29	290.29	427.60	712.58	44.92	35.62	80.54	0.19
浙江	215.65	157.13	235.90	372.78	14.72	17.74	32.46	0.14
安徽	174.50	81.98	197.00	256.48	19.67	18.51	38.18	0.19
福建	102.73	54.03	124.10	156.76	22.10	10.12	32.22	0.26
江西	134.33	67.38	160.40	201.71	10.98	11.54	22.52	0.14
山东	416.30	195.53	341.30	611.83	52.91	30.17	83.08	0.24
河南	295.48	128.87	291.70	424.35	25.02	22.34	47.36	0.16
湖北	341.88	158.60	288.20	500.48	23.36	26.10	49.46	0.17
湖南	208.35	106.45	223.80	314.80	14.18	22.46	36.64	0.16
广东	322.30	168.61	311.90	490.91	51.14	36.01	87.15	0.28
广西	103.43	49.16	107.80	152.59	7.64	15.24	22.88	0.21
四川	402.16	210.37	396.30	612.53	34.64	41.35	75.99	0.19
贵州	104.26	39.95	84.80	144.21	9.28	8.44	17.72	0.21
云南	125.74	44.85	94.80	170.59	9.07	9.98	19.05	0.20
西藏	3.06	0.94	2.00	4.00	0.79	0.10	0.89	0.45
陕西	175.13	88.68	162.00	263.81	16.17	16.82	32.99	0.20
甘肃	141.06	53.27	94.10	194.33	13.50	11.19	24.69	0.26
青海	43.41	12.74	22.30	56.15	11.20	1.90	13.10	0.59
宁夏	36.27	11.49	24.00	47.76	7.52	2.76	10.28	0.43
新疆	88.33	28.37	63.60	116.70	14.62	5.40	20.02	0.31
全国	6 346.85	3 143.35	5 971.50	9 490.20	665.28	583.82	1 249.10	0.21
东部	3 009.28	1 683.77	2 807.80	4 693.05	343.81	298.91	642.72	0.23
中部	1 970.22	869.69	1 980.80	2 839.91	184.04	162.31	346.35	0.17
西部	1 367.35	589.89	1 182.90	1 957.24	137.43	122.60	260.03	0.22

资料来源:根据1988年中国统计年鉴、中国工业经济统计年鉴、中国科技统计年鉴数据计算整理。

附表1 1987年和2005年分省(市、区)及东中西部地区工业产业升级原始数据表

附表1-2 1987年中国分省(市、区)及东中西部地区工业产业升级原始数据表

省份	固定资产原值(亿元)	固定资产新度系数	工程技术人员数(人)	R&D投入(千元)	产品销售收入(亿元)	R&D经费占销售收入比重(%)	全员劳动生产率(万元/人)	总资产贡献率(%)
北京	300.89	0.65	73 000	198 316	393.62	0.50	0.60	0.46
天津	229.71	0.66	50 000	280 816	347.07	0.81	0.47	0.44
河北	407.32	0.68	72 000	67 893	436.42	0.16	0.25	0.27
山西	335.34	0.68	60 000	102 580	245.01	0.42	0.19	0.20
内蒙古	199.26	0.73	32 000	56 752	140.64	0.40	0.15	0.14
辽宁	824.37	0.64	146 000	146 592	624.24	0.23	0.32	0.33
吉林	317.08	0.69	68 000	100 990	311.18	0.32	0.21	0.24
黑龙江	544.92	0.67	98 000	132 374	468.50	0.28	0.23	0.26
上海	528.32	0.71	130 000	398 074	1 001.06	0.40	0.76	0.56
江苏	578.45	0.73	119 000	167 283	1 089.31	0.15	0.35	0.32
浙江	287.64	0.75	44 000	68 373	602.96	0.11	0.40	0.40
安徽	247.02	0.71	47 000	32 402	314.13	0.10	0.25	0.27
福建	141.01	0.73	33 000	103 325	198.50	0.52	0.28	0.34
江西	193.53	0.69	45 000	117 741	221.37	0.53	0.19	0.22
山东	589.83	0.71	82 000	256 380	723.70	0.35	0.37	0.31
河南	421.08	0.70	70 000	125 920	414.19	0.30	0.24	0.24
湖北	478.80	0.71	83 000	28 110	527.25	0.05	0.33	0.29
湖南	390.01	0.53	73 000	39 974	382.43	0.10	0.29	0.31
广东	440.90	0.73	63 000	367 207	674.73	0.54	0.33	0.31
广西	144.10	0.72	36 000	91 578	176.84	0.52	0.32	0.34
四川	597.08	0.67	147 000	216 419	588.28	0.37	0.24	0.24
贵州	146.03	0.71	37 000	100 374	105.80	0.95	0.29	0.23
云南	175.00	0.72	32 000	80 523	162.90	0.49	0.45	0.34
西藏	4.47	0.68	1 000	959	1.69	0.57	0.08	0.07
陕西	254.87	0.69	76 000	102 836	210.22	0.49	0.20	0.18
甘肃	221.89	0.64	36 000	48 417	149.28	0.32	0.33	0.23
青海	55.61	0.78	8 000	16 762	25.64	0.65	0.16	0.09
宁夏	50.20	0.72	8 000	18 992	30.87	0.62	0.19	0.13
新疆	134.51	0.66	16 000	50 706	82.80	0.61	0.21	0.17
全国	9 239.24	0.69	1 785 000	4 837 996	10 650.63	0.45	0.32	0.31
东部	4 328.44	0.70	812 000	3 373 587	6 091.61	0.55	0.39	0.37
中部	2 927.78	0.67	544 000	680 091	2 884.07	0.24	0.25	0.26
西部	1 983.02	0.69	429 000	784 318	1 674.96	0.47	0.25	0.22

资料来源:根据1988年中国统计年鉴、中国工业经济统计年鉴、中国科技统计年鉴数据计算整理。

附表1-3 1987年中国分省(市、区)及东中西部地区工业产业升级原始数据表

省份	企业单位数（个）	企业销售收入规模（亿元/个）	工业产值（亿元）	区域国民生产总值（亿元）	第三产业比重（%）	GDP增长指数（%）
北京	5 070	0.08	434.60	625.90	37.80	113.20
天津	4 871	0.07	405.49	552.91	33.45	110.40
河北	19 270	0.02	640.85	1 032.20	31.15	113.20
山西	10 987	0.02	304.29	486.77	31.78	107.70
内蒙古	7 213	0.02	150.85	316.84	34.15	107.20
辽宁	21 036	0.03	1 043.73	1 472.09	29.94	112.40
吉林	11 910	0.03	359.46	587.41	30.28	115.70
黑龙江	14 982	0.03	564.86	863.24	30.03	108.30
上海	9 059	0.11	1 073.84	1 361.47	32.03	107.00
江苏	38 985	0.03	1 587.78	2 316.64	28.42	119.80
浙江	41 857	0.01	853.10	1 302.43	29.49	119.50
安徽	20 827	0.02	394.88	794.13	29.49	111.70
福建	11 349	0.02	265.87	500.10	31.31	117.00
江西	14 654	0.02	258.95	490.51	29.56	111.30
山东	21 651	0.03	1 032.88	1 752.75	28.93	117.50
河南	16 202	0.03	594.65	1 146.13	31.04	116.90
湖北	20 676	0.03	659.19	1 100.37	30.72	111.60
湖南	20 539	0.02	456.74	881.70	31.12	112.00
广东	22 748	0.03	899.82	1 679.76	34.34	123.80
广西	8 651	0.02	207.45	436.82	32.93	112.30
四川	38 338	0.02	725.08	1 386.49	29.16	111.80
贵州	5 945	0.02	126.53	279.87	27.91	110.20
云南	7 187	0.02	181.85	369.55	27.27	112.10
西藏	200	0.01	2.16	22.09	22.34	108.50
陕西	11 934	0.02	258.44	452.14	26.60	110.90
甘肃	5 187	0.03	159.88	304.44	33.01	109.70
青海	1 183	0.02	31.30	70.34	30.42	107.80
宁夏	1 508	0.02	33.38	68.68	28.63	108.30
新疆	3 885	0.02	115.64	253.03	29.68	110.90
全国	417 904	0.03	13 823.54	22 906.80	29.30	111.60
东部	195 896	0.03	8 237.96	12 596.25	30.98	116.12
中部	130 777	0.02	3 593.02	6 350.26	30.54	112.15
西部	91 231	0.02	1 992.56	3 960.29	29.72	110.91

资料来源：根据1988年中国统计年鉴、中国工业经济统计年鉴、中国科技统计年鉴数据计算整理。

附表1 1987年和2005年分省（市、区）及东中西部地区工业产业升级原始数据表

附表1-4 2005年中国分省(市、区)及东中西部地区工业产业升级原始数据表

省份	固定资产净值（亿元）	流动资产平均余额（亿元）	从业人员年平均人数（万人）	资本占用额（亿元）	采矿业固资投资（亿元）	制造业固资投资（亿元）	电燃水业固资投资（亿元）	工业固定资产投资额（亿元）
北京	2 590.44	3 701.52	116.97	6 291.96	4.40	261.90	117.10	383.40
天津	2 155.41	3 058.69	122.17	5 214.10	124.30	417.80	57.00	599.10
河北	3 894.23	3 822.08	292.21	7 716.31	134.10	1 486.40	329.00	1 949.50
山西	2 855.68	2 659.71	213.20	5 515.39	295.70	547.20	272.30	1 115.20
内蒙古	2 022.55	1 351.71	83.70	3 374.26	257.60	572.90	631.90	1 462.40
辽宁	4 848.73	5 045.59	276.55	9 894.32	205.50	1 564.00	140.20	1 909.70
吉林	1 854.24	1 707.86	101.83	3 562.10	89.20	650.90	88.70	828.80
黑龙江	2 379.94	2 060.46	136.85	4 440.40	216.90	344.60	127.60	689.10
上海	5 226.52	7 833.28	259.63	13 059.80	2.30	873.80	165.40	1 041.50
江苏	8 758.69	12 579.76	704.24	21 338.45	31.90	3 560.90	632.20	4 225.00
浙江	6 518.30	10 305.43	659.12	16 823.73	8.90	2 256.70	571.90	2 837.30
安徽	1 910.87	2 008.12	155.21	3 918.99	131.00	593.20	192.70	916.80
福建	2 521.27	3 260.86	290.41	5 782.13	21.40	607.20	261.00	889.60
江西	1 220.96	1 231.43	112.11	2 452.39	42.40	612.60	136.70	791.70
山东	8 309.62	9 437.49	738.23	17 747.11	329.80	4 435.80	441.00	5 206.60
河南	3 788.63	3 750.85	362.79	7 539.48	277.40	1 315.80	351.10	1 944.30
湖北	3 850.14	3 059.06	188.30	6 909.20	48.00	744.80	272.70	1 065.50
湖南	1 886.62	1 761.49	169.25	3 648.11	70.70	617.60	232.50	920.80
广东	8 834.68	14 411.12	1 085.65	23 245.80	19.90	2 292.00	670.90	2 982.80
广西	1 248.34	1 125.00	91.21	2 373.34	26.30	359.20	193.80	579.30
海南	358.52	265.54	12.10	624.06	0.90	103.90	22.20	127.00
重庆	1 056.30	1 357.20	92.42	2 413.50	36.30	336.40	160.60	533.30
四川	3 039.99	3 150.69	218.99	6 190.68	162.40	860.80	402.20	1 425.40
贵州	1 122.67	947.98	68.08	2 070.65	41.60	133.10	239.70	414.40
云南	1 361.54	1 587.77	68.83	2 949.31	69.40	226.80	339.40	635.60
西藏	70.49	28.58	1.99	99.07	1.60	4.30	16.00	21.90
陕西	2 155.18	1 916.50	118.97	4 071.68	157.00	280.30	149.70	587.00
甘肃	1 117.68	916.73	68.62	2 034.41	33.80	182.80	93.40	310.00
青海	560.46	329.91	14.00	890.37	37.60	69.40	55.70	162.70
宁夏	426.84	404.58	25.58	831.42	33.00	98.50	72.70	204.20
新疆	1 514.97	824.72	46.70	2 339.69	293.70	164.40	65.30	523.60
全国	89 460.50	105 901.71	6 895.95	195 362.21	3 587.40	26 575.90	7 554.40	37 717.70
东部	54 016.41	73 721.36	4 557.28	127 737.77	883.40	17 860.40	3 407.70	22 151.50
中部	19 747.08	18 238.98	1 439.60	37 986.09	1 171.30	5 426.60	1 674.30	8 272.20
西部	15 697.01	13 941.37	899.13	29 638.38	1 150.50	3 288.90	2 420.40	6 859.80

资料来源：根据2006年中国统计年鉴、中国工业经济统计年鉴、中国科技统计年鉴数据计算整理。

附表 1-5　2005 年中国分省(市、区)及东中西部地区工业产业升级原始数据表

省份	工业固定资产投资额(亿元)	人均固资投资(万元/人)	固定资产原值(亿元)	固定资产新度系数	工程技术人员数(人)	产品销售收入(亿元)	R&D 经费占销售收入比重(%)
北京	383.40	3.72	4 434.04	0.58	62 043	7 278.96	1.4
天津	599.10	7.40	3 845.17	0.56	47 651	7 125.93	1.4
河北	1 949.50	11.97	6 303.27	0.62	136 425	10 745.98	0.9
山西	1 115.20	7.59	4 436.30	0.64	130 674	4 784.59	1.4
内蒙古	1 462.40	20.83	3 207.14	0.63	46 296	3 050.96	1.1
辽宁	1 909.70	9.95	8 202.52	0.59	187 269	10 747.31	1.6
吉林	828.80	10.26	3 167.89	0.59	75 728	3 634.64	1.7
黑龙江	689.10	4.35	4 619.41	0.52	127 572	4 765.42	0.9
上海	1 041.50	10.31	9 370.76	0.65	95 830	16 353.73	1.9
江苏	4 225.00	15.43	13 405.21	0.65	340 219	32 098.48	1.8
浙江	2 837.30	13.36	9 522.84	0.68	203 486	23 044.63	1.4
安徽	916.80	8.92	2 953.04	0.63	94 053	4 523.27	2.6
福建	889.60	4.24	3 838.40	0.66	81 772	7 848.24	1.5
江西	791.70	9.87	1 824.46	0.67	5 7061	2 909.13	1.7
山东	5 206.60	12.56	13 178.37	0.63	348 895	30 023.87	1.6
河南	1 944.30	8.73	5 955.47	0.64	181 963	10 114.44	1.2
湖北	1 065.50	7.44	5 393.18	0.71	98 295	5 962.54	1.6
湖南	920.80	9.27	2 932.81	0.64	83 193	4 585.31	1.7
广东	2 982.80	7.85	14 453.16	0.61	309 926	34 781.58	1.3
广西	579.30	8.61	1 908.00	0.65	46 823	2 466.79	2.4
海南	127.00	12.83	486.89	0.74	3 055	449.76	1.7
重庆	533.30	7.94	1 677.98	0.63	56 854	2 515.17	2.6
四川	1 425.40	9.47	4 845.07	0.63	114 950	6 008.12	3.3
贵州	414.40	7.22	1 711.11	0.66	38 502	1 577.16	1.4
云南	635.60	11.41	2 213.36	0.62	45 800	2 569.71	0.9
西藏	21.90	13.69	88.48	0.80	438	28.39	0.1
陕西	587.00	5.27	3 439.54	0.63	91 590	3 302.51	1.6
甘肃	310.00	5.25	1 608.21	0.69	48 401	1 984.67	1.0
青海	162.70	16.60	694.31	0.81	12 384	462.63	1.4
宁夏	204.20	10.31	625.54	0.68	15 576	647.47	1.4
新疆	523.60	11.85	2 093.31	0.72	41 218	2 152.45	0.5
全国	37 717.70	9.70	143 143.63	0.62	3 223 942	248 544.04	1.5
东部	22 151.50	10.35	87 040.63	0.62	1 816 571	180 498.47	1.5
中部	8 272.20	8.00	31 282.56	0.63	848 539	41 279.58	1.5
西部	6 859.80	9.61	24 112.05	0.65	558 394	26 766.23	1.7

资料来源：根据 2006 年中国统计年鉴、中国工业经济统计年鉴、中国科技统计年鉴数据计算整理。

附表1　1987年和2005年分省（市、区）及东中西部地区工业产业升级原始数据表

附表1-6　2005年中国分省(市、区)及东中西部地区工业产业升级原始数据表

省份	全员劳动生产率（万元/人）	总资产贡献率（%）	企业单位数（个）	企业销售规模（亿元/个）	工业产值（亿元）	区域国民生产总值（亿元）	第三产业比重（%）	GDP增长指数（%）
北京	14.34	5.69	6 300	1.16	1 707.04	6 886.31	69.10	111.80
天津	15.03	13.64	6 144	1.16	1 885.04	3 697.62	41.50	114.70
河北	10.84	13.52	9 936	1.08	4 665.21	10 096.11	33.30	113.40
山西	8.24	10.57	4 441	1.08	2 117.68	4 179.52	37.40	112.60
内蒙古	14.82	10.85	2 447	1.25	1 477.88	3 895.55	39.40	123.80
辽宁	11.24	7.84	11 510	0.93	3 489.58	8 009.01	39.60	112.30
吉林	11.48	8.75	2 774	1.31	1 363.94	3 620.27	39.10	112.10
黑龙江	15.74	29.45	2 887	1.65	2 696.30	5 511.50	33.70	111.60
上海	15.88	10.29	14 809	1.10	4 129.52	9 154.18	50.50	111.10
江苏	11.53	10.50	32 224	1.00	9 334.69	18 305.66	35.40	114.50
浙江	7.33	11.03	40 275	0.57	6 349.34	13 437.85	40.00	112.80
安徽	9.56	10.72	5 277	0.86	1 818.45	5 375.12	40.70	111.80
福建	7.89	11.19	12 396	0.63	2 842.43	6 568.93	38.50	111.60
江西	7.87	10.43	4 403	0.66	1 455.50	4 056.76	34.80	112.80
山东	12.70	16.96	27 540	1.09	9 568.58	18 516.87	32.00	115.20
河南	9.31	14.47	10 867	0.93	4 896.01	10 587.42	30.00	114.20
湖北	10.66	9.44	6 813	0.88	2 436.55	6 520.14	40.80	112.10
湖南	9.63	13.61	8 022	0.57	2 189.91	6 511.34	40.60	111.60
广东	8.67	11.29	35 157	0.99	10 482.03	22 366.54	42.90	113.80
广西	8.71	11.09	3 687	0.67	1 264.84	4 075.75	40.60	113.20
海南	12.60	9.91	616	0.73	156.16	894.57	41.80	110.20
重庆	7.13	9.40	2 943	0.85	1 023.35	3 070.49	43.90	111.50
四川	9.86	9.59	7 959	0.75	2 527.08	7 385.11	38.40	112.60
贵州	8.61	9.74	2 585	0.61	714.24	1 979.06	39.60	111.60
云南	14.51	17.42	2 362	1.09	1 180.83	3 472.89	39.50	109.00
西藏	7.69	6.81	197	0.14	17.48	251.21	55.60	112.10
陕西	11.11	14.39	2 997	1.10	1 553.60	3 675.66	37.80	112.60
甘肃	8.16	8.83	1 733	1.15	685.80	1 933.98	40.70	111.80
青海	13.47	11.07	404	1.15	203.94	543.32	39.30	112.20
宁夏	8.35	6.07	685	0.95	229.07	606.10	41.70	110.90
新疆	19.02	20.46	1 445	1.49	961.61	2 604.19	35.70	110.90
全国	10.47	11.82	271 835	0.91	85 423.68	197 789.03	39.90	110.20
东部	10.55	11.40	196 907	0.92	54 609.62	117 933.65	40.47	113.42
中部	10.05	13.36	45 484	0.91	18 974.34	46 362.07	36.40	112.49
西部	10.71	12.00	29 444	0.91	11 839.01	33 493.31	39.52	113.09

资料来源：根据2006年中国统计年鉴、中国工业经济统计年鉴、中国科技统计年鉴数据计算整理。

附表2 1987~2005年中国分省（市、区）及东中西部地区工业产业升级基础数据表

附表2-1 1987年中国分省(市、区)及东中西部地区工业产业升级基础数据表

省份	X_{11}	X_{12}	X_{21}	X_{22}	X_{23}	X_{31}	X_{41}	X_{51}	X_{52}	X_{61}	X_{71}	X_{72}
北京	1.33	1.32	0.94	1.64	1.38	1.89	1.41	2.45	1.15	1.29	0.027	1.01
天津	1.05	1.07	0.96	1.17	1.99	1.48	1.41	2.50	1.22	1.14	0.024	0.99
河北	0.90	0.98	0.99	0.85	0.36	0.79	0.88	0.85	1.03	1.06	0.045	1.01
山西	0.96	1.17	0.99	0.99	0.98	0.61	0.63	0.82	1.04	1.08	0.021	0.97
内蒙古	0.93	0.82	1.06	0.82	0.73	0.47	0.51	0.93	0.79	1.17	0.014	0.96
辽宁	0.95	0.98	0.94	0.94	5.47	0.99	1.05	1.10	1.17	1.02	0.064	1.01
吉林	0.82	0.72	1.01	0.95	0.71	0.65	0.79	1.04	1.01	1.03	0.026	1.04
黑龙江	0.87	0.84	0.98	0.87	0.68	0.72	0.83	1.12	1.08	1.05	0.038	0.97
上海	1.40	1.56	1.04	1.59	1.07	2.40	1.71	3.55	1.31	1.09	0.059	0.96
江苏	1.05	0.90	1.09	0.93	0.35	1.09	1.04	1.04	1.14	0.97	0.101	1.07
浙江	0.99	0.66	1.09	0.62	0.27	1.27	1.28	0.53	1.09	1.01	0.057	1.07
安徽	0.82	0.93	1.03	0.80	0.17	0.80	0.97	0.78	0.82	1.05	0.035	1.00
福建	0.79	1.24	1.06	0.89	1.19	0.88	1.10	0.66	0.88	1.07	0.022	1.05
江西	0.79	0.67	1.01	0.94	1.09	0.59	0.74	0.64	0.87	1.01	0.021	1.05
山东	1.13	1.16	1.03	0.80	0.80	1.16	1.03	1.29	0.98	0.99	0.077	1.05
河南	0.92	0.78	1.02	0.80	0.56	0.77	0.84	1.21	0.86	1.06	0.050	1.05
湖北	1.09	0.82	1.04	0.96	0.11	1.05	0.96	1.03	0.99	1.05	0.048	1.01
湖南	0.89	0.78	0.78	1.09	0.21	0.93	1.05	0.82	0.86	1.05	0.038	1.00
广东	0.99	1.34	1.06	0.68	1.14	1.04	1.05	1.23	0.89	1.17	0.073	1.11
广西	0.89	1.01	1.02	1.12	1.05	1.02	1.14	0.87	0.79	1.12	0.019	1.01
四川	0.97	0.92	0.98	1.24	0.83	0.75	0.77	0.59	0.87	1.00	0.061	1.00
贵州	1.07	1.00	1.04	1.46	1.49	0.90	0.84	0.98	0.75	0.95	0.012	1.02
云南	1.13	0.96	1.05	1.13	0.65	1.26	1.35	0.82	0.93	0.93	0.016	1.04
西藏	1.26	2.13	1.00	1.67	1.66	0.25	0.20	0.16	0.76		0.001	0.97
陕西	1.02	0.97	1.00	1.57	1.03	0.63	0.61	0.72	0.95	0.91	0.020	0.99
甘肃	1.30	1.25	0.93	1.28	0.64	1.04	0.80	1.25	0.74	1.13	0.013	0.98
青海	1.58	2.81	1.14	1.20	1.14	0.52	0.33	1.08	0.74	1.05	0.004	0.97
宁夏	1.25	2.05	1.05	1.12	1.12	0.59	0.47	0.98	0.81	0.98	0.003	0.97
新疆	1.15	1.50	0.96	0.84	1.15	0.67	0.58	0.98	0.76	1.01	0.011	0.99
东部	1.052	1.094	1.012	0.967	1.219	1.241	1.207	1.220	1.084	1.057	0.550	1.041
中部	0.902	0.836	0.980	0.919	0.519	0.777	0.840	0.865	0.938	1.042	0.277	1.005
西部	1.041	1.051	1.004	1.213	1.03	0.802	0.735	0.720	0.834	0.914	0.173	0.994

资料来源:根据1988年中国统计年鉴、中国工业经济统计年鉴、中国科技统计年鉴数据计算整理。
表中，X_{11}为产业人均装备率相对指数；X_{12}为产业固定资产投资力度相对指数；X_{21}为产业固定资产新度相对系数；X_{22}为产业工程技术人员相对比重系数；X_{23}为产业R&D经费投入强度指数；X_{31}为产业全员劳动生产率相对指数；X_{41}为产业总资产贡献率相对指数；X_{51}为产业平均规模相对指数；X_{52}为产业产值占GDP的比重；X_{61}为区域产业结构系数；X_{71}为区域GDP比重系数；X_{72}为区域GDP可比增长速度；下同。

附表2　1987~2005年中国分省（市、区）及东中西部地区工业产业升级基础数据表

附表2-2　1988年中国分省(市、区)及东中西部地区工业产业升级基础数据表

省份	X_{11}	X_{12}	X_{21}	X_{22}	X_{23}	X_{31}	X_{41}	X_{51}	X_{52}	X_{61}	X_{71}	X_{72}
北京	1.34	1.15	0.93	1.88	1.55	1.96	1.59	3.35	1.14	1.24	0.028	1.04
天津	1.07	1.00	0.95	1.23	1.71	1.31	1.25	2.86	1.20	1.11	0.024	1.04
河北	0.90	1.07	0.99	0.78	0.39	0.82	0.93	1.00	1.02	1.01	0.045	1.05
山西	0.94	1.02	0.96	0.87	1.09	0.59	0.63	0.96	1.03	1.07	0.021	1.08
内蒙古	0.91	0.81	1.05	0.71	1.04	0.52	0.56	0.09	0.76	1.11	0.014	1.01
辽宁	0.96	1.01	0.94	1.02	2.90	0.95	1.00	1.71	1.14	1.00	0.063	1.03
吉林	0.81	0.73	1.00	0.87	0.96	0.71	0.88	1.08	1.02	1.01	0.024	1.02
黑龙江	0.89	0.79	0.99	0.85	0.76	0.67	0.75	1.33	1.07	1.00	0.035	0.99
上海	1.42	1.73	1.02	1.82	1.12	2.23	1.67	4.26	1.28	1.06	0.056	0.99
江苏	1.07	0.89	1.05	0.97	1.10	1.03	1.29	1.14	0.92	1.04	0.104	1.11
浙江	1.05	0.66	1.06	0.56	0.37	1.30	1.26	0.66	1.08	0.98	0.058	1.08
安徽	0.80	0.84	1.01	0.69	0.35	0.83	0.97	0.65	0.84	0.96	0.034	1.01
福建	0.81	1.03	1.05	0.73	0.91	0.95	1.20	0.83	0.90	1.02	0.024	1.10
江西	0.76	0.68	0.99	0.91	1.10	0.62	0.79	0.65	0.88	0.99	0.021	1.03
山东	1.18	1.21	1.05	0.80	0.83	1.11	0.93	1.54	1.01	0.96	0.079	1.11
河南	0.90	0.88	1.02	0.81	0.65	0.76	0.79	1.16	0.88	1.01	0.048	1.02
湖北	1.04	0.86	1.02	1.00	0.39	1.07		1.11	1.00	1.00	0.046	1.01
湖南	0.89	0.78	0.97	1.04	0.57	0.94	1.01	0.79	0.85	1.04	0.037	1.00
广东	1.02	1.24	1.06	0.63	1.13	1.20	1.08	1.44	0.94	1.10	0.077	1.13
广西	0.88	1.12	1.03	0.95	1.17	0.98	1.07	0.89	0.80	1.07	0.019	0.99
海南	1.00	1.45	1.00	1.68	1.32	0.59	0.61	1.03	0.43	1.13	0.004	1.01
四川	0.92	0.92	0.96	1.24	0.94	0.78	0.86	0.71	0.88	0.96	0.060	1.02
贵州	1.04	1.06	0.99	1.42	1.32	1.04	0.89	0.86	0.75	0.92	0.012	0.99
云南	1.15	1.01	1.02	1.03	1.23	1.77	1.37	1.24	0.84	0.88	0.016	1.04
西藏	0.52	1.74	0.89	1.65	1.70	0.20	0.46	0.33	0.16	0.72	0.001	0.95
陕西	1.00	0.96	0.96	1.63	1.36	0.67	0.65	0.76	0.93	0.91	0.020	1.02
甘肃	1.22	1.25	0.93	1.37	0.89	0.91	0.72	1.12	0.85	1.09	0.013	1.05
青海	1.62	2.69	1.13	1.48	1.39	0.86	0.56	1.08	0.77	1.04	0.003	1.00
宁夏	1.21	1.39	1.03	0.97	1.22	0.72	0.58	0.90	0.82	0.98	0.003	1.00
新疆	1.18	1.80	0.97	0.89	1.25	0.74	0.61	0.95	0.73	0.96	0.011	1.02
东部	1.075	1.096	1.009	1.003	1.114	1.216	1.156	1.426	1.078	1.016	0.561	1.076
中部	0.888	0.825	0.996	0.879	0.680	0.779	0.854	0.947	0.942	1.009	0.267	1.014
西部	1.009	1.065	0.985	1.195	1.101	0.858	0.821	0.488	0.835	0.978	0.172	1.018

资料来源：根据1989年中国统计年鉴、1989年中国工业经济统计年鉴、1989年中国科技统计年鉴数据计算整理，变量含义同附表2-1。

附表2-3 1989年中国分省(市、区)及东中西部地区工业产业升级基础数据表

省份	X_{11}	X_{12}	X_{21}	X_{22}	X_{23}	X_{31}	X_{41}	X_{51}	X_{52}	X_{61}	X_{71}	X_{72}
北京	1.30	0.95	0.93	2.29	1.92	1.95	1.66	2.83	1.13	1.25	0.028	1.02
天津	1.01	1.19	0.89	1.27	1.39	1.12	1.12	2.59	1.20	1.11	0.024	1.03
河北	0.92	1.07	1.00	0.63	0.37	0.79	0.88	1.03	1.02	1.05	0.046	1.01
山西	0.99	1.17	1.09	0.65	0.96	0.61	0.63	1.04	1.04	1.11	0.021	1.02
内蒙古	0.88	0.95	1.04	0.50	1.02	0.55	0.60	0.64	0.79	1.19	0.014	1.02
辽宁	0.92	1.06	0.93	1.19	1.72	0.88	0.93	1.62	1.13	1.08	0.062	1.00
吉林	0.79	0.64	0.99	0.64	1.09	0.71	0.93	0.97	1.04	1.11	0.023	0.97
黑龙江	0.86	0.77	0.99	0.79	0.76	0.53	0.57	1.26	1.03	1.07	0.036	1.01
上海	1.41	1.77	1.00	2.31	1.20	2.28	1.76	3.65	1.26	1.10	0.055	0.99
江苏	1.12	0.75	1.04	1.11	0.61	1.08	0.96	0.93	1.13	1.00	0.101	0.98
浙江	1.10	0.72	1.03	0.42	0.56	1.30	1.20	0.51	1.08	1.04	0.056	1.00
安徽	0.79	0.85	1.01	0.48	0.41	0.83	0.97	0.63	0.86	1.06	0.033	1.00
福建	0.85	0.97	1.06	0.41	0.85	1.07	1.28	0.63	0.90	1.12	0.025	1.07
江西	0.73	0.75	0.98	0.88	1.09	0.59	0.78	0.55	0.86	1.10	0.021	1.03
山东	1.26	1.11	1.06	0.87	0.76	1.14	0.90	1.61	1.04	0.99	0.084	1.08
河南	0.89	0.94	1.01	0.84	0.58	0.83	0.90	1.06	0.88	1.10	0.049	1.02
湖北	0.99	0.71	1.00	1.07	0.74	1.03	1.05	0.85	1.00	1.05	0.044	0.99
湖南	0.87	0.78	0.97	0.94	0.95	0.97	1.06	0.63	0.86	1.12	0.036	0.99
广东	1.14	1.30	1.06	0.47	1.29	1.10	0.94	1.03	0.93	1.14	0.080	1.07
广西	0.91	1.00	1.04	0.57	1.22	1.07	1.13	0.73	0.78	1.14	0.019	1.00
海南	1.05	2.47	1.12	2.03	1.67	0.68	0.72	0.87	0.43	1.17	0.004	1.03
四川	0.89	0.96	0.94	1.24	1.12	0.82	0.93	0.60	0.88	1.03	0.059	1.00
贵州	0.99	1.09	1.00	1.25	0.98	1.07	0.93	0.81	0.77	0.99	0.012	1.00
云南	1.13	0.98	1.01	0.78	1.24	2.24	1.75	1.17	0.85	0.95	0.016	1.01
西藏	1.34	0.94	1.04	2.24	1.28	0.55	0.52	0.36	0.17	0.78	0.001	1.01
陕西	0.93	1.07	0.97	1.74	1.40	0.73	0.77	0.65	0.93	0.97	0.020	1.01
甘肃	1.11	1.13	0.92	1.60	0.90	0.97	0.86	1.01	0.86	1.17	0.013	1.05
青海	1.71	2.13	1.14	2.08	1.32	0.84	0.50	0.92	0.82	1.05	0.003	0.98
宁夏	1.12	1.46	1.02	0.64	1.35	0.75	0.68	0.91	0.87	1.05	0.003	1.05
新疆	1.19	1.90	0.98	0.98	1.28	0.77	0.63	0.85	0.74	1.06	0.011	1.04
东部	1.101	1.090	1.003	1.080	1.054	1.198	1.115	1.232	1.076	1.070	0.565	1.023
中部	0.871	0.821	1.005	0.797	0.790	0.762	0.851	0.842	0.940	1.088	0.264	1.005
西部	0.978	1.088	0.984	1.150	1.155	0.934	0.919	0.719	0.842	1.051	0.172	1.009

资料来源：根据1990年中国统计年鉴、1990年中国工业经济统计年鉴、1990年中国科技统计年鉴数据计算整理，变量含义同附表2-1。

附表2 1987~2005年中国分省（市、区）及东中西部地区工业产业升级基础数据表

附表2-4 1990年中国分省(市、区)及东中西部地区工业产业升级基础数据表

省份	X_{11}	X_{12}	X_{21}	X_{22}	X_{23}	X_{31}	X_{41}	X_{51}	X_{52}	X_{61}	X_{71}	X_{72}
北京	1.24	0.97	0.92	2.14	2.19	2.06	1.97	3.86	1.12	1.25	0.028	1.04
天津	1.00	1.16	0.94	1.92	1.42	1.07	1.13	2.93	1.17	1.21	0.024	1.03
河北	0.97	1.04	1.01	0.70	0.45	0.65	0.62	1.21	1.01	1.06	0.046	1.02
山西	0.97	1.22	1.00	0.99	1.26	0.61	0.65	1.13	1.03	1.09	0.022	1.04
内蒙古	0.84	1.01	1.03	1.43	1.16	0.53	0.60	1.01	0.78	1.16	0.014	1.03
辽宁	0.91	0.97	0.93	0.48	0.97	0.68	0.67	1.89	1.13	1.03	0.059	1.00
吉林	0.81	0.61	1.00	0.98	1.37	0.61	0.74	1.18	1.00	1.02	0.023	1.00
黑龙江	0.85	0.76	1.00	0.53	0.92	0.55	0.60	1.51	1.02	1.03	0.035	1.01
上海	1.40	1.75	0.99	1.15	1.33	2.41	1.97	4.90	1.27	1.09	0.054	1.00
江苏	1.13	0.67	1.04	0.65	0.55	1.18	1.06	1.60	1.15	0.97	0.100	1.04
浙江	1.09	0.66	1.01	0.93	0.59	1.43	1.40	0.16	1.09	1.00	0.055	1.03
安徽	0.79	0.79	1.02	1.07	0.55	0.85	0.96	0.79	0.87	1.00	0.032	1.02
福建	0.85	0.99	1.05	1.83	0.62	1.10	1.35	0.96	0.91	1.08	0.024	1.05
江西	0.71	0.78	0.97	1.44	1.02	0.50	0.63	0.74	0.83	1.04	0.021	1.01
山东	1.30	1.06	1.08	0.58	0.90	1.11	0.84	1.95	1.07	0.95	0.086	1.05
河南	0.88	0.81	1.01	0.73	0.59	0.81	0.85	1.36	0.88	1.05	0.049	1.03
湖北	0.96	0.76	0.98	0.91	0.93	0.96	1.01	1.23	0.97	1.01	0.044	0.99
湖南	0.83	0.78	0.96	1.13	2.12	0.90	0.95	0.88	0.84	1.07	0.035	1.01
广东	1.19	1.64	1.07	0.68	0.89	1.20	1.01	1.82	0.97	1.11	0.082	1.10
广西	0.91	0.84	1.04	1.97	1.11	1.20	1.30	1.08	0.77	1.08	0.019	1.03
海南	1.18	2.41	1.13	1.94	1.85	0.70	0.61	1.48	0.45	1.13	0.004	1.07
四川	0.89	0.98	0.94	0.65	1.16	0.76	0.83	0.86	0.85	1.01	0.060	1.02
贵州	0.93	1.15	0.99	1.97	0.48	1.30	1.26	1.13	0.78	0.93	0.012	1.01
云南	1.14	1.05	1.02	1.84	1.26	2.94	2.40	1.70	0.82	0.89	0.018	1.04
西藏	1.25	3.72	1.02	1.72	1.50	0.72	0.80	0.39	0.17	0.81	0.001	1.05
陕西	0.93	1.05	0.97	1.87	1.14	0.73	0.76	0.93	0.92	0.95	0.020	1.02
甘肃	1.07	1.19	0.93	1.92	1.02	0.97	0.92	1.25	0.87	1.13	0.013	1.02
青海	1.66	1.74	1.13	1.90	1.36	0.86	0.52	1.29	0.79	1.04	0.003	1.00
宁夏	1.11	1.65	0.81	1.82	1.16	0.64	0.55	1.02	0.88	1.01	0.003	1.02
新疆	1.25	2.43	1.03	1.30	1.02	0.70	0.53	1.13	0.76	0.99	0.012	1.05
东部	1.114	1.084	1.012	0.894	0.944	1.198	1.116	0.963	1.088	1.046	0.563	1.038
中部	0.859	0.803	0.994	0.908	1.070	0.726	0.801	1.084	0.926	1.041	0.262	1.012
西部	0.968	1.131	0.980	1.402	1.103	0.990	0.980	1.025	0.827	1.014	0.175	1.024

资料来源：根据1991年中国统计年鉴、1991年中国工业经济统计年鉴、1991年中国科技统计年鉴数据计算整理，变量含义同附表2-1。

附表 2-5 1991 年中国分省(市、区)及东中西部地区工业产业升级基础数据表

省份	X_{11}	X_{12}	X_{21}	X_{22}	X_{23}	X_{31}	X_{41}	X_{51}	X_{52}	X_{61}	X_{71}	X_{72}
北京	1.42	0.99	0.94	2.68	1.96	1.60	1.95	2.73	1.14	1.64	0.028	1.00
天津	1.10	1.74	0.95	1.28	1.44	1.12	1.11	1.98	1.39	1.64	0.016	0.97
河北	0.89	0.94	1.04	0.64	0.54	0.71	0.61	0.87	1.04	0.92	0.051	1.01
山西	0.96	1.30	0.97	0.57	1.29	0.74	0.70	0.80	1.20	1.02	0.022	0.95
内蒙古	1.09	1.07	1.04	0.42	1.23	0.81	0.56	0.68	0.76	0.83	0.017	0.98
辽宁	1.19	0.99	0.96	1.38	0.97	1.04	0.65	1.36	1.17	0.95	0.057	0.98
吉林	1.13	0.66	1.01	0.59	1.26	0.90	0.62	0.87	1.05	0.82	0.022	0.97
黑龙江	1.13	0.64	1.00	0.68	0.85	1.16	0.76	1.09	1.20	0.78	0.039	0.98
上海	1.54	1.50	1.01	1.82	1.65	1.89	1.84	3.51	1.54	1.15	0.042	0.98
江苏	0.82	0.76	1.01	1.24	0.56	0.94	0.97	1.18	1.21	0.78	0.076	1.03
浙江	0.64	0.67	1.02	0.64	0.53	0.84	1.44	0.59	1.08	0.85	0.051	1.08
安徽	0.75	0.80	1.01	0.56	0.44	0.70	0.76	0.55	0.99	0.73	0.031	0.91
福建	0.78	1.01	1.04	0.46	0.77	0.96	1.42	0.70	0.81	0.96	0.029	1.04
江西	0.64	0.74	0.97	0.86	0.99	0.61	0.75	0.52	0.76	1.00	0.023	0.99
山东	1.12	1.02	1.09	0.91	0.89	1.05	0.88	1.38	0.98	0.68	0.086	0.98
河南	0.89	0.97	1.04	0.76	0.76	0.77	0.98	0.86	0.97	0.97	0.049	0.98
湖北	1.03	0.73	0.98	1.01	0.80	0.98	1.09	0.90	0.96	0.89	0.043	0.97
湖南	0.82	0.84	0.96	0.96	1.06	0.87	0.99	0.62	0.78	0.91	0.039	0.99
广东	1.13	1.45	0.94	0.55	0.90	1.38	1.25	1.49	0.97	1.30	0.084	1.07
广西	0.99	0.94	1.04	0.55	1.17	1.07	1.22	0.75	0.64	0.86	0.025	1.03
海南	1.21	2.18	1.11	0.15	1.75	0.92	0.54	0.98	0.33	1.03	0.006	1.05
四川	0.89	0.98	0.95	1.39	1.31	0.82	0.84	0.62	0.80	0.91	0.065	1.00
贵州	0.90	1.12	1.00	1.28	1.06	0.88	1.07	0.81	0.80	0.91	0.014	1.00
云南	1.20	1.22	1.02	0.72	1.37	1.67	2.25	1.18	0.84	0.61	0.024	0.97
西藏	1.33	4.60	0.95	1.00	1.16	0.73	0.69	0.26	0.20	0.96	0.001	0.93
陕西	1.02	0.92	0.99	1.42	1.56	0.85	0.65	0.68	0.90	1.01	0.022	0.99
甘肃	1.23	1.17	0.93	1.62	1.06	1.10	0.80	0.85	0.96	1.07	0.013	0.97
青海	1.73	1.75	0.97	2.18	1.35	0.99	0.35	0.86	0.84	1.24	0.004	0.96
宁夏	1.41	1.62	1.02	0.68	1.04	0.96	0.48	0.75	0.86	1.20	0.003	0.96
新疆	1.71	2.37	1.05	0.79	1.34	1.28	0.54	0.85	0.67	1.03	0.016	1.04
东部	1.024	1.071	1.006	1.120	0.978	1.094	1.127	1.263	1.100	1.001	0.526	1.027
中部	0.928	0.818	0.997	0.750	0.871	0.856	0.813	0.776	0.964	0.889	0.269	0.966
西部	1.049	1.136	0.989	1.132	1.288	0.966	0.915	0.728	0.791	0.903	0.205	0.992

资料来源：根据 1992 年中国统计年鉴、1992 年中国工业经济统计年鉴、1992 年中国科技统计年鉴数据计算整理，变量含义同附表 2-1。

附表2 1987~2005年中国分省（市、区）及东中西部地区工业产业升级基础数据表

附表2-6 1992年中国分省(市、区)及东中西部地区工业产业升级基础数据表

省份	X_{11}	X_{12}	X_{21}	X_{22}	X_{23}	X_{31}	X_{41}	X_{51}	X_{52}	X_{61}	X_{71}	X_{72}
北京	1.42	1.28	0.92	1.89	2.20	1.61	1.95	2.53	1.06	1.57	0.027	0.98
天津	1.14	1.60	0.92	1.16	1.48	1.04	0.97	1.73	1.31	1.30	0.016	0.98
河北	0.83	1.06	1.01	0.65	0.66	0.78	0.79	0.85	1.04	1.00	0.050	1.01
山西	0.92	1.11	0.99	0.58	1.20	0.78	0.77	0.79	1.17	1.01	0.022	1.00
内蒙古	0.99	1.17	1.02	0.43	1.23	0.79	0.57	0.64	0.74	0.93	0.016	0.97
辽宁	1.21	0.91	0.94	1.31	1.06	1.08	0.70	1.26	1.15	0.99	0.057	0.98
吉林	1.16	0.71	1.01	0.67	1.29	0.92	0.62	0.84	1.10	0.87	0.022	0.98
黑龙江	1.08	0.56	1.00	0.59	0.80	1.15	0.53	1.04	1.31	0.79	0.033	0.94
上海	1.78	1.29	1.01	1.86	1.61	1.87	1.56	4.05	1.47	1.28	0.043	1.01
江苏	0.86	0.85	1.02	1.21	0.51	1.02	1.13	1.23	1.22	0.82	0.083	1.11
浙江	0.71	0.81	1.02	0.75	0.50	0.87	1.44	0.62	1.09	0.88	0.053	1.04
安徽	0.72	0.90	1.01	0.60	0.51	0.71	0.94	0.53	0.94	0.81	0.031	1.02
福建	0.79	0.93	1.05	0.46	0.73	0.85	1.28	0.71	0.79	1.05	0.031	1.06
江西	0.63	0.73	0.97	0.87	1.05	0.57	0.79	0.50	0.75	1.01	0.022	1.01
山东	1.04	0.95	1.05	0.98	0.91	1.04	0.90	1.31	1.04	0.80	0.085	1.03
河南	0.81	0.85	1.03	0.88	0.56	0.79	0.87	0.90	0.97	0.92	0.050	1.00
湖北	0.99	0.87	0.96	0.88	0.84	0.98	1.09	0.90	0.95	0.90	0.042	1.00
湖南	0.78	0.84	0.96	0.90	1.19	0.81	0.98	0.61	0.76	0.96	0.039	0.99
广东	1.27	1.53	1.06	0.63	0.85	1.34	1.15	1.57	0.96	1.00	0.089	1.07
广西	0.95	1.05	1.02	0.78	1.14	0.97	1.13	0.74	0.64	0.96	0.025	1.04
海南	1.34	2.24	1.10	0.07	1.68	0.94	0.90	1.07	0.29	1.23	0.007	1.23
四川	0.88	0.91	0.95	1.39	1.24	0.80	0.82	0.70	0.80	0.94	0.063	0.99
贵州	0.89	1.13	0.98	1.39	0.90	0.87	1.16	0.83	0.80	0.95	0.013	0.95
云南	1.10	1.24	1.00	0.90	1.29	1.60	2.11	1.23	0.80	0.72	0.024	0.97
西藏	1.12	5.29	1.04	1.08	1.62	0.76	0.86	0.22	0.20	0.95	0.001	0.94
陕西	1.02	0.83	1.00	1.71	1.72	0.78	0.64	0.59	0.90	1.03	0.021	0.95
甘肃	1.15	0.99	0.94	1.79	0.96	1.04	0.78	0.78	0.89	1.16	0.012	0.96
青海	1.70	1.63	1.09	2.09	1.44	0.96	0.30	0.85	0.78	1.20	0.003	0.94
宁夏	1.38	1.31	1.05	1.08	1.59	0.99	0.42	0.73	0.86	1.18	0.003	0.95
新疆	1.60	3.05	1.05	0.94	1.56	1.34	0.53	0.82	0.68	1.11	0.016	0.99
东部	1.061	1.081	1.007	1.081	0.973	1.109	1.128	1.265	1.092	1.028	0.541	1.039
中部	0.890	0.802	0.994	0.741	0.895	0.853	0.813	0.751	0.979	0.903	0.261	0.991
西部	1.009	1.140	0.990	1.241	1.275	0.929	0.886	0.742	0.778	0.962	0.198	0.981

资料来源：根据1993年中国统计年鉴、1993年中国工业经济统计年鉴、1993年中国科技统计年鉴数据计算整理，变量含义同附表2-1。

附表 2-7 1993 年中国分省(市、区)及东中西部地区工业产业升级基础数据表

省份	X_{11}	X_{12}	X_{21}	X_{22}	X_{23}	X_{31}	X_{41}	X_{51}	X_{52}	X_{61}	X_{71}	X_{72}
北京	1.96	1.62	1.03	2.00	2.49	1.62	1.36	2.01	0.94	1.41	0.025	0.99
天津	1.15	0.96	0.80	1.17	1.31	0.87	0.93	1.31	1.24	1.14	0.016	0.99
河北	0.78	0.98	1.03	0.64	0.57	0.75	1.02	0.87	1.08	0.98	0.049	1.04
山西	0.80	0.99	1.00	0.56	1.37	0.69	0.72	0.77	1.12	1.05	0.021	0.99
内蒙古	0.99	1.33	1.00	0.63	1.27	0.72	0.83	0.67	0.74	1.01	0.016	0.98
辽宁	1.22	1.00	0.90	1.27	1.02	1.20	0.85	1.16	1.11	1.09	0.059	1.01
吉林	1.07	0.71	0.94	0.59	1.13	0.88	0.70	0.85	1.04	1.05	0.021	1.00
黑龙江	1.03	0.52	0.98	0.60	0.81	0.99	0.30	0.94	1.17	0.90	0.035	0.95
上海	1.84	1.57	1.01	1.94	1.76	1.84	1.55	3.36	1.35	1.17	0.044	1.01
江苏	0.85	0.81	1.01	1.28	0.57	1.00	1.01	1.26	1.17	0.93	0.088	1.07
浙江	0.70	0.81	1.02	0.69	0.49	0.80	1.33	0.72	1.11	0.98	0.056	1.08
安徽	0.95	0.95	1.04	0.76	0.55	0.90	0.84	0.54	1.00	0.84	0.031	1.07
福建	0.80	0.89	1.10	0.42	0.60	0.83	1.63	0.71	0.83	1.11	0.033	1.11
江西	0.61	0.76	0.99	0.86	1.13	0.68	0.69	0.49	0.78	0.91	0.021	1.00
山东	1.03	0.94	1.07	1.01	0.88	1.16	0.83	1.39	1.05	0.91	0.081	1.05
河南	0.76	0.75	1.03	0.84	0.47	0.67	1.01	0.91	0.99	0.90	0.049	1.02
湖北	0.95	0.94	0.93	0.89	0.63	1.13	1.08	0.90	0.96	0.97	0.042	1.01
湖南	0.72	0.67	0.99	0.93	1.18	0.66	0.83	0.59	0.79	0.98	0.037	1.00
广东	1.42	1.67	1.00	0.62	0.94	1.49	1.18	1.54	0.99	0.99	0.094	1.08
广西	0.93	1.27	1.04	0.69	1.31	1.09	1.38	0.73	0.74	1.05	0.026	1.07
海南	1.47	3.54	1.12	0.13	1.85	1.07	0.71	0.82	0.32	1.05	0.008	1.07
四川	0.80	0.85	0.92	1.39	1.29	0.87	0.96	0.77	0.84	0.93	0.061	1.01
贵州	0.92	1.09	0.98	1.44	0.93	0.90	0.97	0.74	0.79	0.94	0.012	0.97
云南	1.13	1.33	1.00	0.76	1.22	1.49	2.32	1.29	0.88	1.03	0.023	0.98
西藏	1.09	4.82	1.17	0.93	1.13	0.82	0.77	0.21	0.18	0.82	0.001	0.95
陕西	0.88	0.86	0.98	1.68	1.40	0.76	0.48	0.58	0.87	1.07	0.020	1.00
甘肃	1.13	0.72	1.02	1.73	0.92	0.93	0.73	0.83	0.88	1.03	0.011	0.98
青海	1.68	1.78	1.12	1.74	1.40	0.95	0.17	0.90	0.81	1.11	0.003	0.97
宁夏	1.31	1.07	1.04	0.90	1.53	0.84	0.47	0.78	0.87	1.11	0.003	0.97
新疆	1.75	2.84	1.05	0.77	1.21	1.13	0.26	0.95	0.75	0.98	0.015	0.97
东部	1.090	1.109	1.012	1.088	0.997	1.125	1.125	1.251	1.074	1.025	0.553	1.050
中部	0.863	0.765	0.983	0.746	0.845	0.826	0.772	0.736	0.978	0.927	0.257	1.005
西部	0.971	1.139	0.988	1.219	1.246	0.929	0.935	0.774	0.814	0.995	0.191	0.999

资料来源：根据 1994 年中国统计年鉴、1994 年中国工业经济统计年鉴、1994 年中国科技统计年鉴数据计算整理，变量含义同附表 2-1。

附表2 1987~2005年中国分省（市、区）及东中西部地区工业产业升级基础数据表

附表2-8 1994年中国分省(市、区)及东中西部地区工业产业升级基础数据表

省份	X_{11}	X_{12}	X_{21}	X_{22}	X_{23}	X_{31}	X_{41}	X_{51}	X_{52}	X_{61}	X_{71}	X_{72}
北京	1.53	1.58	0.91	1.64	2.70	2.00	1.41	1.55	0.91	1.47	0.024	1.02
天津	1.27	1.15	0.80	1.15	1.35	0.94	0.96	1.07	1.21	1.19	0.016	1.02
河北	0.76	0.96	1.01	0.69	0.60	0.74	0.93	0.82	1.05	0.94	0.047	1.03
山西	0.75	0.76	1.00	0.56	1.26	0.62	0.84	0.72	1.11	1.06	0.019	0.98
内蒙古	1.00	1.15	1.00	0.96	1.44	0.71	0.66	0.60	0.73	0.97	0.015	0.99
辽宁	1.25	0.93	0.91	1.13	0.92	1.17	0.75	1.05	1.04	1.13	0.057	1.00
吉林	1.07	0.71	1.00	0.57	1.26	0.85	0.61	0.76	0.89	0.93	0.021	1.02
黑龙江	0.96	0.54	0.96	0.53	0.77	1.02	1.37	0.87	1.15	0.87	0.036	0.97
上海	2.04	1.57	0.88	2.00	1.70	2.04	1.42	3.09	1.32	1.24	0.043	1.02
江苏	0.91	0.75	1.03	1.43	0.60	1.10	0.91	1.36	1.20	0.92	0.089	1.04
浙江	0.73	0.82	1.07	0.65	0.45	0.74	1.13	0.77	1.12	0.98	0.059	1.08
安徽	0.69	0.84	1.02	1.01	0.51	0.79	0.98	0.62	1.11	0.86	0.033	1.08
福建	0.84	0.90	1.10	0.37	0.55	0.98	1.27	0.74	0.91	1.07	0.037	1.09
江西	0.61	0.71	0.97	0.88	1.34	0.63	0.80	0.49	0.63	0.98	0.023	1.06
山东	1.02	0.94	1.07	1.12	0.78	1.25	1.05	1.60	1.07	0.97	0.085	1.04
河南	0.74	0.84	1.02	0.83	0.55	0.72	1.06	0.83	1.06	0.85	0.048	1.02
湖北	0.97	1.13	0.96	0.85	0.61	1.08	0.97	0.94	0.95	0.94	0.041	1.03
湖南	0.65	0.70	0.92	0.96	1.17	0.66	0.80	0.54	0.75	1.01	0.037	0.99
广东	1.57	2.03	1.14	0.59	0.94	1.29	1.50	1.25	1.01	1.00	0.093	1.07
广西	0.91	1.30	1.04	0.61	1.27	1.12	1.28	0.73	0.82	1.01	0.027	1.04
海南	1.43	3.60	1.10	0.18	1.93	0.99	0.75	1.17	0.31	1.01	0.007	1.00
四川	0.80	0.80	0.96	1.41	1.42	0.75	0.66	0.68	0.83	0.93	0.061	1.00
贵州	0.91	0.90	1.03	1.26	1.29	0.71	0.76	0.74	0.80	0.85	0.011	0.97
云南	1.18	1.53	1.07	0.60	1.39	1.83	1.44	1.41	0.95	0.99	0.021	1.00
西藏	0.93	4.57	0.98	0.78	1.49	0.83	0.38	0.23	0.20	0.84	0.001	1.04
陕西	0.92	0.80	1.03	1.90	1.69	0.69	0.42	0.56	0.80	1.14	0.019	0.97
甘肃	1.00	0.72	0.94	1.58	0.91	0.89	0.62	0.77	0.94	1.03	0.010	0.99
青海	1.39	1.52	0.78	1.39	1.48	1.04	0.86	0.86	0.81	1.09	0.003	0.97
宁夏	1.38	1.07	1.09	0.80	1.86	0.87	0.38	0.76	0.83	1.13	0.003	0.97
新疆	1.82	2.53	1.10	0.70	1.24	1.15	0.34	0.92	0.69	1.03	0.015	0.99
东部	1.125	1.135	1.008	1.078	0.969	1.152	1.036	1.275	1.076	1.044	0.556	1.043
中部	0.805	0.771	0.980	0.753	0.847	0.803	0.975	0.718	0.967	0.926	0.257	1.019
西部	0.970	1.071	1.004	1.232	1.379	0.895	0.912	0.734	0.820	0.985	0.186	0.997

资料来源：根据1995年中国统计年鉴、1995年中国工业经济统计年鉴、1995年中国科技统计年鉴数据计算整理，变量含义同附表2-1。

附表 2-9 1995 年中国分省(市、区)及东中西部地区工业产业升级基础数据表

省份	X_{11}	X_{12}	X_{21}	X_{22}	X_{23}	X_{31}	X_{41}	X_{51}	X_{52}	X_{61}	X_{71}	X_{72}
北京	1.70	1.20	0.99	1.56	2.54	1.58	1.30	1.96	0.84	1.74	0.024	1.02
天津	1.55	1.46	0.82	1.07	1.46	1.55	1.22	1.62	1.19	1.35	0.016	1.04
河北	0.70	1.03	1.04	0.71	0.57	0.74	1.03	1.04	1.03	1.03	0.050	1.03
山西	0.81	0.65	0.95	0.68	1.43	0.73	0.86	0.96	1.12	1.09	0.019	1.01
内蒙古	0.96	1.13	1.00	0.60	1.17	0.78	0.61	0.66	0.78	0.96	0.014	0.99
辽宁	1.32	0.82	0.90	1.10	0.90	1.00	0.45	1.19	1.10	1.18	0.049	0.97
吉林	1.17	0.84	1.02	0.58	1.50	0.88	0.42	0.09	0.90	1.08	0.020	0.99
黑龙江	1.00	0.54	0.89	0.59	0.67	1.19	1.50	1.02	1.18	0.91	0.035	0.99
上海	2.53	2.00	1.01	1.84	1.75	2.51	1.56	2.87	1.25	1.44	0.043	1.03
江苏	0.97	0.79	1.04	1.37	0.56	1.17	1.08	1.75	1.14	1.08	0.090	1.04
浙江	0.86	0.95	1.08	0.89	0.49	0.88	1.07	1.13	1.12	1.05	0.061	1.06
安徽	0.64	0.90	1.01	0.71	0.51	0.73	1.17	0.81	1.03	0.98	0.035	1.03
福建	0.94	1.05	1.12	0.40	0.51	1.02	1.09	0.91	0.88	1.21	0.038	1.04
江西	0.62	0.59	0.98	0.87	1.50	0.53	0.55	0.50	0.77	1.08	0.021	1.04
山东	0.93	0.90	1.02	1.06	0.87	1.09	1.17	1.91	1.03	1.09	0.087	1.03
河南	0.63	0.91	0.98	0.96	0.50	0.72	1.34	1.12	1.02	0.90	0.052	1.04
湖北	0.92	1.36	0.91	1.11	0.71	0.95	0.91	1.17	1.01	1.01	0.042	1.04
湖南	0.63	0.71	0.92	0.98	1.53	0.65	0.77	0.67	0.78	1.05	0.038	1.00
广东	1.52	1.48	1.18	0.52	0.85	1.37	0.83	2.09	1.04	1.17	0.094	1.04
广西	0.87	1.09	0.99	0.82	1.37	0.93	0.88	0.85	0.86	1.01	0.026	1.01
海南	1.26	3.92	1.13	0.41	2.59	0.70	0.21	1.10	0.30	1.06	0.006	0.94
四川	0.77	0.80	0.96	1.53	1.37	0.65	0.54	0.76	0.84	0.99	0.061	1.00
贵州	0.87	0.87	1.02	1.51	1.45	0.76	0.75	0.62	0.78	0.92	0.011	0.97
云南	1.12	1.72	1.00	0.68	1.24	1.79	1.37	1.63	1.00	1.00	0.021	1.01
西藏	0.91	7.14	1.12	0.62	1.18	0.66	0.68	0.27	0.18	0.99	0.001	1.07
陕西	0.83	0.75	0.94	1.44	1.75	0.68	0.37	0.68	0.83	1.22	0.017	0.99
甘肃	0.99	0.84	0.94	1.09	1.07	0.92	0.63	0.95	1.00	1.00	0.010	0.99
青海	1.47	1.39	0.99	1.38	1.45	0.92	0.09	0.98	0.75	1.18	0.003	0.98
宁夏	1.25	0.87	1.03	1.29	1.78	0.93	0.69	1.02	0.82	1.20	0.003	0.99
新疆	1.69	2.22	1.00	0.72	1.21	1.48	0.36	1.12	0.63	1.14	0.015	0.99
东部	1.165	1.109	1.031	1.048	0.954	1.171	1.034	1.602	1.061	1.171	0.556	1.031
中部	0.774	0.821	0.953	0.811	0.911	0.798	1.004	0.507	0.984	0.992	0.261	1.020
西部	0.917	1.045	0.972	1.204	1.358	0.863	0.875	0.833	0.837	1.026	0.182	0.995

资料来源：根据 1996 年中国统计年鉴、1996 年中国工业经济统计年鉴、1996 年中国科技统计年鉴数据计算整理，变量含义同附表 2-1。

附表2 1987~2005年中国分省（市、区）及东中西部地区工业产业升级基础数据表

附表2-10 1996年中国分省(市、区)及东中西部地区工业产业升级基础数据表

省份	X_{11}	X_{12}	X_{21}	X_{22}	X_{23}	X_{31}	X_{41}	X_{51}	X_{52}	X_{61}	X_{71}	X_{72}
北京	1.77	1.25	0.97	1.65	2.70	1.42	0.75	0.92	0.81	1.74	0.024	1.00
天津	1.66	1.37	1.01	1.23	1.48	1.07	1.17	1.25	1.15	1.35	0.016	1.04
河北	0.64	1.16	0.97	0.75	0.60	0.73	1.30	0.96	1.02	1.05	0.051	1.04
山西	0.80	0.70	0.97	0.71	1.34	0.74	0.91	0.77	1.10	1.11	0.019	1.01
内蒙古	0.94	0.93	0.94	0.52	1.14	0.80	0.66	0.54	0.79	0.96	0.015	1.03
辽宁	1.50	0.69	0.93	0.92	0.97	0.98	0.43	0.87	1.05	1.21	0.047	0.99
吉林	1.15	0.82	0.97	0.57	1.97	0.91	0.33	0.77	0.85	1.04	0.020	1.04
黑龙江	0.96	0.53	0.91	0.51	0.67	1.20	1.60	0.84	1.16	0.91	0.036	1.01
上海	2.70	2.48	1.04	1.99	1.78	2.31	1.40	2.47	1.19	1.43	0.043	1.03
江苏	0.99	0.84	1.04	1.58	0.64	1.17	1.03	1.56	1.10	1.09	0.089	1.02
浙江	0.85	1.21	1.07	0.71	0.49	0.88	1.15	0.98	1.14	1.07	0.062	1.03
安徽	0.71	0.95	1.06	0.69	0.44	0.96	1.31	0.78	1.03	1.15	0.035	1.04
福建	0.92	0.90	1.07	0.42	0.50	1.02	1.23	0.64	0.86	1.22	0.038	1.05
江西	0.63	0.56	1.03	0.77	1.28	0.60	0.41	0.37	0.77	1.07	0.023	1.03
山东	0.92	0.96	1.01	1.23	0.77	1.18	1.48	1.64	1.01	1.02	0.089	1.02
河南	0.62	0.93	0.99	0.83	0.55	0.68	1.26	0.83	1.00	0.91	0.055	1.04
湖北	0.92	1.29	0.94	1.21	0.71	1.01	0.89	0.97	0.99	1.02	0.044	1.03
湖南	0.61	0.70	0.99	1.04	1.56	0.76	0.95	0.54	0.79	1.06	0.039	1.02
广东	1.49	1.37	1.09	0.79	0.84	1.48	0.93	1.02	1.03	1.18	0.097	1.01
广西	0.91	0.84	1.06	0.82	1.31	0.87	0.30	0.65	0.89	1.03	0.025	0.99
海南	1.49	3.14	1.15	0.20	1.66	0.74	1.00	1.03	0.29	1.07	0.006	0.96
四川	0.73	0.79	0.96	1.27	1.34	0.59	0.55	0.67	1.17	1.00	0.044	1.00
贵州	0.80	1.03	0.95	1.09	1.33	0.74	0.66	0.45	0.76	0.93	0.011	0.99
云南	1.13	1.49	1.03	0.82	1.54	1.75	1.42	1.40	0.96	1.01	0.022	1.01
西藏	0.76	4.73	0.94	1.12	1.16	0.78	1.00	0.21	0.16	1.01	0.001	1.03
陕西	0.83	0.66	0.98	1.30	1.43	0.70	0.28	0.57	0.81	1.24	0.018	1.01
甘肃	0.95	1.03	0.91	1.35	1.06	0.84	0.49	0.76	0.93	0.98	0.011	1.02
青海	1.35	2.06	0.96	1.35	2.07	0.84	0.11	0.61	0.71	1.31	0.003	0.99
宁夏	1.23	1.09	1.01	0.92	1.53	0.94	0.54	0.86	0.84	1.21	0.003	1.08
新疆	1.70	1.92	0.94	1.12	1.37	1.31	0.23	0.95	0.63	1.19	0.014	0.97
东部	1.178	1.140	1.021	1.117	0.954	1.159	1.055	1.285	1.038	1.177	0.564	1.021
中部	0.769	0.816	0.974	0.787	0.924	0.850	1.026	0.732	0.970	1.017	0.271	1.030
西部	0.895	0.989	0.972	1.090	1.349	0.816	0.769	0.689	0.920	1.046	0.166	1.003

资料来源：根据1997年中国统计年鉴、1997年中国工业经济统计年鉴、1997年中国科技统计年鉴数据计算整理，变量含义同附表2-1。

附表 2-11 1997年中国分省(市、区)及东中西部地区工业产业升级基础数据表

省份	X_{11}	X_{12}	X_{21}	X_{22}	X_{23}	X_{31}	X_{41}	X_{51}	X_{52}	X_{61}	X_{71}	X_{72}
北京	1.75	1.35	0.95	1.33	2.86	1.49	0.78	0.71	0.79	1.76	0.024	1.01
天津	1.77	1.36	1.03	1.06	1.34	1.45	0.96	1.12	1.14	1.36	0.016	1.03
河北	0.66	1.29	1.01	1.06	0.44	0.75	1.28	0.98	1.05	1.03	0.052	1.03
山西	0.83	0.79	1.00	1.00	1.26	0.76	0.74	0.74	1.16	1.09	0.019	1.02
内蒙古	0.95	0.89	0.96	0.65	1.24	0.87	0.83	0.59	0.83	0.96	0.014	1.01
辽宁	1.32	0.71	0.95	1.08	1.08	0.95	0.48	0.84	1.09	1.17	0.045	1.00
吉林	1.24	0.68	1.01	0.90	2.06	0.85	0.36	0.75	0.83	1.13	0.019	1.00
黑龙江	1.00	0.69	0.91	0.77	0.88	1.18	1.72	0.83	1.17	0.93	0.035	1.00
上海	2.65	2.51	0.93	1.46	1.62	2.43	1.36	2.50	1.14	1.47	0.044	1.04
江苏	1.00	0.92	1.02	1.22	0.59	1.12	1.05	1.44	1.10	1.09	0.087	1.03
浙江	0.86	1.34	1.08	0.96	0.55	0.82	1.20	1.06	1.18	1.04	0.060	1.02
安徽	0.68	0.89	1.00	0.87	0.48	0.95	1.16	0.75	1.05	0.82	0.035	1.04
福建	0.89	0.96	1.09	0.48	0.61	1.04	1.28	0.69	0.89	1.22	0.039	1.01
江西	0.63	0.47	0.97	0.69	1.04	0.55	0.44	0.40	0.78	1.10	0.022	1.02
山东	0.95	0.95	1.00	1.24	0.80	1.15	1.35	1.79	1.04	1.10	0.087	1.02
河南	0.61	0.93	1.02	0.86	0.52	0.68	0.99	0.78	1.00	0.91	0.053	1.01
湖北	0.96	1.17	0.97	0.96	0.69	1.21	0.94	1.00	1.02	1.01	0.045	1.04
湖南	0.62	0.63	0.99	0.88	1.44	0.70	0.79	0.49	0.83	1.05	0.039	1.02
广东	1.49	1.15	1.06	0.77	0.82	1.43	1.09	1.75	1.05	1.18	0.095	1.03
广西	0.88	0.71	1.06	1.01	1.30	0.76	0.29	0.57	0.90	1.00	0.024	0.99
海南	1.39	2.04	1.06	0.63	1.50	0.75	0.12	0.91	0.29	1.06	0.005	0.98
重庆	0.79	0.62	0.99	0.97	1.16	0.59	0.26	0.69	0.86	1.06	0.018	1.00
四川	0.76	0.99	0.95	1.11	1.37	0.66	0.77	0.75	0.86	0.99	0.043	1.01
贵州	0.78	1.09	1.01	1.06	1.54	0.68	0.78	0.47	0.77	0.93	0.010	1.00
云南	1.11	1.50	1.02	1.04	1.90	1.60	1.45	1.35	0.96	0.99	0.021	1.01
西藏	1.03	3.97	1.08	0.29	1.07	0.97	1.11	0.23	0.26	0.97	0.001	1.02
陕西	0.81	0.68	0.99	1.12	1.52	0.66	0.34	0.57	0.84	1.22	0.017	1.01
甘肃	1.06	1.06	0.94	1.32	1.33	0.85	0.38	0.78	0.89	1.03	0.010	1.00
青海	1.72	2.07	1.07	1.11	1.23	0.78	0.11	0.66	0.69	1.32	0.003	1.00
宁夏	1.17	1.14	0.95	1.10	1.95	0.88	0.51	0.83	0.84	1.20	0.003	0.99
新疆	1.77	1.86	0.96	1.15	1.52	1.66	0.48	0.96	0.70	1.10	0.014	1.02
东部	1.162	1.143	1.010	1.079	0.939	1.152	1.081	1.284	1.053	1.180	0.554	1.024
中部	0.782	0.802	0.991	0.865	0.915	0.858	0.955	0.718	0.989	0.982	0.268	1.022
西部	0.919	1.003	0.981	1.045	1.435	0.823	0.786	0.707	0.852	1.043	0.178	1.008

资料来源：根据1998年中国统计年鉴、1998年中国工业经济统计年鉴、1998年中国科技统计年鉴数据计算整理，变量含义同附表2-1。

附表2 1987～2005年中国分省（市、区）及东中西部地区工业产业升级基础数据表

附表2-12 1998年中国分省(市、区)及东中西部地区工业产业升级基础数据表

省份	X_{11}	X_{12}	X_{21}	X_{22}	X_{23}	X_{31}	X_{41}	X_{51}	X_{52}	X_{61}	X_{71}	X_{72}
北京	1.92	1.24	0.94	1.25	2.31	1.55	0.82	1.09	0.75	1.72	0.024	1.02
天津	2.10	1.58	1.00	1.33	1.16	1.66	0.89	0.92	1.09	1.37	0.016	1.01
河北	0.59	1.29	0.98	1.05	0.37	0.66	1.07	0.92	1.06	0.99	0.051	1.03
山西	0.85	0.81	0.98	0.75	1.36	0.70	0.73	0.67	1.16	1.02	0.019	1.01
内蒙古	0.98	0.74	0.91	0.77	1.47	0.81	0.74	0.98	0.83	0.95	0.014	1.02
辽宁	1.52	0.80	0.97	1.17	1.21	1.07	0.68	1.27	1.06	1.17	0.047	1.00
吉林	1.40	0.69	1.00	0.96	2.20	0.98	0.72	1.05	0.80	1.04	0.019	1.01
黑龙江	1.11	0.72	0.92	1.06	1.08	1.31	1.24	1.21	1.17	0.93	0.034	1.01
上海	3.08	2.67	0.92	1.29	1.31	2.96	1.00	1.43	1.11	1.45	0.045	1.02
江苏	0.99	0.96	1.04	1.22	0.66	1.13	1.03	1.06	1.09	1.07	0.087	1.03
浙江	0.84	1.42	1.05	1.01	0.54	0.91	1.35	0.85	1.22	1.06	0.060	1.01
安徽	0.54	0.75	0.96	0.92	0.70	0.57	0.89	0.89	0.98	0.88	0.034	1.01
福建	0.92	1.03	1.05	0.38	0.66	1.19	1.11	0.78	0.90	1.16	0.040	1.03
江西	0.63	0.47	0.99	0.72	1.22	0.50	0.72	0.48	0.82	1.09	0.022	1.00
山东	0.86	0.86	0.97	1.10	0.75	1.12	1.26	1.34	1.06	1.06	0.087	1.03
河南	0.58	0.79	0.97	0.84	0.60	0.66	1.04	0.68	0.99	0.89	0.053	1.01
湖北	0.94	1.32	0.93	1.02	0.83	1.14	0.95	0.85	1.06	0.99	0.045	1.02
湖南	0.55	0.56	0.99	1.00	1.43	0.56	1.19	0.69	0.86	1.03	0.039	1.01
广东	1.51	1.06	1.03	0.74	0.67	1.58	0.97	1.32	1.09	1.12	0.096	1.02
广西	0.75	0.79	1.04	0.94	1.78	0.68	0.80	0.67	0.74	1.02	0.023	1.01
海南	1.41	1.53	1.14	0.69	1.42	0.97	0.92	0.71	0.31	0.97	0.005	1.00
重庆	0.75	0.77	0.95	0.98	1.24	0.54	0.70	1.00	0.83	1.16	0.017	1.01
四川	0.69	0.89	0.96	1.15	1.70	0.60	0.97	0.95	0.88	0.95	0.043	1.01
贵州	0.77	0.82	0.96	0.94	1.61	0.66	1.00	0.58	0.81	0.91	0.010	1.01
云南	1.02	1.22	1.00	0.91	2.17	1.57	2.46	1.02	0.97	0.95	0.022	1.00
西藏	0.60	2.91	0.75	0.11	1.68	0.69	0.87	0.09	0.25	1.02	0.001	1.01
陕西	1.20	0.75	1.94	1.02	1.86	0.62	0.67	0.83	0.80	1.17	0.017	1.01
甘肃	1.04	1.00	0.93	1.22	1.58	0.76	0.60	0.97	0.89	1.00	0.011	1.01
青海	1.71	2.07	1.08	1.29	2.03	0.95	0.48	0.63	0.72	1.24	0.003	1.01
宁夏	1.18	0.85	0.97	0.87	1.87	0.82	0.68	0.91	0.83	1.13	0.003	1.01
新疆	1.69	1.86	0.91	1.10	1.74	1.50	0.83	0.82	0.67	1.08	0.013	1.00
东部	1.174	1.162	0.996	1.047	0.856	1.217	1.017	1.123	1.059	1.144	0.558	1.023
中部	0.756	0.791	0.960	0.919	1.048	0.776	0.961	0.784	0.990	0.967	0.265	1.011
西部	0.918	0.957	1.067	1.018	1.722	0.772	0.972	0.851	0.830	1.018	0.177	1.009

资料来源：根据1999年中国统计年鉴、1999年中国工业经济统计年鉴、1999年中国科技统计年鉴数据计算整理，变量含义同附表2-1。

附表2-13　1999年中国分省(市、区)及东中西部地区工业产业升级基础数据表

省份	X_{11}	X_{12}	X_{21}	X_{22}	X_{23}	X_{31}	X_{41}	X_{51}	X_{52}	X_{61}	X_{71}	X_{72}
北京	1.49	1.16	0.96	1.34	1.50	1.27	0.82	0.93	0.75	1.74	0.025	1.03
天津	1.39	1.52	1.02	1.14	0.50	1.03	0.85	0.97	1.10	1.39	0.017	1.03
河北	0.87	1.24	0.98	0.87	0.64	0.94	1.05	0.92	1.07	1.01	0.052	1.02
山西	0.77	0.77	0.99	0.91	1.07	0.57	0.62	0.70	1.08	1.18	0.017	0.98
内蒙古	0.98	0.52	0.99	0.78	0.43	0.70	0.72	1.06	0.84	0.98	0.014	1.01
辽宁	1.16	0.77	0.94	0.96	0.71	0.81	0.70	1.37	1.08	1.20	0.048	1.01
吉林	1.01	0.80	1.02	1.00	0.50	0.75	0.81	1.06	0.83	1.04	0.019	1.01
黑龙江	0.80	0.58	0.89	1.00	0.57	1.15	1.68	1.34	1.21	0.98	0.033	1.00
上海	1.93	2.57	0.95	1.11	1.36	1.90	1.04	1.36	1.09	1.50	0.046	1.03
江苏	0.93	0.87	1.04	1.11	1.14	1.09	1.05	1.06	1.10	1.09	0.088	1.03
浙江	1.03	1.49	1.07	0.88	0.50	1.11	1.32	0.88	1.23	1.03	0.061	1.03
安徽	0.74	0.81	0.94	1.05	1.14	0.78	0.90	0.91	0.98	0.92	0.033	1.01
福建	1.00	0.99	1.09	1.10	1.29	1.21	1.15	0.86	0.89	1.21	0.040	1.03
江西	0.72	0.58	1.02	0.86	0.93	0.56	0.69	0.50	0.78	1.14	0.022	1.01
山东	0.82	0.88	1.00	0.94	1.00	1.06	1.23	1.34	1.06	1.08	0.087	1.03
河南	0.70	0.71	0.96	0.90	0.86	0.75	0.96	0.98	0.92	1.01	0.052	1.01
湖北	0.91	1.22	1.01	1.13	1.14	1.01	0.94	0.88	1.10	1.03	0.044	1.01
湖南	0.74	0.66	1.01	1.08	1.07	0.70	1.16	0.66	0.82	1.14	0.038	1.01
广东	1.23	1.18	1.05	1.04	1.07	1.35	1.32	1.25	1.09	1.14	0.097	1.02
广西	0.90	0.88	1.07	0.99	0.57	1.32	0.67	0.64	0.74	1.09	0.022	1.01
海南	1.78	1.93	1.15	0.95	0.64	1.19	0.65	0.69	0.32	1.28	0.005	1.01
重庆	0.97	0.64	1.16	0.89	0.57	0.70	0.70	0.83	1.21	0.017	1.00
四川	0.94	0.88	0.95	0.99	1.36	0.74	0.80	0.96	0.87	0.99	0.042	0.99
贵州	0.94	0.85	0.99	1.02	1.07	0.75	0.92	0.56	0.78	0.98	0.010	1.01
云南	1.27	0.98	1.03	1.10	0.36	1.67	2.13	1.06	0.92	1.01	0.021	1.00
西藏	0.92	2.78	1.01	0.45	0.07	0.80	0.83	0.10	0.24	1.36	0.001	1.02
陕西	0.90	0.76	1.02	1.00	2.00	0.68	0.70	0.85	0.82	1.18	0.017	1.01
甘肃	0.88	1.00	0.98	1.11	1.00	0.66	1.00			1.03	0.011	1.01
青海	1.68	1.99	1.25	1.10	0.93	0.66	0.60	0.73	1.27	0.003	1.01
宁夏	1.00	1.13	1.17	0.91	1.21	0.66	0.62	0.91	0.84	1.14	0.003	1.01
新疆	1.37	2.02	1.03	1.20	0.71	1.13	0.80	0.87	0.68	1.14	0.013	1.00
东部	1.107	1.149	1.009	1.009	1.000	1.159	1.026	1.115	1.063	1.174	0.566	1.024
中部	0.793	0.770	0.977	0.977	0.857	0.807	0.997	0.798	0.983	1.023	0.259	1.007
西部	1.000	0.922	1.025	1.020	1.000	0.814	0.911	0.832	0.822	1.066	0.175	1.001

资料来源：根据2000年中国统计年鉴、2000年中国工业经济统计年鉴、2000年中国科技统计年鉴数据计算整理，变量含义同附表2-1。

附表2　1987~2005年中国分省（市、区）及东中西部地区工业产业升级基础数据表

附表2-14　2000年中国分省(市、区)及东中西部地区工业产业升级基础数据表

省份	X_{11}	X_{12}	X_{21}	X_{22}	X_{23}	X_{31}	X_{41}	X_{51}	X_{52}	X_{61}	X_{71}	X_{72}
北京	1.61	0.87	0.96	1.18	1.18	1.40	0.77	1.14	0.74	1.76	0.025	1.03
天津	1.36	1.48	0.95	0.99	0.71	1.15	0.94	0.95	1.12	1.37	0.017	1.03
河北	0.84	1.13	0.98	0.86	0.71	0.92	1.00	0.91	1.09	1.01	0.052	1.01
山西	0.77	0.80	1.03	0.87	1.29	0.51	0.61	0.68	1.06	1.17	0.017	1.00
内蒙古	0.97	0.61	1.04	0.94	0.41	0.72	0.69	1.04	0.80	1.06	0.014	1.02
辽宁	1.16	0.86	0.97	1.16	0.71	0.89	0.77	1.39	1.12	1.17	0.048	1.01
吉林	0.99	0.87	1.04	0.88	0.53	0.81	0.88	1.11	0.89	1.03	0.019	1.01
黑龙江	0.96	0.81	0.92	0.97	0.47	1.36	2.40	1.79	1.26	0.95	0.033	1.01
上海	1.96	2.14	0.96	1.05	1.29	1.80	0.99	1.45	0.96	1.52	0.047	1.03
江苏	0.97	0.89	1.03	1.02	1.24	1.10	0.99	1.05	1.10	1.09	0.088	1.02
浙江	0.97	1.60	1.06	0.66	0.59	1.06	1.25	0.86	1.18	1.09	0.062	1.03
安徽	0.79	0.72	0.99	1.24	1.06	0.68	0.79	0.89	0.89	1.00	0.031	1.00
福建	0.96	0.86	1.09	1.17	1.00	1.12	0.96	0.79	0.92	1.20	0.040	1.01
江西	0.72	0.65	1.00	0.86	0.88	0.54	0.69	0.49	0.66	1.23	0.021	1.00
山东	0.81	0.90	0.96	0.94	1.12	1.07	1.32	1.34	1.08	1.07	0.088	1.02
河南	0.68	0.67	0.97	1.08	0.94	0.71	0.92	0.64	1.00	0.92	0.053	1.01
湖北	0.90	1.26	0.99	1.03	1.35	0.96	0.87	0.88	1.10	1.05	0.044	1.01
湖南	0.76	0.78	0.99	1.08	1.12	0.69	0.98	0.63	0.82	1.18	0.038	1.01
广东	1.13	0.93	1.03	1.01	1.00	1.31	0.95	1.22	1.09	1.18	0.099	1.03
广西	0.93	0.93	1.08	1.01	0.88	0.78	0.87	0.61	0.74	1.12	0.021	0.99
海南	1.51	1.52	1.08	1.01	0.41	1.15	0.62	0.57	0.31	1.27	0.005	1.01
重庆	0.93	0.65	0.99	0.88	1.24	0.68	0.68	0.91	0.82	1.23	0.016	1.01
四川	0.95	0.91	1.01	1.06	1.24	0.70	0.76	0.91	0.86	1.02	0.041	1.01
贵州	0.99	1.06	1.01	1.07	0.82	0.70	0.80	0.55	0.78	1.02	0.010	1.01
云南	1.24	0.91	1.04	1.01	0.53	1.51	1.76	0.96	0.88	1.04	0.020	0.99
西藏	1.04	3.52	0.90	1.34	0.06	0.69	0.59	0.08	0.21	1.38	0.001	1.01
陕西	0.94	0.85	1.03	1.01	1.65	0.72	0.84	0.86	0.81	1.18	0.017	1.01
甘肃	0.89	0.91	1.04	1.23	0.76	0.59	0.57	0.52	0.82	1.07	0.010	1.01
青海	2.27	1.80	1.30	1.23	0.94	0.90	0.53	0.85	0.75	1.27	0.003	1.01
宁夏	1.03	1.18	1.10	0.90	0.82	0.72	0.61	1.13	0.86	1.13	0.003	1.02
新疆	1.64	2.58	1.18	1.12	0.53	1.68	1.22	1.09	0.76	1.08	0.014	1.00
东部	1.085	1.070	0.999	0.983	1.000	1.153	1.007	1.113	1.066	1.187	0.573	1.022
中部	0.811	0.822	0.985	1.005	0.882	0.799	1.056	0.813	0.978	1.043	0.256	1.007
西部	1.027	0.982	1.051	1.046	1.000	0.819	0.885	0.798	0.812	1.091	0.171	1.005

资料来源:根据2001年中国统计年鉴、2001年中国工业经济统计年鉴、2001年中国科技统计年鉴数据计算整理,变量含义同附表2-1。

附表 2-15　2001 年中国分省(市、区)及东中西部地区工业产业升级基础数据表

省份	X_{11}	X_{12}	X_{21}	X_{22}	X_{23}	X_{31}	X_{41}	X_{51}	X_{52}	X_{61}	X_{71}	X_{72}
北京	1.61	0.62	0.98	1.07	1.00	1.33	0.82	1.26	0.71	1.80	0.027	1.04
天津	1.41	1.38	0.93	0.93	0.71	1.18	0.90	0.98	1.11	1.39	0.017	1.04
河北	0.87	0.94	1.01	0.82	0.59	0.92	0.99	0.90	1.09	1.01	0.052	1.01
山西	0.77	0.77	1.00	0.87	1.12	0.54	0.62	0.75	1.09	1.15	0.017	1.01
内蒙古	0.96	0.79	1.05	0.87	0.47	0.73	0.65	1.09	0.82	1.08	0.014	1.02
辽宁	1.29	0.90	0.97	1.13	0.82	0.90	0.69	1.43	1.08	1.21	0.047	1.02
吉林	1.08	0.94	1.05	0.53	0.47	0.92	0.88	1.25	0.89	1.09	0.019	1.02
黑龙江	1.01	0.73	0.93	1.08	0.65	1.30	2.06	1.76	1.24	0.96	0.033	1.02
上海	1.94	2.15	0.92	0.91	1.18	1.88	0.99	1.35	1.07	1.51	0.046	1.03
江苏	0.95	0.86	1.02	1.07	1.00	1.10	1.04	1.04	1.12	1.10	0.089	1.03
浙江	0.91	1.75	1.07	0.66	0.71	1.00	1.35	0.76	1.15	1.14	0.063	1.03
安徽	0.78	0.64	1.03	1.22	1.35	0.72	0.92	0.88	0.90	1.02	0.031	1.01
福建	0.92	0.69	1.09	0.86	0.82	1.02		0.90	1.00	1.19	0.040	1.01
江西	0.75	0.65	1.01	0.89	0.88	0.59	0.70	0.54	0.68	1.21	0.020	1.01
山东	0.78	0.99	0.96	0.96	1.18	1.05	1.29	1.35	1.08	1.08	0.088	1.03
河南	0.70	0.66	1.01	1.03	0.88	0.73	0.91	0.68	1.01	0.92	0.053	1.02
湖北	0.90	1.35	0.98	0.89	1.18	0.96	0.92	0.90	1.10	1.06	0.044	1.02
湖南	0.77	0.87	0.98	1.25	1.06	0.74	1.04	0.63	0.82	1.18	0.037	1.02
广东	1.06	0.99	1.02	1.03	1.12	1.22		1.11	1.20	1.20	0.100	1.02
广西	0.94	0.76	1.10	1.01	0.94	0.79	0.81	0.60	0.72	1.17	0.021	1.01
海南	1.32	1.24	1.11	1.19	0.24	1.02	0.80	0.60	0.33	1.27	0.005	1.01
重庆	0.95	0.66	1.00	0.94	1.35	0.82	0.74	0.95	0.82	1.24	0.016	1.02
四川	0.95	0.95	1.01	1.04	1.47	0.77	0.78	0.92	0.79	1.13	0.041	1.02
贵州	1.01	1.33	1.03	1.20	0.69	0.77	0.57	0.77	1.07	0.010	1.01
云南	1.31	0.94	1.00	1.17	0.35	1.56	1.65	1.04	0.87	1.29	0.019	0.99
西藏	1.22	3.21	1.19	0.54	0.06	0.65	0.59	0.08	0.19	1.48	0.001	1.05
陕西	1.01	0.75	1.02	1.04	1.82	0.75	0.80	0.97	1.20	0.017	1.02
甘肃	0.90	1.06	1.03	1.26	0.82	0.67	0.47	0.83	1.07	0.010	1.02
青海	2.13	2.82	1.30	1.17	1.06	0.96	0.52	0.93	0.74	1.25	0.003	1.04
宁夏	1.10	1.23	1.10	0.98	0.88	0.74	0.59	1.20	0.86	1.14	0.003	1.03
新疆	1.80	2.56	1.25	1.39	0.53	1.63	1.16	1.23	0.76	1.14	0.014	1.01
东部	1.063	1.053	0.994	0.968	1.000	1.123	1.022	1.089	1.068	1.202	0.575	1.024
中部	0.829	0.824	0.994	1.005	0.882	0.819	1.042	0.840	0.985	1.051	0.254	1.016
西部	1.054	1.026	1.056	1.103	1.118	0.852	0.865	0.823	0.794	1.140	0.171	1.014

资料来源：根据 2002 年中国统计年鉴、2002 年中国工业经济统计年鉴、2002 年中国科技统计年鉴数据计算整理，变量含义同附表 2-1。

附表2 1987~2005年中国分省（市、区）及东中西部地区工业产业升级基础数据表

附表2-16 2002年中国分省(市、区)及东中西部地区工业产业升级基础数据表

省份	X_{11}	X_{12}	X_{21}	X_{22}	X_{23}	X_{31}	X_{41}	X_{51}	X_{52}	X_{61}	X_{71}	X_{72}
北京	1.58	0.51	0.95	1.21	1.12	1.31	0.80	1.16	0.67	1.86	0.027	1.02
天津	1.37	1.13	0.93	0.90	0.71	1.17	0.90	1.07	1.10	1.41	0.017	1.04
河北	0.88	0.92	1.02	0.87	0.65	0.90	1.06	0.96	1.09	1.03	0.052	1.01
山西	0.81	0.83	1.03	0.89	1.41	0.58	0.70	0.82	1.13	1.09	0.017	1.03
内蒙古	1.01	0.98	1.00	1.02	0.65	0.80	0.69	1.12	0.82	1.09	0.015	1.04
辽宁	1.37	0.84	0.98	1.04	1.12	0.92	0.66	1.38	1.06	1.24	0.046	1.02
吉林	1.14	0.89	1.02	0.89	0.82	0.98	0.86	1.38	0.89	1.09	0.019	1.01
黑龙江	1.07	0.61	0.93	1.09	0.71	1.25	1.81	1.62	1.22	0.98	0.033	1.02
上海	1.83	1.80	0.94	0.85	1.18	1.71	1.10	1.32	1.06	1.52	0.046	1.03
江苏	0.96	1.03	1.01	1.10	1.12	1.12	1.02	1.05	1.13	1.11	0.090	1.03
浙江	0.87	1.78	1.06	0.66	0.71	0.97	1.33	0.74	1.14	1.19	0.066	1.04
安徽	0.81	0.85	1.03	1.03	1.41	0.77	0.97	0.89	0.90	1.00	0.030	1.01
福建	0.89	0.87	1.03	0.80	0.65	1.10	1.09	0.78	1.00	1.19	0.040	1.02
江西	0.78	0.78	1.03	0.91	1.06	0.63	0.74	0.62	0.70	1.17	0.021	1.02
山东	0.78	1.11	0.97	0.99	1.24	1.05	1.18	1.36	1.09	1.09	0.089	1.03
河南	0.71	0.60	0.98	1.00	0.82	0.72	0.95	0.71	1.02	0.93	0.052	1.01
湖北	0.94	1.22	1.01	1.04	1.06	0.95	0.94	0.91	1.08	1.09	0.042	1.01
湖南	0.81	0.96	1.03	1.19	1.06	0.78	0.99	0.60	0.82	1.21	0.037	1.01
广东	0.97	0.97	0.99	0.95	1.06	1.13	0.97	1.19	1.11	1.22	0.100	1.03
广西	0.92	0.96	1.07	1.03	0.94	0.75	0.79	0.66	0.71	1.21	0.021	1.02
海南	1.20	1.13	1.01	0.83	0.29	1.05	1.03	0.67	0.34	1.24	0.005	1.01
重庆	0.97	0.79	1.02	0.86	1.29	0.73	0.83	0.99	0.82	1.25	0.017	1.02
四川	1.00	1.00	1.04	1.04	1.47	0.85	0.81	0.91	0.79	1.14	0.041	1.02
贵州	0.99	1.32	1.01	1.20	1.12	0.70	0.75	0.60	0.78	1.08	0.010	1.01
云南	1.43	1.10	1.03	1.19	0.41	1.61	1.05	0.87	1.08	1.08	0.019	1.00
西藏	1.19	5.66	1.16	0.53	0.06	0.64	0.44	0.08	0.18	1.64	0.001	1.05
陕西	1.05	0.71	1.03	1.10	1.35	0.78	0.87	1.01	0.84	1.18	0.017	1.01
甘肃	0.93	0.98	1.06	1.27	0.71	0.70	0.64	0.47	0.83	1.07	0.010	1.01
青海	2.20	2.95	1.28	1.35	1.06	0.99	0.57	0.96	0.73	1.24	0.003	1.04
宁夏	1.03	1.02	1.10	0.91	0.76	0.63	0.60	1.19	0.86	1.13	0.003	1.02
新疆	1.87	2.32	1.19	1.13	0.53	1.51	0.96	1.19	0.73	1.16	0.014	1.00
东部	1.035	1.037	0.991	0.966	1.000	1.104	1.026	1.073	1.068	1.222	0.579	1.030
中部	0.864	0.816	1.001	1.015	1.000	0.828	1.020	0.860	0.984	1.062	0.251	1.015
西部	1.089	1.073	1.057	1.087	1.059	0.880	0.872	0.845	0.791	1.153	0.170	1.019

资料来源：根据2003年中国统计年鉴、2003年中国工业经济统计年鉴、2003年中国科技统计年鉴数据计算整理，变量含义同附表2-1。

附表2-17　2003年中国分省(市、区)及东中西部地区工业产业升级基础数据表

省份	X_{11}	X_{12}	X_{21}	X_{22}	X_{23}	X_{31}	X_{41}	X_{51}	X_{52}	X_{61}	X_{71}	X_{72}
北京	1.63	0.44	0.94	1.06	1.27	1.38	0.84	1.33	0.67	1.86	0.027	1.01
天津	1.37	0.96	0.94	0.78	0.73	1.28	0.92	1.08	1.11	1.37	0.018	1.05
河北	0.89	1.05	1.01	0.87	0.60	0.91	1.08	1.02	1.08	1.01	0.052	1.02
山西	0.84	0.89	1.03	0.88	0.87	0.68	0.84	0.94	1.16	1.05	0.018	1.04
内蒙古	1.12	1.66	0.97	1.09	0.67	0.98	0.73	1.13	0.80	1.06	0.016	1.07
辽宁	1.33	0.80	0.92	1.21	1.20	0.97	0.70	1.27	1.02	1.25	0.044	1.02
吉林	1.23	0.89	1.01	1.15	0.53	1.10	0.97	1.58	0.88	1.07	0.019	1.01
黑龙江	1.22	0.60	0.89	1.19	0.73	1.40	1.89	1.57	1.21	0.95	0.033	1.01
上海	1.74	1.53	0.91	0.84	1.20	1.76	1.14	1.36	1.09	1.46	0.046	1.02
江苏	0.98	1.29	1.03	1.07	1.07	1.12	0.96	1.04	1.15	1.10	0.092	1.04
浙江	0.87	1.57	1.07	0.55	0.80	0.88	0.70	0.70	1.11	1.20	0.069	1.05
安徽	0.83	0.97	1.05	1.11	1.60	0.81	1.03	0.86	0.87	1.11	0.029	1.00
福建	0.78	0.44	1.08	0.78	0.93	0.90	1.11	0.72	0.98	1.18	0.039	1.02
江西	0.79	0.85	1.03	1.03	1.27	0.64	0.79	0.67	0.72	1.11	0.021	1.03
山东	0.80	1.18	0.99	1.11	1.07	1.08	1.18	1.27	1.13	1.04	0.092	1.04
河南	0.71	0.73	0.98	1.04	0.73	0.75	0.95	0.80	1.03	0.96	0.052	1.01
湖北	1.19	0.93	1.14	1.08	1.13	0.94	0.70	0.87	1.00	1.13	0.040	1.00
湖南	0.76	1.00	0.99	1.26	1.27	0.77	1.02	0.60	0.75	1.27	0.034	1.00
广东	0.92	0.84	0.99	0.73	0.93	1.06	0.99	1.21	1.14	1.16	0.101	1.05
广西	0.90	1.02	1.05	1.17	1.53	0.74	0.85	0.68	0.71	1.18	0.020	1.01
海南	1.26	1.75	0.96	0.87	0.27	1.10	0.90	0.69	0.36	1.22	0.005	1.01
重庆	0.92	0.85	1.00	1.11	1.47	0.73	0.85	0.95	0.82	1.25	0.017	1.02
四川	0.98	0.95	1.04	1.11	1.67	0.79	0.75	0.88	0.78	1.14	0.040	1.02
贵州	0.96	1.22	1.00	1.20	0.87	0.72	0.78	0.63	0.80	1.06	0.010	1.01
云南	1.43	0.99	0.99	1.33	0.40	1.54	1.50	1.06	0.84	1.09	0.018	0.99
西藏	1.11	4.73	1.19	0.24	0.07	0.61	0.55	0.08	0.18	1.57	0.001	1.03
陕西	1.11	0.69	1.02	1.19	1.87	0.82	0.93	1.01	0.83	1.19	0.018	1.01
甘肃	0.97	0.93	1.05	1.22	0.60	0.68	0.62	0.55	1.01	1.06	0.010	1.01
青海	2.00	2.44	1.25	1.76	1.00	0.92	0.47	0.94	0.74	1.23	0.003	1.03
宁夏	1.10	1.02	1.10	0.84	0.67	0.66	0.55	1.24	0.89	1.08	0.003	1.03
新疆	1.90	1.86	1.20	1.26	0.60	1.60	1.14	1.20	0.73	1.07	0.014	1.01
东部	1.007	1.021	0.989	0.920	1.000	1.080	1.023	1.055	1.079	1.193	0.585	1.035
中部	0.915	0.836	1.014	1.076	1.000	0.861	1.023	0.891	0.961	1.074	0.246	1.011
西部	1.093	1.086	1.043	1.169	1.133	0.879	0.885	0.861	0.784	1.138	0.169	1.018

资料来源：根据2004年中国统计年鉴、2004年中国工业经济统计年鉴、2004年中国科技统计年鉴数据计算整理，变量含义同附表2-1。

附表2 1987~2005年中国分省（市、区）及东中西部地区工业产业升级基础数据表

附表2-18 2004年中国分省(市、区)及东中西部地区工业产业升级基础数据表

省份	X_{11}	X_{12}	X_{21}	X_{22}	X_{23}	X_{31}	X_{41}	X_{51}	X_{52}	X_{61}	X_{71}	X_{72}
北京	1.74	0.41	0.81	1.21	1.17	1.40	0.80	1.38	0.69	1.88	0.026	1.03
天津	1.36	0.77	0.90	0.99	0.92	1.32	1.09	1.26	1.13	1.36	0.018	1.06
河北	0.91	1.13	1.00	0.92	0.58	1.00	1.10	1.19	1.07	0.99	0.054	1.03
山西	0.87	0.79	1.00	1.02	1.08	0.74	0.92	1.15	1.19	1.01	0.019	1.04
内蒙古	1.14	1.76	0.92	1.21	0.75	1.10	0.88	1.20	0.86	1.01	0.017	1.09
辽宁	1.34	0.84	0.99	1.43	1.17	1.01	0.74	1.24	0.95	1.29	0.042	1.03
吉林	1.23	0.78	1.00	1.26	0.75	1.10	0.88	1.50	0.89	1.08	0.018	1.02
黑龙江	1.19	0.40	0.89	1.38	0.83	1.36	2.04	1.62	1.22	0.92	0.032	1.02
上海	1.79	1.31	0.92	0.86	1.17	1.60	1.03	1.29	1.08	1.50	0.046	1.04
江苏	1.02	1.71	1.03	1.02	1.17	1.15	0.94	1.06	1.15	1.09	0.094	1.05
浙江	0.81	2.02	0.96	0.80	0.83	0.82	1.08	0.61	1.10	1.22	0.069	1.04
安徽	0.88	0.83	1.11	1.20	1.75	0.78	0.88	0.95	0.83	1.11	0.029	1.03
福建	0.77	0.48	1.12	0.71	0.83	0.84	0.96	0.70	0.96	1.20	0.037	1.02
江西	0.79	0.98	1.09	1.27	1.00	0.69	0.84	0.72	0.73	1.07	0.021	1.03
山东	0.83	1.37	1.00	1.13	0.92	1.12	1.26	1.21	1.16	1.01	0.095	1.05
河南	0.73	0.79	0.99	1.09	0.92	0.79	1.00	0.86	1.01	0.94	0.054	1.04
湖北	1.25	0.68	1.24	1.20	1.25	0.94	0.72	0.91	0.95	1.14	0.039	1.02
湖南	0.82	0.94	1.14	1.13	1.25	0.84	1.06	0.62	0.73	1.25	0.034	1.02
广东	0.86	0.86	0.96	0.60	0.83	0.97	0.90	1.20	1.15	1.15	0.098	1.04
广西	0.89	0.79	1.08	1.15	1.17	0.77	0.98	0.67	0.73	1.20	0.020	1.02
海南	1.62	1.36	0.88	0.89	0.33	1.19	1.08	0.76	0.36	1.24	0.005	1.01
重庆	0.90	0.76	1.03	1.17	1.58	0.73	0.88	0.93	0.76	1.15	0.016	1.02
四川	1.00	0.97	1.05	1.25	1.58	0.83	0.72	0.82	0.76	1.18	0.040	1.02
贵州	0.93	0.84	0.96	1.03	0.92	0.73	0.87	0.60	0.83	1.07	0.010	1.02
云南	1.51	1.03	1.01	1.59	0.75	1.54	1.58	1.15	0.82	1.10	0.018	1.01
西藏	1.41	2.29	0.99	0.32	0.08	0.88	1.07	0.14	0.17	1.64	0.001	1.03
陕西	1.15	0.57	1.05	1.31	1.92	0.84	1.01	1.15	0.85	1.17	0.018	1.03
甘肃	0.99	0.61	1.17	0.97	0.75	0.73	0.75	0.62	0.85	1.04	0.010	1.01
青海	2.12	1.94	1.26	0.93	1.00	1.07	0.73	0.97	0.78	1.22	0.003	1.03
宁夏	1.09	0.97	1.09	1.16	0.75	0.68	0.62	1.23	0.93	1.06	0.003	1.01
新疆	1.87	1.33	1.25	1.63	0.92	1.79	1.36	1.31	1.06	1.00	0.013	1.01
东部	0.999	1.139	0.974	0.901	1.000	1.059	1.000	1.035	1.081	1.193	0.584	1.041
中部	0.938	0.746	1.053	1.165	1.083	0.883	1.033	0.941	0.949	1.060	0.247	1.028
西部	1.103	0.950	1.058	1.231	1.250	0.917	0.960	0.884	0.796	1.135	0.169	1.029

资料来源:根据2005年中国统计年鉴、2005年中国工业经济统计年鉴、2005年中国科技统计年鉴数据计算整理,变量含义同附表2-1。

附表 2-19 2005 年中国分省(市、区)及东中西部地区工业产业升级基础数据表

省份	X_{11}	X_{12}	X_{21}	X_{22}	X_{23}	X_{31}	X_{41}	X_{51}	X_{52}	X_{61}	X_{71}	X_{72}
北京	1.90	0.38	0.93	1.19	0.93	1.37	0.48	1.26	0.57	1.73	0.035	1.01
天津	1.51	0.76	0.90	0.85	0.93	1.44	1.15	1.27	1.18	1.04	0.019	1.04
河北	0.93	1.23	0.99	0.90	0.60	1.04	1.14	1.18	1.07	0.83	0.051	1.03
山西	0.91	0.78	1.03	0.97	0.93	0.79	0.89	1.18	1.17	0.94	0.021	1.02
内蒙古	1.42	2.15	1.01	0.95	0.73	1.42	0.92	1.36	0.88	0.99	0.020	1.12
辽宁	1.26	1.03	0.95	1.27	1.07	1.07	0.66	1.02	1.01	0.99	0.040	1.02
吉林	1.23	1.06	0.94	1.32	1.13	1.10	0.74	1.43	0.87	0.98	0.018	1.02
黑龙江	1.15	0.45	0.82	1.48	0.60	1.50	2.49	1.81	1.13	0.84	0.028	1.01
上海	1.78	1.06	0.89	0.97	1.27	1.52	0.87	1.21	1.04	1.27	0.046	1.01
江苏	1.07	1.59	1.05	1.09	1.20	1.10	1.23	1.09	1.18	0.89	0.093	1.04
浙江	0.90	1.38	1.10	0.89	0.93	0.70	0.93	0.63	1.09	1.00	0.068	1.02
安徽	0.89	0.92	1.04	1.10	1.73	0.91	0.91	0.94	0.78	1.02	0.027	1.01
福建	0.70	0.44	1.05	0.73	1.00	0.75	0.95	1.21	0.96	0.96	0.033	1.01
江西	0.77	1.02	1.07	1.11	1.13	0.75	0.88	0.72	0.83	0.87	0.021	1.02
山东	0.85	1.29	1.01	0.98	1.07	1.21	1.43	1.19	1.20	0.80	0.094	1.05
河南	0.73	0.90	1.02	0.98	0.80	0.89	1.22	1.02	1.07	0.75	0.054	1.04
湖北	1.30	0.77	1.14	1.01	1.07	1.02	0.80	0.96	0.87	1.01	0.033	1.02
湖南	0.76	0.96	1.03	1.29	1.13	0.92	1.15	0.63	0.78	1.02	0.033	1.01
广东	0.76	0.81	0.98	0.66	0.87	0.83	0.96	1.08	1.09	1.08	0.113	1.03
广西	0.92	0.89	1.05	1.37	1.60	0.83	0.94	0.73	0.72	1.22	0.021	1.03
海南	1.82	1.32	1.18	0.59	1.13	1.20	0.84	0.80	0.40	1.05	0.005	1.00
重庆	0.92	0.82	1.01	1.19	1.73	0.68	1.23	1.23	1.23	1.10	0.016	1.01
四川	1.00	0.98	1.00	1.14	2.20	0.94	0.81	0.83	0.79	0.96	0.037	1.02
贵州	1.07	0.74	1.05	1.08	0.93	0.82	0.82	0.67	0.84	0.69	0.010	1.02
云南	1.51	1.18	0.98	1.24	0.60	1.39	1.47	1.19	0.79	1.23	0.018	0.99
西藏	1.76	1.41	1.27	0.28	0.07	0.73	0.58	0.16	0.16	1.39	0.001	1.02
陕西	1.21	0.54	1.00	1.24	1.07	1.06	1.22	1.21	0.98	0.95	0.019	1.02
甘肃	1.05	0.54	1.11	1.24	0.67	0.78	0.75	1.25	0.82	1.02	0.010	1.01
青海	2.24	1.71	1.29	1.47	0.93	1.29	0.94	1.25	0.87	0.98	0.003	1.02
宁夏	1.15	1.06	1.09	0.95	0.93	0.80	0.51	1.03	0.88	1.05	0.003	1.01
新疆	1.77	1.22	1.16	1.46	0.33	1.82	1.73	1.63	0.85	0.89	0.013	1.01
东部	0.989	1.067	0.993	0.912	1.000	1.008	0.964	1.003	1.072	1.014	0.596	1.029
中部	0.931	0.824	1.010	1.113	1.000	0.960	1.130	0.993	0.948	0.912	0.234	1.021
西部	1.164	0.990	1.042	1.188	1.133	1.023	1.015	0.994	0.818	0.991	0.169	1.026

资料来源:根据 2006 年中国统计年鉴、2006 年中国工业经济统计年鉴、2006 年中国科技统计年鉴数据计算整理,变量含义同附表 2-1。

附表3 1987~2005年经正态标准化处理后的数据表

附表3-1 1987~1996年东中西部地区产业升级基础数据经正态标准化处理后数据表

省份	X_{11}	X_{12}	X_{21}	X_{22}	X_{23}	X_{31}	X_{41}	X_{51}	X_{52}	X_{61}	X_{71}	X_{72}
东部1987	0.602	0.820	0.359	-0.403	0.955	1.912	2.175	1.257	1.228	0.078	1.289	1.309
中部1987	-0.681	-1.076	-0.909	-0.738	-2.713	-1.127	-1.154	-0.309	-0.146	-0.104	-0.334	-0.694
西部1987	0.511	0.501	0.035	1.292	-0.032	-0.967	-2.100	-0.949	-1.122	-0.435	-0.955	-1.322
东部1988	0.805	0.830	0.233	-0.157	0.405	1.749	1.710	2.168	1.176	-0.414	1.355	3.315
中部1988	-0.803	-1.152	-0.257	-1.010	-1.869	-1.115	-1.026	0.050	-0.107	-0.497	-0.393	-0.199
西部1988	0.235	0.607	-0.691	1.163	0.335	-0.596	-1.325	-1.974	-1.109	-0.875	-0.962	0.026
东部1989	1.027	0.787	0.019	0.373	0.088	1.634	1.336	1.310	1.155	0.232	1.376	0.347
中部1989	-0.945	-1.187	0.098	-1.578	-1.293	-1.229	-1.051	-0.410	-0.121	0.437	-0.413	-0.699
西部1989	-0.032	0.776	-0.738	0.855	0.618	-0.101	-0.435	-0.955	-1.044	-0.002	-0.963	-0.489
东部1990	1.133	0.743	0.339	-0.912	-0.486	1.635	1.348	0.123	1.268	-0.063	1.368	1.180
中部1990	-1.052	-1.321	-0.343	-0.813	0.171	-1.465	-1.506	0.656	-0.256	-0.114	-0.425	-0.310
西部1990	-0.116	1.086	-0.896	2.591	0.346	0.271	0.119	0.395	-1.180	-0.442	-0.943	0.359
东部1991	0.365	0.647	0.114	0.651	-0.308	0.949	1.444	1.448	1.377	-0.601	1.148	0.560
中部1991	-0.456	-1.208	-0.242	-1.901	-0.868	-0.608	-1.398	-0.704	0.102	-1.932	-0.382	-2.864
西部1991	0.579	1.122	-0.531	0.733	1.315	0.108	-0.469	-0.917	-1.521	-1.766	-0.766	-1.448
东部1992	0.677	0.720	0.144	0.379	-0.335	1.050	1.455	1.455	1.303	-0.279	1.234	1.202
中部1992	-0.781	-1.322	-0.333	-1.961	-0.745	-0.627	-1.391	-0.815	0.243	-1.758	-0.431	-1.485
西部1992	0.232	1.155	-0.489	1.481	1.244	-0.129	-0.732	-0.855	-1.649	-1.063	-0.803	-2.050
东部1993	0.927	0.928	0.371	0.431	-0.212	1.155	1.424	1.395	1.137	-0.312	1.305	1.841
中部1993	-1.019	-1.594	-0.762	-1.933	-1.003	-0.807	-1.763	-0.882	0.238	-1.480	-0.456	-0.697
西部1993	-0.091	1.146	-0.574	1.333	1.095	-0.129	-0.292	-0.713	-1.306	-0.669	-0.849	-1.007
东部1994	1.228	1.119	0.205	0.357	-0.354	1.329	0.627	1.501	1.150	-0.081	1.328	1.460
中部1994	-1.510	-1.550	-0.913	-1.878	-0.996	-0.955	0.075	-0.960	0.127	-1.494	-0.452	0.107
西部1994	-0.100	0.651	0.050	1.422	1.794	-0.358	-0.501	-0.887	-1.247	-0.782	-0.876	-1.120
东部1995	1.573	0.930	1.099	0.152	-0.434	1.455	0.609	2.945	1.013	1.434	1.328	0.793
中部1995	-1.777	-1.189	-1.960	-1.482	-0.659	-0.994	0.336	-1.891	0.288	-0.697	-0.428	0.157
西部1995	-0.549	0.459	-1.219	1.229	1.680	-0.564	-0.834	-0.451	-1.088	-0.296	-0.900	-1.271
东部1996	1.683	1.154	0.714	0.625	-0.436	1.374	0.796	1.545	0.796	1.506	1.370	0.219
中部1996	-1.824	-1.222	-1.137	-1.644	-0.594	-0.653	0.528	-0.900	0.159	-0.410	-0.372	0.708
西部1996	-0.740	0.047	-1.217	0.439	1.636	-0.874	-1.797	-1.086	-0.307	-0.061	-0.998	-0.812

·217·

附表 3-2　1997~2005 年东中西部地区产业升级基础数据经正态标准化处理后数据表

省份	X_{11}	X_{12}	X_{21}	X_{22}	X_{23}	X_{31}	X_{41}	X_{51}	X_{52}	X_{61}	X_{71}	X_{72}
东部 1997	1.548	1.180	0.282	0.366	-0.516	1.329	1.031	1.538	0.938	1.542	1.315	0.366
中部 1997	-1.708	-1.325	-0.455	-1.108	-0.637	-0.599	-0.113	-0.961	0.338	-0.822	-0.391	0.239
西部 1997	-0.540	0.153	-0.840	0.131	2.086	-0.828	-1.637	-1.006	-0.953	-0.089	-0.924	-0.525
东部 1998	1.651	1.320	-0.273	0.148	-0.947	1.754	0.452	0.826	0.992	1.115	1.339	0.335
中部 1998	-1.935	-1.405	-1.666	-0.736	0.057	-1.133	-0.059	-0.669	0.345	-1.003	-0.408	-0.374
西部 1998	-0.549	-0.184	2.512	-0.052	3.590	-1.164	0.043	-0.374	-1.154	-0.394	-0.931	-0.470
东部 1999	1.074	1.222	0.236	-0.115	-0.194	1.375	0.533	0.794	1.031	1.469	1.384	0.404
中部 1999	-1.619	-1.559	-1.003	-0.337	-0.942	-0.935	0.266	-0.606	0.280	-0.327	-0.442	-0.587
西部 1999	0.161	-0.447	0.851	-0.043	-0.194	-0.889	-0.505	-0.458	-1.230	0.185	-0.942	-0.894
东部 2000	0.887	0.643	-0.162	-0.295	-0.194	1.337	0.356	0.784	1.060	1.620	1.426	0.250
中部 2000	-1.464	-1.175	-0.713	-0.147	-0.810	-0.987	0.802	-0.540	0.236	-0.094	-0.461	-0.559
西部 2000	0.388	-0.004	1.886	0.136	-0.194	-0.854	-0.740	-0.605	-1.326	0.482	-0.964	-0.720
东部 2001	0.701	0.517	-0.346	-0.399	-0.194	1.143	0.497	0.677	1.080	1.806	1.439	0.380
中部 2001	-1.310	-1.166	-0.344	-0.147	-0.810	-0.852	0.674	-0.420	0.296	0.005	-0.472	-0.084
西部 2001	0.619	0.321	2.065	0.529	0.423	-0.635	-0.925	-0.495	-1.494	1.059	-0.967	-0.212
东部 2002	0.454	0.397	-0.466	-0.410	-0.194	1.013	0.536	0.607	1.082	2.035	1.460	0.717
中部 2002	-1.006	-1.219	-0.093	-0.078	-0.194	-0.792	0.482	-0.333	0.292	0.134	-0.489	-0.129
西部 2002	0.924	0.666	2.120	0.419	0.115	-0.456	-0.861	-0.399	-1.521	1.214	-0.971	0.071
东部 2003	0.218	0.280	-0.529	-0.730	-0.194	0.861	0.505	0.528	1.182	1.693	1.497	0.975
中部 2003	-0.566	-1.076	0.428	0.343	-0.194	-0.576	0.502	-0.197	0.075	0.275	-0.522	-0.355
西部 2003	0.954	0.758	1.571	0.990	0.505	-0.457	-0.744	-0.330	-1.590	1.033	-0.976	0.062
东部 2004	0.148	1.148	-1.133	-0.862	-0.194	0.722	0.293	0.439	1.200	1.696	1.491	1.354
中部 2004	-0.374	-1.734	1.946	0.957	0.243	-0.435	0.594	0.025	-0.042	0.108	-0.513	0.596
西部 2004	1.044	-0.236	2.145	1.413	1.116	-0.208	-0.069	-0.227	-1.477	1.004	-0.978	0.676
东部 2005	0.067	0.620	-0.386	-0.783	-0.194	0.388	-0.025	0.297	1.119	-0.436	1.565	0.669
中部 2005	-0.429	-1.160	0.280	0.600	-0.194	0.070	1.474	0.253	-0.052	-1.652	-0.589	0.196
西部 2005	1.560	0.058	1.516	1.114	0.505	0.483	0.431	0.260	-1.265	-0.720	-0.976	0.503

附表4 相关系数矩阵 R(Correlation Matrix)

系数	X_{11}	X_{12}	X_{21}	X_{22}	X_{23}	X_{31}	X_{41}	X_{51}	X_{52}	X_{61}	X_{71}	X_{72}
X_{11}	1.000	0.393	0.165	0.284	0.193	0.638	-0.019	0.374	-0.075	0.500	-0.186	-0.057
X_{12}	0.393	1.000	0.220	-0.021	0.094	0.132	-0.139	-0.044	-0.504	0.143	-0.258	0.013
X_{21}	0.165	0.220	1.000	-0.132	-0.112	-0.090	-0.133	-0.122	-0.254	-0.018	-0.082	0.112
X_{22}	0.284	-0.021	-0.132	1.000	0.273	0.266	0.097	0.378	0.095	0.149	-0.118	-0.208
X_{23}	0.193	0.094	-0.112	0.273	1.000	0.101	-0.133	0.161	-0.082	0.186	-0.200	-0.185
X_{31}	0.638	0.132	-0.090	0.266	0.101	1.000	0.600	0.662	0.303	0.284	0.200	0.082
X_{41}	-0.019	-0.139	-0.133	0.097	-0.133	0.600	1.000	0.472	0.399	-0.078	0.311	0.188
X_{51}	0.374	-0.044	-0.122	0.378	0.161	0.662	0.472	1.000	0.512	0.177	0.283	0.079
X_{52}	-0.075	-0.504	-0.254	0.095	-0.082	0.303	0.399	0.512	1.000	-0.086	0.564	0.090
X_{61}	0.500	0.143	-0.018	0.149	0.186	0.284	-0.078	0.177	-0.086	1.000	-0.123	0.089
X_{71}	-0.186	-0.258	-0.082	-0.118	-0.200	0.200	0.311	0.283	0.564	-0.123	1.000	0.320
X_{72}	-0.057	0.013	0.112	-0.208	-0.185	0.082	0.188	0.079	0.090	0.089	0.320	1.000

附表5 中国分省(市、区)工业产业升级指数(未作递增化处理)

附表5-1 中国分省(市、区)工业产业升级指数(未作递增化处理)

省份	1987	1988	1989	1990	1991	1992	1993	1994	1995	1996
北京	0.453	0.666	0.475	0.693	0.565	0.367	0.351	0.277	0.512	0.583
天津	0.207	0.417	0.244	0.333	0.244	0.028	0.120	0.062	0.293	0.363
河北	0.010	0.141	0.034	0.060	-0.009	-0.003	0.123	0.005	0.115	0.055
山西	-0.233	-0.213	-0.092	0.003	-0.236	-0.167	-0.235	-0.249	-0.153	-0.125
内蒙古	-0.358	-0.230	-0.198	-0.127	-0.308	-0.325	-0.273	-0.265	-0.287	-0.273
辽宁	-0.070	0.052	0.087	0.082	-0.032	0.015	0.151	0.065	-0.035	0.053
吉林	-0.211	-0.199	-0.184	-0.125	-0.293	-0.284	-0.265	-0.247	-0.280	-0.127
黑龙江	-0.184	-0.151	-0.104	-0.093	-0.218	-0.241	-0.262	-0.179	-0.278	-0.036
上海	0.694	0.822	0.708	0.948	0.703	0.960	0.787	0.740	1.078	0.983
江苏	0.650	0.806	0.424	0.634	0.226	0.595	0.469	0.246	0.416	0.482
浙江	0.457	0.466	0.148	0.179	0.186	0.096	0.289	0.349	0.396	0.283
安徽	-0.158	-0.192	-0.146	-0.090	-0.237	-0.230	-0.251	-0.107	-0.022	0.042
福建	-0.009	0.234	0.210	0.126	-0.017	0.048	0.366	0.361	0.292	0.256
江西	-0.319	-0.215	-0.198	-0.124	-0.289	-0.241	-0.219	-0.173	-0.183	-0.242
山东	0.412	0.706	0.496	0.632	0.331	0.265	0.425	0.251	0.195	0.426
河南	0.176	0.015	0.081	0.098	-0.173	-0.098	-0.027	-0.054	0.040	0.006
湖北	0.113	0.090	-0.048	-0.043	-0.214	-0.141	-0.084	0.002	0.010	0.008
湖南	-0.094	-0.167	-0.190	-0.102	-0.237	-0.254	-0.253	-0.234	-0.204	-0.194
广东	0.637	0.767	0.535	0.766	0.637	0.740	0.774	0.776	0.881	0.648
广西	-0.226	-0.238	-0.195	-0.109	-0.262	-0.261	-0.271	-0.250	-0.211	-0.242
海南	—	-0.293	-0.319	-0.132	-0.299	-0.296	-0.269	-0.254	-0.274	-0.254
重庆	—	—	—	—	—	—	—	—	—	—
四川	-0.295	-0.214	-0.199	-0.131	-0.295	-0.267	-0.265	-0.275	-0.289	-0.262
贵州	-0.339	-0.378	-0.307	-0.213	-0.364	-0.554	-0.487	-0.520	-0.525	-0.548
云南	-0.328	-0.280	-0.203	-0.128	-0.303	-0.533	-0.286	-0.271	-0.281	-0.291
西藏	-1.058	-1.149	-1.346	-1.241	-1.339	-1.495	-0.340	-1.148	-0.945	-0.828
陕西	-0.346	-0.307	-0.273	-0.225	-0.303	-0.305	-0.273	-0.249	-0.274	-0.278
甘肃	-0.328	-0.216	-0.218	-0.134	-0.318	-0.349	-0.266	-0.344	-0.342	-0.327
青海	-0.379	-0.272	-0.231	-0.132	-0.344	-0.342	-0.276	-0.592	-0.329	-0.394
宁夏	-0.461	-0.299	-0.219	-0.469	-0.323	-0.339	-0.324	-0.287	-0.282	-0.411
新疆	-0.396	-0.324	-0.222	-0.138	-0.312	-0.321	-0.300	-0.276	-0.281	-0.289

附表5 中国分省（市、区）工业产业升级指数（未作递增化处理）

附表5-2 中国分省(市、区)工业产业升级指数(未作递增化处理)

省份	1997	1998	1999	2000	2001	2002	2003	2004	2005
北京	0.248	0.330	0.290	0.395	0.493	0.397	0.402	0.405	0.371
天津	0.400	0.344	0.248	0.192	0.271	0.278	0.345	0.364	0.218
河北	0.085	-0.029	0.046	0.031	0.108	0.109	0.117	0.158	0.074
山西	-0.088	-0.222	-0.207	-0.160	-0.151	-0.037	0.046	0.058	-0.130
内蒙古	-0.234	-0.293	-0.213	-0.162	-0.198	-0.192	-0.150	-0.105	-0.212
辽宁	0.062	0.129	0.143	0.187	0.234	0.266	0.171	0.259	0.077
吉林	-0.180	-0.127	-0.183	-0.084	-0.191	-0.102	-0.121	-0.057	-0.179
黑龙江	-0.027	-0.180	-0.006	-0.092	-0.182	-0.130	-0.137	-0.092	-0.182
上海	0.935	0.858	0.572	0.593	0.555	0.548	0.505	0.565	0.483
江苏	0.462	0.405	0.390	0.372	0.399	0.409	0.458	0.490	0.376
浙江	0.242	0.196	0.325	0.308	0.300	0.355	0.370	0.201	0.155
安徽	-0.004	-0.209	-0.172	-0.023	-0.110	-0.044	-0.108	0.012	-0.165
福建	0.280	0.178	0.212	0.218	0.263	0.212	0.128	0.154	-0.098
江西	-0.130	-0.235	-0.199	-0.134	-0.150	-0.109	-0.116	-0.102	-0.213
山东	0.433	0.343	0.364	0.305	0.311	0.345	0.391	0.458	0.372
河南	-0.078	-0.188	-0.165	-0.151	-0.107	-0.094	-0.073	0.100	0.031
湖北	0.135	-0.015	0.023	-0.011	-0.148	0.034	0.039	0.143	-0.124
湖南	-0.162	-0.235	-0.128	-0.092	-0.161	-0.089	-0.124	0.085	-0.189
广东	0.683	0.631	0.548	0.554	0.508	0.520	0.543	0.470	0.397
广西	-0.246	-0.303	-0.222	-0.169	-0.203	-0.111	-0.169	-0.108	-0.232
海南	-0.153	-0.273	-0.180	-0.162	-0.241	-0.201	-0.263	-0.291	-0.301
重庆	-0.216	-0.286	-0.186	-0.147	-0.192	-0.182	-0.141	-0.075	-0.195
四川	-0.249	-0.295	-0.265	-0.161	-0.281	-0.260	-0.270	-0.190	-0.252
贵州	-0.495	-0.476	-0.344	-0.335	-0.343	-0.314	-0.315	-0.303	-0.352
云南	-0.253	-0.298	-0.321	-0.182	-0.313	-0.292	-0.290	-0.351	-0.322
西藏	-0.568	-0.488	-0.543	-0.565	-0.624	-0.742	-0.783	-0.825	-0.924
陕西	-0.248	-0.297	-0.204	-0.161	-0.194	-0.141	-0.141	-0.097	-0.202
甘肃	-0.364	-0.315	-0.315	-0.173	-0.296	-0.240	-0.255	-0.231	-0.295
青海	-0.247	-0.291	-0.211	-0.181	-0.303	-0.193	-0.183	-0.133	-0.220
宁夏	-0.339	-0.313	-0.274	-0.171	-0.275	-0.198	-0.160	-0.111	-0.241
新疆	-0.250	-0.327	-0.312	-0.162	-0.284	-0.201	-0.151	-0.141	-0.253

参考文献

1. Globerman S. , Ries J. C. and Vertinsky. The Economic Performance of Foreign Affiliatesin Canada. Canadian Journal of Economics, 1994. vol. 27, 143 – 156.

2. Blomstrom. Foreign Investment and Spillovers: Study of Technology Transfer to Mex – ico. London: Routledge, 1989.

3. Haddad. and Harrison, A. Are There Positive Spillovers from Foreign Direct Investment? Evidence from Morocco. Journal of Development Economic 42, 1993. 51 – 74.

4. Aitken, Brian, and Ann E. Harrison. Do Domestic Firms Benefit from Foreign Direct Investment Evidence from Venezuela. American Economic Review 89, 1999. No. 3, 605 – 618.

5. Ping Lin and Kamal Saggi. Multinational Firms, Exclusivity, and the Degree of Backward Linkages. Lingnan University and Southern Methodist University. Photocopy, 2004.

6. John H. Dunning, Multinational Enterprises and the Global Economy [M]. Addison – Wesley Publishing Co. , 1993.

7. Luo. Y. Strategic Traits of Foreign Direct Investment in China. A Country of Origin Perspective. Management International Review [J], vol. 38, Iss. 2, 1998. 109 – 132.

8. Xiaming Liu, David Parker, Kirit Vaidya, Yingqi Wei. The Impact of Foreign Direct Investment on Labour Productivity in the Chi-

nese Electronics Industry. International Business Review 10, 421 – 439. 2001.

9. Geogios Fotopoulos, Helen Louri, Firm Growth and FDI: are Multinationals Stimulating Local Industrial Development. Journal of Industry, Competition and Trade 4: 163 – 189. 2004.

10. Evis Sinani, Klaus E. Meyer. Spillovers of Technology Transfer from FDI: the Case of Estonia. Journal of Comparative Economics 32, 445 – 466. 2004.

11. Barro, R. and X. SMa – i – Martin. Economic Growth. McGraw – Hill, London, 1995.

12. Lucas, R. E. On the Mechanics of Economic Development. Journal of Monetary Economics, 22, 3 – 42. 1988.

13. Maddison, A. Chinese Economic Performance in the Long Run, OECD Publication, France, 1998.

14. Romer, P. M. Increasing Returns and Long – run Growth. Journal of Political Economy, 94, 1002 – 1037. 1986.

15. Solow, R. M. A Contribution to the Theory of Economic Growth. Quarterly Journal of Economics, 70, February, 65 – 94. 1956.

16. Swan, T. W. Economic Growth and Capital Accumulation. Economic Record, 32, 334 – 361. 1956

17. Acemoglu, Daron. Why Do New Technologies Complement Skills Directed Technical Change and Wage Inequality. Quarterly Journal of Economics, CXIII, 1998.

18. Michael E. Porter. The competitive Advantage of Nation. The Free Press, N. Y. 1990. 18.

19. Kiley, Michae. The Supply of Skilled Labor and Skill – Based Technological Progress, Economc Journal, 1999.

20. Foster, R. Innovation, the Attacker's Advantage. Si – Mon and Schuster: NewYork. 1986.

21. Meyer, R. and Johnson Eric J. Empirical generalizations In the Modeling of Consumer Choice. Marketing Science. Summer, 1995.

22. Sahal, D. Technological Guide Posts and Innovation Avenues. Research Policy, 14, 61 – 82. 1985.

23. Kiley, Michae. The Supply of Skilled Labor and Skill – Based Technological Progress, Economc Journal, 1999.

24. H. 钱纳里. 工业化和经济增长的比较研究 [M]. 上海：上海三联书店, 1996.

25. M. 托达罗. 第三世界的经济发展 [M]. 北京：中国人民大学出版社, 1988.

26. [美] 阿瑟·刘易斯. 经济增长理论 [M]. 上海：上海三联书店, 1997.

27. [美] 迈克尔·波特. 国家竞争优势 [M]. 北京：华夏出版社, 2002.

28. [美] 迈克尔·波特. 竞争战略 [M]. 北京：华夏出版社, 1997.

29. [英] 凯恩斯. 就业、利息与货币通论 [M]. 上海：商务印书馆, 1983.

30. 西蒙·库兹尼茨. 现代经济增长 [M]. 北京：北京经济学院出版社, 1989.

31. 约瑟夫·熊彼特. 经济发展理论 [M]. 上海：商务印书馆, 1990.

32. 王雪. 国际产业转移理论的研究现状及发展趋势 [J]. 工业技术经济, 2006 (10).

33. 冼国明, 严斌. FDI 对中国创新能力的溢出效应 [J]. 世界经济, 2005 (10).

34. 许罗丹. 外商直接投资的特点与对东道国的贡献——评 Dr. Edward. K. Y. Chen《香港地区资本对中国内地的影响》[J]. 世界经济, 2005 (5).

35. 裴长洪. 吸收外商直接投资与产业结构优化升级 [J]. 中国工业经济, 2006 (1).

36. 崔新健. 外国直接投资下的产业结构升级 [J]. 当代财经, 2002 (10).

37. 黄静波, 付建. FDI与广东技术进步的实证研究 [J]. 管理世界, 2004 (9).

38. 蒋殿春. 跨国公司对我国企业研发能力的影响: 一个模型分析 [J]. 南开经济研究, 2004 (4).

39. 杨先明, 伏润民. 国际直接投资与我国产业升级问题的思考 [J]. 云南大学学报, 2002 (4).

40. 杨刚. FDI促进我国产业结构升级的传导机制研究 [J]. 科技创业月刊, 2005 (7).

41. 刘志彪. 全球化背景下中国制造业升级的路径与品牌战略 [J]. 财经问题研究, 2005 (5).

42. 高燕. 产业升级的测定及制约因素分析 [J]. 统计研究, 2006 (4).

43. 赵果庆. 跨国公司对我国工业升级的影响 [J]. 国际贸易问题, 2006 (8).

44. 高煜. 我国产业结构升级: 近期研究的评述 [J]. 社会科学辑刊, 2005 (6).

45. 江小娟. 产业结构优化升级: 新阶段和新任务 [J]. 财贸经济, 2005 (4).

46. 潘文卿. 外商直接投资对中国工业部门的外溢效应: 基于面板数据的分析 [J]. 世界经济, 2003 (6).

47. 沈坤荣. 外商直接投资的外溢效应分析 [J]. 金融研

究，2000（3）．

48. 王飞．外商直接投资促进了国内工业企业技术进步吗？[J]．世界经济研究，2003（4）．

49. 黄寰．自主创新与区域产业结构优化升级［M］．北京：中国经济出版社，2006．

50. 周新生等．产业分析与产业策划方法及应用［M］．北京：经济管理出版社，2005．

51. 张明倩．中国产业集聚现象统计模型及应用研究［M］．北京：中国标准出版社，2007．

52. 周飞跃．产业竞争力提升战略［M］．北京：经济科学出版社，2006．

53. 施宇箭，李国旺．产业升级路径研究——黄岩专题报告［M］．复旦大学出版社，2006．

54. 张辉．全球价值链下地方产业集群转型和升级［M］．北京：经济科学出版社，2006．

55. 刘南昌．强国产业论——产业政策若干理论问题研究［M］．北京：经济科学出版社，2006．

56. 祝尔娟．利用外资加快老工业基地产业结构调整升级问题研究［M］．北京：中国经济出版社，2007．

57. 吉儒．产业升级——开放条件下中国的政策选择［M］．北京：中国经济出版社，2006．

58. 詹姆斯·R．马库森．跨国公司与国际贸易理论［M］．强永昌，陆雪莲，杨泓艳译．上海：上海财经大学出版社，2005．

59. 吴进红．开放经济与产业结构升级［M］．北京：社会科学文献出版社，2007．

60. 澳大利亚Monash International，亚洲开发银行，中国国家发展改革委员会．西部地区利用外资研究（R），2003．

61. 毛蕴诗. 跨国公司对华直接投资策略 [M]. 北京: 中国财政经济出版社, 2005: 60 – 67.

62. 毛蕴诗, 袁静. 跨国公司对华直接投资策略: 趋势与特点 [J]. 管理世界, 2005 (9): 48 – 58.

63. 殷华方, 潘镇, 鲁明泓. 中国外商直接投资产业政策测量和有效性研究: 1979 ~ 2003 [J]. 管理世界, 2006 (7): 34 – 45.

64. 林德金. 实用省市地县现代规划理论、政策、方法、模型、案例 [M]. 北京: 光明日报出版社, 1988: 3 – 8.

65. 商务部外国投资管理司, 投资促进事务局. 中国利用外资法律法规文件汇编 (2004 – 2005) [M]. 北京: 中国商务出版社, 2005: 183 – 192、336 – 337.

66. 王志乐. 2002 ~ 2003 跨国公司在中国投资报告 [M]. 北京: 中国经济出版社, 2003.

67. 商务部. 2005 年中国外商投资报告 [R]. http://wzs.mofcom.gov.cn, 2006.

68. 王洛林. 2003 ~ 2004 中国外商投资报告 [M]. 北京: 中国社会科学出版社, 2005.

69. 杨先明. 经济发展阶段与国际直接投资模式选择 [M]. 商务印书馆, 2000.

70. 蒋永志. 工业化先行地区产业升级路径研究 [J]. 中国工业经济, 2005 (5): 74 – 80.

71. 王德鲁, 张米尔, 周敏. 产业转型中转型企业技术能力研究综述——兼论转型企业技术能力再造途径 [J]. 管理科学学报, 2006 (6): 74 – 79.

72. 张芸, 王岳平. 西部地区新型工业化测度及类型 [J]. 经济研究参考, 2007 (19): 40 – 48.

73. 毛蕴诗, 汪建成. 基于产品升级的自主创新路径研究

[J]. 管理世界, 2006 (5): 114-120.

74. 李实, 王亚柯. 中国东西部地区企业职工收入差距的实证分析 [J]. 管理世界, 2006 (5): 16-26.

75. 李闽榕. 全国省域经济综合竞争力评价研究 [J]. 管理世界, 2006 (5): 52-61.

76. 关晓静. 从经济普查结果看我国工业企业自主创新能力 [J]. 经济要参, 2006 (23): 3-7.

77. 国家统计局国民经济核算司. 经济普查后中国三次产业结构及国际比较 [J]. 经济要参, 2006 (24): 30-33.

78. 刘伟, 李绍荣. 中国的地区经济结构与平衡发展 [J]. 中国工业经济, 2005 (4): 61-68.

79. 侯润秀. 外商直接投资对我国区域创新能力的影响 [J]. 中国软科学, 2006 (5): 104-111.

80. 李秀英. 西部大开发战略下的东部经济发展——从东部企业"西进"角度分析 [J]. 经济研究参考, 2004 (9): 21-26.

81. 曹建海. 我国重复建设的形成机理与政策措施 [J]. 中国工业经济, 2002 (4): 26-33.

82. 李江帆, 曾国军. 中国第三产业内部结构升级趋势分析 [J]. 中国工业经济, 2003 (3): 34-39.

83. 邹葳. 传统农业经济转型的路径选择 [J]. 世界经济, 2005 (2): 34-47.

84. 胡立君, 石军伟, 傅太平. 产业结构与产业组织互动关系的实现机理研究 [J]. 中国工业经济, 2005 (5): 50-57.

85. 邱风, 张国平, 郑恒. 对长三角地区产业结构问题的再认识 [J]. 中国工业经济, 2005 (4): 77-84.

86. 祝接金, 胡永平. 地方政府支出、效率改进与区域经济增长 [J]. 中国软科学, 2006 (11): 74-80.

87. 孙巍，何彬，王文成，谢淑萍．地区性因素、集约性特征与工业经济增长［J］．中国软科学，2005（8）：91-97．

88. 王小鲁，樊纲．中国地区差距的变动趋势和影响因素［J］．经济研究，2004（1）．

89. 朱发仓，苏为华．区域经济收敛与比较优势发展战略［J］．管理世界，2006（9）：46-52．

90. 宋泓．中国成为世界制造业中心的条件研究［J］．管理世界，2005（12）：85-94．

91. 钟禾．正视存在差距，促进经济协调发展［J］．经济研究参考，2004（58）：2-15．

92. 王云平．产业技术升级对产业结构调整的影响［J］．经济研究参考，2005（40）：2-6．

93. 王云平．我国工业结构调整与升级：战略选择和政策建议［J］．经济研究参考，2004（21）：9-14．

94. 冼国民，文伟东．FDI地区专业化与产业集聚［J］．管理世界，2006（12）：18-31．

95. 涂正革，肖耿．中国工业增长模式的转变［J］．管理世界，2006（10）：57-67．

96. 赵伟，古广东，何元庆．外向FDI与中国技术进步：机理分析与尝试性实证［J］．管理世界，2006（7）：53-60．

97. 何大为．投资运行机理分析引论［M］．上海：上海三联书店、上海人民出版社，2005．

98. 包群，赖明勇．中国外商直接投资与技术进步的实证研究［J］．经济评论，2002（6）．

99. 江小涓，李蕊．FDI对中国工业增长和技术进步的贡献［J］．中国工业经济，2002（7）．

100. 赖明勇，包群，阳小晓．我国外商直接投资吸收能力研究［J］．南开经济研究，2002（3）．

101. 蔡昉,都阳.中国地区经济增长的趋同与差异[J].经济研究,2000(10).

102. 樊纲,王小鲁,朱恒鹏.中国分省市场化指数——各地区市场化相对进程报告(2001)[M].北京:经济科学出版社,2003.

103. 国家统计局.各年份中国统计年鉴.北京:中国统计出版社.

104. 国家统计局.新中国50年统计资料汇编[M].北京:中国统计出版社,1999.

105. 国家统计局.中国城市统计年鉴[M].北京:中国统计出版社,2001.

106. 劳动与社会保障部就业培训司,国家统计局农村调查总队.2000年中国农村劳动力就业及流动状况.劳动与社会保障部"中国劳动力市场",2002.

107. 孟连,王小鲁.对中国经济增长统计数据可信度的估计[J].经济研究,2000(10).

108. 中国金融年鉴编辑部.中国金融年鉴[M].中国金融年鉴编辑部出版,2001.

109. 我国工业品国际竞争力比较研究课题组.论工业品国际竞争力[J].中国工业经济,1996(4).

110. 裴长洪.利用外资与产业竞争力[M].北京:社会科学文献出版社,1998.

111. 金碚.产业国际竞争力研究[M].经济研究,1996(11).

112. 樊纲.论竞争力——关于科技进步与经济高效益关系的思考[J].管理世界,1998(3).

113. 何晓群.现代统计分析方法与应用[M].北京:中国人民大学出版社,1998.

114. 吴进红.开放经济与产业结构升级[M].北京:社会

科学文献出版社，2007．

115. 汪琦．技术创新与市场需求的互动机制及对产业升级的传导效应［J］．河北经贸大学学报，2006（1）．

116. 柳卸林．技术创新经济学［M］．北京：中国经济出版社，1993．

117. 王先庆．产业扩张［M］．广州：广东经济出版社，1998．

118. 吴晓波．信息化推动传统产业升级的理论分析［J］．科技进步与对策，2003（1）．

119. 郝秀梅．信息化与我国产业结构升级［J］．山东财政学院学报，2004（3）．

120. 孔晴．梁亚民东西部信息化水平差距的因素分析［J］．社科纵横，2006（11）．

121. 刘灿姣．我国东西部信息差距的现状与对策研究［J］．统计与信息论坛，2002（4）．

122. 连玉君．人力资本要素对地区经济增长差异的作用机制——兼论西部人力资本积累策略的选择．财经科学，2003（5）．

123. 李红松，左相国．我国区域人力资本积累效益比较［J］．商业研究，2005（11）．

124. 柯贤文．西部大开发的人力资本积累［J］．科技进步与对策，2000（11）．

125. 何维达，吴玉萍．区域产业素质升级机理研究［J］．科技管理研究，2007（6）．

126. 许晔．西部地区产业升级的推动力分析［J］．学术探索，2003（7）．

127. 顾新．区域创新系统的运行［J］．中国软科学，2001（11）．

128. 刘强. 中国经济增长的收敛性分析 [J]. 经济研究, 2001 (6).

129. 樊纲, 王小鲁. 中国市场化指数 [J]. 北京: 经济科学出版社, 2001.

130. 赵果庆. 中国西部国际直接投资吸收能力研究. 北京: 中国社会科学出版社, 2004.

131. 陈琳, 张正华等. 云南人才战略研究. 北京: 科学出版社, 2003.

132. 余传奇, 叶静. 西方产业竞争理论来源研究与启示 [J]. 华东经济管理, 2004 (3).

133. 郭京福. 产业竞争力研究 [J]. 经济论坛, 2004 (14).

134. 赵洪斌. 论产业竞争力——一个理论综述 [J]. 当代财经, 2004 (12).

135. 刘小铁, 欧阳康. 产业竞争力研究综述. 当代财经, 2003 (11).

136. 樊增强. 论我国产业国际竞争力培育. 当代财经研究, 2003 (6).

137. 陈明森, 卢华, 林红. 福建省产业升级新思路: 外向推动与外资结构调整 [J]. 发展研究, 2001 (3).

138. 王美今, 沈绿珠. 外商直接投资与区域产业结构变动的关联效应 [J] 统计研究, 2001 (2).

139. 刘思峰, 党耀国, 等. 我国产业结构的有序度研究 [J]. 经济学动态, 2004 (5).

140. 张二震, 等. 贸易投资一体化与中国的战略 [M]. 北京: 人民出版社, 2004.

141. 陆国庆. 关于我国产业衰退的实证分析 [J]. 广西经济管理干部学院学报, 2002 (2).

142. 王德鲁, 张米尔. 城市衰退产业转型的模式选择 [J]. 大连理工大学学报, 2003 (3).

143. 吕晓刚. 制度创新、路径依赖与区域经济增长 [J]. 复旦大学学报（社会科学版）, 2003 (6).

144. 陈红儿. 区域产业竞争力评价模型与案例分析. 中国软科学, 2002 (1).

145. 江世银. 西部大开发新选择 [M]. 北京: 中国人民大学出版社, 2007.4.

146. 张克让. 我国东西部地区发展差异比较研究 [J]. 科技导报, 2000 (8).

147. 何峻. 西部技术创新机制的障碍与对策研究 [J]. 陕西理工学院学报（社会科学版）, 2005 (1).

后 记

本书是我主持国家自然科学基金项目"东西部地区产业升级及其机制比较研究"的课题研究成果。我的博士导师杨先明教授在课题研究过程中提供了直接的指导，当然本书中的一切责任由我承担，他的关心和引导是我前进的动力，对他的感激之情无以言表，本书出版之际，特向杨先明教授表示衷心的感谢和敬意。

我要感谢曹和平教授在百忙中给我提供了许多对课题研究有益的资料，罗美娟教授对书稿提纲给予的无私指导，吕昭河教授、汪戎教授、施本植教授、张荐华教授、徐光远教授、邹平教授、伏润民教授、郭树华教授等几位尊敬的师长在本课题研究和书稿形成过程中给予的指导和帮助。

我还要感谢为我分担工作并给予我鼓励的史光辉、雷晓凌、沈建荣、汪小金、杨林泉、罗平等同事，段红云、罗秀琼等同志给予我的支持和帮助，对我指导的祁志伟、张宝桐、田敏、韩涵、傅荣等几位研究生在数据收集与处理上给予的帮助表示感谢。

然而，区域产业升级特别是区域产业升级机制的研究才刚刚起步，还可以从其他视角对该问题展开更深入的研究，本书只是初步的探索；同时，本书不可避免地存在谬误和不足，这将由我自己负责，也希望同仁批评指正。

张正华
2011年5月于云南大学科学馆